ブロックチェーンの未来
BLOCKCHAIN

金融・産業・社会は
どう変わるのか

翁百合　柳川範之　岩下直行
編著

日本経済新聞出版社

はじめに

　2016年は、日本のブロックチェーン元年ともよばれる年であった。世界各国の政府や金融機関、企業でブロックチェーンの実証実験が行われる中、日本においても多くの金融機関や企業がさまざまな実証実験に取り組み、実用化に向けてさまざまな課題を克服しようとしている。国際的なブロックチェーンのコンソーシアムにも日本の企業や金融機関が多く参加して、さまざまな試行が行われている。また、各国中央銀行でもデジタル通貨に関する研究や実証実験が始まっている。ビットコインなどの仮想通貨が日本の商店の一部でも決済に使用されるようになり、その利用者保護に向けた法律改正などの環境も2017年4月には整った。そのような中で、仮想通貨の値上がりが続き、2017年8月にはビットコインの分裂が大きな注目を集めた。このように、ブロックチェーンは、未熟ではあるが、多方面から今後の経済、社会に大きな影響を与える可能性のある技術として期待されている。

　それでは、いったいブロックチェーン技術とはどのような特徴を持っており、さまざまな分野に適用されることによって社会はどのように変化していくのだろうか。また、ブロックチェーン技術の課題も多く指摘されているが、それはどのようなもので、克服ができるのだろうか。この技術を活用していくために、政府や企業はどのような姿勢で臨む必要があるのだろうか。

　本書の編著者である柳川範之氏、岩下直行氏、そして筆者（翁）は、それぞれ以上のような問題意識を持ち、新しい技術であるブロックチェーンについて関心を持っていたが、2016年より研究会を立ち上げ、議論を重ねてきた。

　柳川範之氏は、2016年に東京大学でフィンテック・フォーラムを立ち上げ、フィンテックが経済システムに与える影響についてアカデミックな立

場からいち早く発信を始めていたが、なかでもブロックチェーン技術が貨幣の未来にもたらす影響や、その広い応用範囲を展望し、法と経済学の学術的観点からその技術のもたらす社会的可能性に関心を持っていた。

また、岩下直行氏は、長く日本銀行に勤め、IT と金融の融合する未来について深い関心を持っていたが、2017 年 3 月まで FinTech センター長として、この分野の議論をリードしてきており、特にこの技術と中央銀行の将来について問題意識を持っていた。

さらに筆者は、金融システムの研究者として、政府における金融関連の規制改革の議論などに関わりつつ、新しい技術がどう金融システムを変化させ、金融規制はこれにどう対応すべきか、といった点を中心に、この技術への関心を持っていた。

我々 3 名は、それぞれ立場や考え方は少しずつ異なる面もあるが、ブロックチェーン技術は未熟ではあるが、これをうまく活用することができるようになれば、社会を大きく良い方向へ変えていく可能性を秘めており、イノベーションを促進していく必要性や、実務家と研究者がともにこの技術について研究していく必要性があることについて意見は概ね一致している。

本書は研究会の成果をとりまとめたものであるが、第一線の実務家、専門家の方々にも執筆していただいている。その多くの方々は実際に研究会でご報告いただき、編著者らと議論をしてきた。編著者以外の執筆者の方々には、それぞれの視点から自由にご意見を述べていただいており、本書は多様なご意見を 3 名が責任を持ってまとめたものとなっている。

本書は、こうした研究会の成果として、ブロックチェーン技術の特徴を整理し、現在の内外の実証実験やビジネスモデルなど進展状況をできるだけ網羅的に紹介しつつ、今後の課題をわかりやすく示そうと試みている。さらに、ブロックチェーン技術が今後進展していった世界を展望し、実務的な課題のみならず学術的な今後の論点を紹介し、ブロックチェーン技術をより良い社会のインフラとして実装していくために政府や企業がどうい

う姿勢で臨むことが求められるかについて提言している。

　ブロックチェーンについての書物は多くあるが、本書は、単なる解説書ではなく、以下の特徴を持っている。

　第一に、わかりやすさである。ブロックチェーン技術を技術面から解説するのではなく、むしろ一般の方々にもできるだけ手に取っていただけるように、ブロックチェーン技術の特徴やメリット、その分類、課題や実践例などをできるだけわかりやすく紹介し、広く今後の社会への影響を捉えようと心がけている。巻末の最後には、用語集を付して、参照できるように工夫している。

　第二に、包括性である。ブロックチェーン技術はビットコインのような仮想通貨から、金融機関が取り組もうとしている国際送金、企業のサプライチェーンへの応用、ひいてはエストニアのように電子政府への導入など、さまざまな応用例がある。これらを分類して示すなど、できるだけ包括的に紹介するように心がけている。国際的にみると、これを導入する動きは、日本よりも海外のほうが進んでいる。日本の実証実験の状況を丁寧に紹介すると同時に、先進的なエストニア、米国、英国などの実例なども紹介し、国際的な最先端の動きもわかるように心がけた。

　第三は、実務的な関心にも応えるようにしている。内外の実際のビジネスモデルや日本における主だった実証実験などを紹介しているが、これに実際に携わり、推進されてきている方々がその成果や課題を自ら執筆している。その意味で非常に価値のある実践的、実務的な内容となっている。また、金融庁や経済産業省のスタンスについても、実際に法律の改正に携わったり議論をリードした方々に紹介していただいているため、日本政府の現在のこの技術に対する姿勢がわかるように工夫されている。

　第四に、学術的な関心にも応えるように心がけている。仮想通貨の発行、金融ビジネスへのブロックチェーン技術の応用は、金融政策、金融システム、金融規制などさまざまな側面から影響を与える可能性がある。また、「ブロックチェーン2.0」とよばれるスマートコントラクト（デジタルな自動契約）の仕組みは、IoT（Internet of Things）時代の新しいビジネス

の鍵になると考えられ、経済学における契約理論、現行の法律の枠組みや考え方などにさまざまな新しい論点を提供するものである。こうした技術が進展することによって変化が起こるであろう経済学、法学に関連する論点を紹介し、アカデミックな関心を持つ方々に一定のガイドとなるように工夫している。

第五に、ブロックチェーン技術の将来展望を行い、中立的立場から政策提言を試みている。日本は、イノベーションが私たちの社会を豊かに変えるであろう「Society 5.0」といわれるデジタル社会に足を踏み込もうとしているが、そうした私たちの豊かな生活を実現していくためにもこうした新しいイノベーションを積極的に促進する方向で検討していくべきである。また、日本経済、日本企業の最大の課題の一つが生産性の向上である以上、こうした新しい技術については積極的に対応することが求められる。政府や、企業が新しい技術にどう対応することが求められるか、第Ⅰ部を中心に、提言を行っている。

—◇—◇—◇—◇—◇—

本書の構成は以下の通りである。

第Ⅰ部は、ブロックチェーンは社会をどう変えるかという視点に立った、本書全体の概論となっている。ブロックチェーンとは何か、そのメリットは何か、どのような種類があるのか、といった基礎的な内容を最初にわかりやすく紹介している。その上で、現在行われている実証実験にどのようなものがあるのか整理している。さらに、ブロックチェーンの技術的な課題は何か、整理した上で、未熟ではあるが、私たちの社会に、便利で付加価値が高いサービスを提供したり、より効率的に変えていく可能性を秘めた技術であると指摘している。

その上で、ブロックチェーン技術に対して企業も政府も積極的に取り組んでいく必要性があるとの認識に立ち、政府はイノベーションの進めやすい環境を作っていくこと、企業はオープンイノベーションを進め、標準化などに努力していく必要があること、などの提言を行っている。なお、第

Ⅰ部では、紹介しているさまざまな事例が本書のどこに具体的に書かれているかを示し、本書全体の見通しが利くように工夫している。

第Ⅱ部は、金融はブロックチェーンでどう変わるか、という視点に立ち、岩下直行氏が全体を総括している。岩下氏は、ブロックチェーン技術の金融分野の利用可能性について、歴史的、実務的視点から総括し、それぞれの章の内容のポイントや意義について紹介している。

金融といっても、ブロックチェーン技術が最も早く世の中に知られるようになったのは、その技術を活用した仮想通貨ビットコインである。仮想通貨の未来を、仮想通貨取引所最大手 bitFlyer 社の代表取締役として仮想通貨の普及に近年尽力し、この分野の議論をリードしている加納裕三氏が論じている。もちろん、ブロックチェーンは仮想通貨にとどまるものではない。銀行界もこの技術に注目し、送金などの分野で活用を展望し始めている。銀行業務へのブロックチェーン技術実装への取り組み推進のために全国銀行協会が 2017 年 3 月に報告書を公表したが、その報告書とりまとめのスタッフの一人であった三井住友銀行の善見和浩氏が銀行界の考え方について紹介し、論じている。また、実際に銀行勘定系の実証実験を推進した、ネット専業銀行である住信 SBI ネット銀行の吉本憲文氏がその成果と課題を論じている。

民間で行われているこうした動きに対して、政策当局者はどのように対応しようとしているのだろうか。日本銀行に 2017 年 3 月まで在籍していた岩下氏は、世界の中央銀行の中には自らデジタル通貨を発行するなどの動きもみられるなか、中央銀行がブロックチェーンをどうみており、それが今後の金融にどのような影響を与えうるのかを論じている。政府部門からは、監督当局である金融庁（執筆時）の神田潤一氏から、ブロックチェーン技術に対する金融庁の取り組みと規制に対する考え方が紹介されている。さらに、経済産業省の福本拓也氏は、ブロックチェーンも含めたフィンテックが、日本経済や産業界にどのような影響を与えると考えているか、論じている。

第Ⅲ部は、産業インフラとしてのブロックチェーン技術の可能性を探る、

という視点に立ち、柳川範之氏が全体を総括している。ブロックチェーンは、仮想通貨や送金といった金融サービスのみならず、サプライチェーンなどさまざまなビジネスモデルを大きく変える可能性を持つ「ブロックチェーン2.0」という進化した技術が注目されてきている。その応用可能性の広さやそれが社会に意味するであろうことを、学術的視点を踏まえて総括し、それぞれの章の内容のポイントや意義について紹介している。

　各章では、まず実証実験や革新的ビジネスモデルが紹介されている。ブロックチェーン技術を証券取引などに応用する実証実験について、実際に日本取引所グループでプロジェクトをリードした山藤敦史氏が、その成果と課題を論じている。また、英国のベンチャー企業、エバーレッジャー社のカロジェロ・シベッタ氏は、実際にダイヤモンド取引に実装した革新的ビジネスモデルについて紹介している。

　さらに、ブロックチェーンとIoTを組み合わせることにより、さまざまなビジネスモデルの発展が期待されている。この点については、IT技術者の視点から、フューチャーアーキテクト社の加藤善大氏が、IoTにおけるブロックチェーンの発展可能性について論じている。ブロックチェーン2.0で鍵となるのは、スマートコントラクトというデジタルな自動契約の仕組みである。この分野は、経済学、法学の分野でもさまざまな角度から注目されている。経済学の視点からは柳川氏が、また法律の視点からはこの分野の第一線の弁護士である増島雅和氏が洞察し、今後の課題について論じている。加えて、在米の研究者である櫛田健児氏が、海外の先進的事例として米国銀行界等の取り組みを紹介しているが、最先端と思われているシリコンバレーでは現在ブロックチェーン技術について慎重姿勢だという興味深い情報も伝えている。また、エストニア政府のブロックチェーン技術も活用した電子政府の先進的な取り組みについて、実際に出張に赴き調査を行ったNIRA総研の林祐司氏が紹介している。

　巻末の3つのAppendixでは、まず加納氏が独自のビジョンにもとづき作成したブロックチェーンの未来予想図を参考資料として掲載している。次に、ブロックチェーン技術の未熟さが露呈したと世界的に話題になった

2016 年の The DAO 事件と Bitfinex 事件を解説している。最後にはブロックチェーンに関するキーワードを解説した用語集を掲載し、読者のガイドとなるよう工夫している。

　我々の研究会は、柳川範之氏と筆者が理事を務める NIRA 総研（NIRA 総合研究開発機構）の全面的なサポートをいただいた。ブロックチェーン研究会には、我々 3 名のほか、NIRA 総研の神田玲子理事、林祐司主任研究員、羽木千晴研究員、川本茉莉研究員、そして加藤善大氏も議論に加わって、毎回専門家をお呼びして検討を重ねた。また、先進事例が実際に存在しているエストニアと英国の政府当局、中央銀行やビジネスを展開している企業などを実際に訪問し、ブロックチェーンの先進事例やそのサポート状況などについて聴取を行う機会もいただいた。NIRA 総研の牛尾治朗会長、金丸恭文理事長およびスタッフの方々には厚く御礼を申し上げたい。なかでも、神田理事、林主任研究員、羽木研究員には、本書の編集においても多大なご貢献をいただき、心より感謝申し上げる。また、出版の機会を作ってくださり、編集の労をとってくださった日本経済新聞出版社の田口恒雄氏にも感謝の気持ちをお伝えしたい。

　本書は、ブロックチェーン技術に直接取り組んでおられる企業や金融機関の実務家や研究者の方々だけではなく、この技術に関心を持っている一般のビジネスマンや学生の方々にも是非お読みいただきたいと考えている。本書が、読者の皆様に、ブロックチェーン技術が経済社会に与えうる影響や可能性、課題について理解を深め、今後の社会を展望する際の参考に少しでもなるならば、我々編著者としては望外の喜びである。

　2017 年 8 月

編著者を代表して
翁百合

目　次

はじめに　3

第Ⅰ部　ブロックチェーンは社会をどう変えるか

翁百合

ブロックチェーンへの期待と課題：第Ⅰ部へのガイド　23

第1章　ブロックチェーンの特徴とメリット　25

1　ブロックチェーンの仕組み：重要なコンセプトとフィロソフィー　25

分散型台帳技術（DLT：Distributed Ledger Technology）：

取引のデータを複数の参加者が分散して管理する　26

参加者間の合意：

取引のデータの整合性について参加者はどう合意するのか　27

ブロックチェーンネットワーク上での取引：

国境を越えてカネ、モノの取引を展開　28

ブロックチェーンと分散型台帳技術（DLT）　29

2　ブロックチェーンの分類：参加者を限定するか、しないか　30

誰でも参加できる Unpermissioned 型　31

管理者の許可が必要な Permissioned 型　31

3　メリットは何か　32

第2章　ブロックチェーンの実用例　35

1　仮想通貨の時価総額は増加　35

仮想通貨と法定通貨　36

仮想通貨の応用としてのさまざまなユースケース　37

2 政府のプラットフォームに活用　38

〈実用例1〉ガードタイム社によるエストニア電子政府への貢献　39

3 金融取引や商取引のインフラを提供　40

〈実用例2〉ファンダービーム社による

スタートアップ企業の投資資金の応募と流動化　40

〈実用例3〉エバーレッジャー社によるダイヤモンド取引　41

第3章　ブロックチェーンを社会基盤とするために　44

1 ブロックチェーンの課題　44

（参照）The DAO をめぐる問題と示唆　47

2 ブロックチェーンは今後、社会をどう変えるか　48

安心して使える公的サービスの実現　48

取引履歴データを活用した新たなビジネスチャンス　50

金融ビジネスにおける取引の効率化　51

3 ブロックチェーンの発展に向けた政策提言　53

●提言1〈政府は今後のデジタル社会についてビジョンを示し、

官民チームでの課題共有・研究開発を推進すべき〉　54

●提言2〈政府はグローバルな観点からブロックチェーン技術を理解し、

自ら導入検討の実践者となるべき〉　56

●提言3〈政府は民間企業がイノベーションを進めやすい環境を

整備するべき〉　57

●提言4〈民間企業はシステムのオープン化と標準化を推進すべき〉　59

第Ⅱ部　金融はブロックチェーンでどう変わるのか

ビットコインに促された金融業界における新しい競争：

第Ⅱ部へのガイド　　　　　　　　　　　　　　　　岩下直行　63

ビットコイン誕生以前の電子現金　64

なぜビットコインは「成功」したのか　65

ブロックチェーンと分散型台帳技術（DLT）　67

ブロックチェーン 2.0 と The DAO 事件　70

ブロックチェーンと中央銀行　71

金融機関によるブロックチェーン技術の利用　71

第4章　仮想通貨のこれまでと未来　　　　　加納裕三　74

1 ビットコインの始まり：
2008年10月、9ページの論文から生まれたビットコイン　74

2 ジェネシスブロック：ビットコイン取引の始まり　76

3 ビットコイン取引の始まりから現在まで　78

4 ビットコインとブロックチェーン発展の可能性　80

5 DAOによって国が成り立つ「ビットネーション」が実現する　83

6 今後の展望　84

第5章　ブロックチェーン技術／分散型台帳技術をめぐる
　　　　　　銀行界の取り組み　　　　　　　　善見和浩　85

1 ブロックチェーン技術／DLTの
活用可能性をめぐる国内外の検討状況　86

2 銀行分野におけるブロックチェーン技術／DLTの
活用可能性と課題　88

　⑴活用の利点　90

　⑵活用上の課題・留意点　91

　⑶銀行分野における活用に向けた着眼点　93

3 ブロックチェーン技術／DLTが
銀行業務に変革をもたらす可能性を見据えて　93

　「ブロックチェーン官民連携イニシアティブ」の概要　96

4 今後の展望　99

第6章　銀行の勘定系システムのブロックチェーン実証実験： 成果と課題
吉本憲文　101

1 実証実験の概要　101
2 負荷耐性と改ざん耐性の検証　103
3 費用対効果の検証　105
4 周辺アプリケーション機能の開発に課題　106
5 成果と課題　107
6 複数行による共同運営で全体コストを削減　108
7 今後の展望　109

第7章　中央銀行からみたブロックチェーン
岩下直行　111

1 中央銀行としての三つの視点　111
2 ビットコインの拡大と「通貨」としての機能　115
3 新しいIT基盤としてのブロックチェーンの可能性　120

第8章　仮想通貨・ブロックチェーン技術に関する 金融庁の取り組み
神田潤一　122

1 仮想通貨に係る規制の概要　123
　⑴ 規制の背景　123
　⑵ 仮想通貨の定義　124
　⑶ 仮想通貨交換業の定義　124
　⑷ 規制の概要　125
　⑸ 犯罪収益移転防止法に係る改正　126
2 さらなる変革のために　127

第9章　FinTechの課題と対応の方向性について

福本拓也　129

1 目指すべきFinTech社会の姿　131
　⑴ 個人の生活（家計）が劇的に変わる　132
　⑵ 企業の収益力が劇的に上がる（生産性革命）　133
2 政策の方向性　136
　⑴ FinTech社会の前提となるデータ融通の環境整備　136
　⑵ FinTechのメリットを最大化するための電子政府の促進　136
　⑶ 中小企業等のFinTech活用の推進　137
　⑷ イノベーションを促す制度設計　137
3 ブロックチェーンに関する検討　140

第Ⅲ部　産業インフラとしてのブロックチェーンの可能性

ブロックチェーン技術にはどんな応用可能性があるのか：
第Ⅲ部へのガイド　柳川範之　145

1 ブロックチェーンのどこが新しいのか？：応用からの視点　145
　ポイントは、改ざんされない記録が残せること　146
　情報の非対称性を減らす　148
　取引記録を残すビジネスモデル　149
　行政や政府における応用　152
2 スマートコントラクトが変えるブロックチェーンの世界　153
　スマートコントラクトとは？　154
　スマートコントラクトの定義　155
　仲介サービスの自動化　156

第10章　証券取引の実証実験とスマートコントラクト：
　　　　　成果と課題　　　　　　　　　　　　　　　　　山藤敦史　160

1 ミニ証券インフラを3ヵ月で二つ作る　161

2 スマートコントラクト⇄アプリケーション　163

3 摩擦のない (frictionless) 世界へ　164

4 技術的な挑戦：技術者への期待　166

　⑴ 予想外のボトルネック　166

　⑵ 分散型アーキテクチャーの弱み　166

　⑶ 汎用高級言語か専用言語か　167

5 本気で使うために考えるべきこと　168

　⑴ 問題が発生した際にどうするか　168

　⑵ 複層化と連携　169

6 今後の展望：技術は社会のために　170

第11章　エバーレッジャー社、ダイヤモンド市場への挑戦
　　　　　　　　Calogero Scibetta（カロジェロ・シベッタ）　172

1 ダイヤモンド産業の特殊性　172

2 ダイヤモンドとブロックチェーンの出会い　174

3 事業の革新性　176

　⑴ 元帳システム　176

　⑵ ビジネスモデル　177

　⑶ スケーラビリティの問題　178

4 社会的な意義と今後の展望　179

第12章　IoTを活用した
　　　　　ブロックチェーンの発展可能性　　　　　加藤善大　181

1 ブロックチェーンをIoTに適用するメリットは何か　182

　⑴ 信頼性高くモノの情報を蓄積・共有できるプラットフォーム　183

　⑵ 現実世界と連動してサービスを自動化　184

⑶ すべてをビルトイン　185

2　現実世界とつながり始めたブロックチェーン　185

⑴ 現実世界のモノとデジタルな記録との対応関係を強化　185

⑵ 商取引の自動化への応用　186

⑶ 個人が生産者かつ消費者となるエコシステムへの応用　187

3　ブロックチェーンのIoTへの適用における課題　189

4　IoTとブロックチェーンの向かう先　192

⑴ あらゆるサービスの効率化・自動化を促進し、
　　スマート社会を目指す　192

⑵ 個人が企業と対等に連携できる時代へ　193

⑶ 複数のブロックチェーンやクラウドと、
　　どのように連携していくか　194

第13章　経済学的にみたスマートコントラクト：
　　　　　不完備契約との関係について
柳川範之　197

1　スマートコントラクトは組織を変えるのか?：
**　経済学における契約と組織**　197

スマートコントラクトと組織　197

経済学における企業組織　198

経済学からみたスマートコントラクト　198

2　契約と組織の視点からみたスマートコントラクト　200

企業組織はなぜ必要なのか　200

コースの理解　201

契約の不完備性と組織　202

契約の不完備性が生じる理由　202

3　スマートコントラクトに対する含意　203

履行コストの低下　204

スマートコントラクトの限界　205

組織の棲み分けの可能性と課題　206

第14章 スマートコントラクトの法的側面について

増島雅和　207

1 スマートコントラクトとは　207

2 「スマートコントラクトを分散型帳簿技術によって実装する」
ということの意味　209

⑴ 分散型帳簿技術の帳簿としての特性　209

⑵ プログラマブルなデータベース　211

3 法的な検討にあたっての視座　212

4 契約の成立　213

5 契約書の成立の真正　214

6 「執行可能性」に関するもののうち
資産の帰属や得喪に関する論点について　217

⑴ 帳簿の記載と資産の帰属の関係　218

⑵ 執行可能性に関する議論との関係　219

⑶ 検討　223

7 分散型帳簿技術を用いたスマートコントラクトの展望　224

第15章 シリコンバレーから見るブロックチェーンのポテンシャルと課題

櫛田健児　226

1 技術革新とベンチャーの急成長を支える
シリコンバレーのエコシステム　226

破壊的な技術と米国　226

シリコンバレーと破壊的なビジネスモデル、技術　228

2 米国におけるブロックチェーンの動向　230

⑴ 既存の大企業　230

⑵ ブロックチェーン関係のスタートアップ　235

3 ブロックチェーンが破壊的技術になるための課題　236

⑴ 技術的な必要性　237

⑵ シリコンバレーでは下火、まだ見えぬ急成長ビジネスロジック　238

4 今後の展望　239

第16章　エストニア電子政府の取り組みについて　林祐司　242

1 IT先進国エストニア　243

　⑴ 世界トップレベルの電子国家　243

　⑵ 名だたるスタートアップ企業を輩出　243

2 エストニア電子政府の具体的取り組み　244

　⑴ 国民ID番号の有効活用による
　　各種手続きの効率化、低コスト化　244

　⑵ 教育現場での国民IDの活用：e-School　245

　⑶ e-Policeの導入により検挙効率が50倍に改善　246

　⑷ e-Healthの導入により病院の待ち時間3分の1に短縮、
　　処方箋の99%が電子化　247

　⑸ 省庁間のデータベースを相互連携させるX-Road　249

　⑹ 政府が保管する国民の個人情報は極力減らす　250

　⑺ 国民以外にもIT基盤を広く世界に開放し、
　　スタートアップ企業を誘致　251

3 ガードタイム社によるエストニア電子政府への貢献　252

　⑴ 国家機関レベルのデータ改ざんを検知する
　　KSIブロックチェーン　252

　⑵ ビットコインは国家のデータ管理には不適　253

4 理想はインビジブルガバメント　254

　⑴ サービスを徹底的に簡素化する　254

　⑵ 民間企業や利用者のICT基盤活用を政府が支援　254

5 日本への示唆　255

Appendix

1. 未来年表：ブロックチェーンの未来像　　　加納裕三　256

2.「The DAO事件」「Bitfinex事件」から得られる示唆とは
　　　　　　　　　　　　　　　　　　　　　林祐司　266

1　The DAO事件　267

　　"DAO"のコンセプトを実証するための実験的プロジェクト　267

　　Split機能の悪用によるハッキング　268

　　ハードフォークによりハッキングが「なかった」ことに　268

　　ハードフォークが投げかける問題提起　269

2　Bitfinex事件　270

　　仮想取引所Bitfinexへのハッキング攻撃　270

　　BFXトークン発行による解決策　270

　　ブロックチェーンを使った「社債」取引の実現　271

3　The DAO事件、Bitfinex事件の教訓　272

　　利用者の保護体制を万全に　272

　　人間による解釈・判断がまだ必要　272

3. ブロックチェーン用語集　　　　　　　　　　274

索　引　　　　　　　　　　　　　　　　278

装　幀　重原隆
ＤＴＰ　マーリンクレイン

第Ⅰ部

ブロックチェーンは
社会をどう変えるか

ブロックチェーンへの期待と課題：
第Ⅰ部へのガイド

翁百合

- 日本国内でも使えるお店が増えてきた仮想通貨ビットコイン。この通貨を使えば、銀行を介さなくても、個人と個人との間で、低コストで直接送金ができる。国境や為替レートを気にする必要もない。
- ダイヤモンド取引の履歴情報がデジタルで管理される新しいビジネスモデルを作り出した英国ベンチャー企業のエバーレッジャー社。ダイヤモンドの透明で信頼できるマーケット形成に役立っている。

　これらには、実はブロックチェーンとよばれる画期的な技術が用いられている。ブロックチェーンは「帳簿のイノベーション」ともいわれる。これまで紙で記録していた取引の履歴情報などがすべて電子的に保管されるようになり、それを関係者が合意の上、分散して保有することが可能となった。その技術は仮想通貨だけにとどまらない。世界のさまざまな企業や金融機関、政府が、この技術を使った多様なサービスの実証実験を行っているのも、新たなビジネスやデジタルガバメントの可能性が広がると考えているからにほかならない。

　たとえば、民間ビジネスでは、電子的に契約を記述した取引情報を取引参加者が分散して持ち合うことにより、付加価値の高いサービスを低コストで提供できる可能性が広がる。また行政においては、公共サービスの手続きがネット上で瞬時に完結することで、私たちの生活が飛躍的に便利になるかもしれない。現在の予想をはるかに超えた、これまでのビジネスの仕組みを大きく変えていく社会インフラとして機能することが期待できる。他方、ブロックチェーンの仕組みは複雑で技術的に未熟な部分もあり、慎重論が多く聞かれるのも事実であり、その解決に向け多様な取り組みが世

23

界各国で行われている。

　第Ⅰ部では、ブロックチェーンの未来を考える本書の導入部分として、ブロックチェーン技術の特徴とメリット、課題、実用例など、その全体像が見渡せるような概観を提供し、この技術が発展し、社会のインフラとして機能していくための課題を考える。第1章では、ブロックチェーンの仕組みをわかりやすく説明し、第2章では、実際の活用例をみていくとともに、第3章では、ブロックチェーンが今後どのように社会を変えていくのか、その発展を実現するために政府や企業が今、何をすべきか、について論じる。

第 1 章

ブロックチェーンの特徴とメリット

1 ブロックチェーンの仕組み：重要なコンセプトとフィロソフィー

　ブロックチェーンという呼び名は、カネやモノの取引の履歴情報を電子的に記録しながら、そのデータをブロックとして集約、さらに連鎖（チェーン）して組成することに由来している（図表1-1）。

　ブロックチェーンの利用者は、パソコンや携帯端末などを使い、ブロックチェーンネットワークにアクセスする。幅広く活用されているブロックチェーンネットワークの多くはインターネットが使われている。ブロック

図表1-1　ブロックチェーンのイメージ

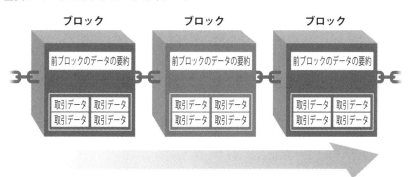

（出所）筆者作成

第Ⅰ部　ブロックチェーンは社会をどう変えるか

チェーンを一言でいうと「取引の履歴情報をブロックチェーンネットワークに参加する全員が相互に分散して保管維持し、参加者がお互い合意をすることで、そのデータの正当性を保証する分散型台帳（Distributed Ledger）」となる。

　以下、もう少し詳しく説明していく。

分散型台帳技術（DLT：Distributed Ledger Technology）：取引のデータを複数の参加者が分散して管理する

　ブロックチェーンは、今までの帳簿または台帳の発想やコンセプトと何が異なるのだろうか。かつての台帳は、紙に取引内容を書き込むことによって管理されていた。近年では、紙に代わり、情報が電子化（デジタル化）されているものの、特定の組織や人が集中管理を行うという構造は同じである。たとえば、証券取引所などの中央機関が一箇所で管理する、いわば中央集権的な管理だ。

　実は、こうした管理によって引き起こされる問題がある。例にあげた取引所の場合、取引履歴データなどを記帳するためのシステムなどにコストや時間がかかり非効率なだけではなく、サイバー攻撃により情報が失われるというリスクがある。このため、システムダウンを想定したデータバックアップやBCP（ビジネス・コンティンジェンシー・プラン：事業継続計画）対策に多大なコストをかけているのが現状である。

　これに対して、ブロックチェーンの発想は、取引履歴を記録するデータベースをネットワーク参加者で分散して保有し、管理を行うというものだ（図表1-2）。複数のネットワーク上の参加者のコンピューター同士をPeer-to-Peer[1]で直接接続し、モノやカネなどの取引情報を互いにやりとりして確認し、その履歴情報を共有し続ける（以下では、コンピューターをブロックチェーンの参加者という意味で、ノードという）。

---

[1] Peer-to-Peerとは、中央サーバーを用意せず、個々の端末（Peer）がお互いに接続し合うことで成立するネットワークのこと。

図表1-2　集中管理と分散管理の違い

〈集中管理のイメージ〉　　　　〈分散管理のイメージ〉

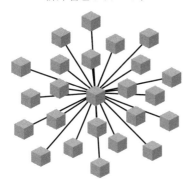 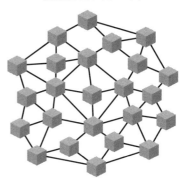

（出所）筆者作成

参加者間の合意：
取引のデータの整合性について参加者はどう合意するのか

　カネやモノの取引データの整合性について、ネットワーク参加者間でどのように合意するのか。ブロックチェーンで使われている、合意を得るためのメカニズムをコンセンサス・アルゴリズム（合意形成のための計算方法）というが、合意にはさまざまな手法が存在する。

　仮想通貨ビットコインの場合、マイナー（採掘者）[2]とよばれる人々が、自発的に電気代を大量に費消してコンピューターに計算をさせて答えを出す「マイニング（採掘）」競争をする。その計算競争の勝利者は、その答えとともに、ビットコインによる送金データの塊をブロックとして承認し、参加者へ伝播する。こうした競争によって承認された取引であることを証明する仕組みをプルーフ・オブ・ワーク（PoW：Proof of Work）という。承認された内容は、それぞれの端末に記録として保存されていく。

　こうした承認行為には、マイナーが正当な承認を行うと手数料を得られ

---

[2] マイニングビジネスに投資をしている人は世界各国におり、手がけている会社は多いが、10社程度がその大半を占めており、電気代が安いため、マイニング作業の多くは中国で行われている。

第Ⅰ部　ブロックチェーンは社会をどう変えるか

ることで計算競争への参加意欲を持つと同時に、その競争下では不正を働くためのコストが膨大なものとなるという経済インセンティブを内包させることで不正も抑止している。ビットコインタイプのブロックチェーンは、この参加者間の競争的なチェックという革新的なメカニズムによって、悪意のある参加者が存在しうる環境下においても不正を許さない仮想通貨を生み出した。

　そして、承認されたすべての記録が、台帳として整合性を保った状態で存在し共有されている。整合性について最終的に合意する具体的な仕組みは以下の通りである。

　マイニング競争の勝利者が承認したブロックを受信した各端末ではこれを検証し、不整合がなければ承認されたものとして取り込む。ただし、不整合がある場合にはこれをはじく。まれに（複数のマイナーにより）答えがほぼ同時に見つかり、各端末が複数のブロックを受信することがある。こうした場合にはチェーンが分岐して、どちらも正しく承認された正当なチェーンといえる状況となってしまう。だが、ビットコインでは「最も長く連なったチェーンを正しいチェーンとみなす」というルールを決めてあるため、しばらく[3]待てば、最長のチェーンが適正であると判断することができる。分岐が起きると、いわば二重支払いといえる状況になるが、結果として長いチェーンを採用すれば、一方の支払いのみを採用する判断が可能だ。

ブロックチェーンネットワーク上での取引：
国境を越えてカネ、モノの取引を展開

　ブロックチェーンがこのように透明で、かつフラットなネットワークの仕組みを基盤としているのは、その根底に草の根的・民主主義的なコンセプトがあるからだ。そもそもブロックチェーンはビットコインを起源とした技術であり、中央集権的な組織や国に依存しない取引の実現を目指して

---

3 通常1承認あたり平均10分かかるが、確定するためには、確率的に6回の承認（6ブロック、約60分）以上待つことが求められている。

生まれたものなのである。

　ブロックチェーンの特徴の一つに、参加する全員が安全かつ平等に、分散的に情報を共有化しながら「つながり」を実現でき、グローバルにネットワーク展開できるインフラとして機能する、というものがある。誰でも参加できるタイプのブロックチェーン（詳しくは「2. ブロックチェーンの分類」を参照）の場合、ノードである構成員は、カネ、モノの取引を、国境を越えて自由に展開でき、世界中どこにいても参加することができる。さらにノードが増え、ブロックチェーンのネットワークが拡大すればするほど、影響力が指数関数的に拡大していくという、いわゆるネットワーク効果を発揮することが可能となる。

ブロックチェーンと分散型台帳技術（DLT）

　なお、本書では、ブロックチェーン技術を「分散型台帳技術」として紹介しているが、ブロックチェーン技術と分散型台帳技術（DLT）を分けて解説している文献などもあるので、この点について若干敷衍しておきたい（第Ⅱ部へのガイドにも参照されたい）。

　仮想通貨ビットコインが注目され、さまざまな仮想通貨が開発されるようになり、その技術面が着目されるようになったが、その技術がブロックチェーンと総称され、注目を浴びるようになった。その基礎的な特徴の一つに分散型台帳があることはすでに述べた通りである。しかし、次節でみるように、現在は仮想通貨以外にもブロックチェーン技術は使われるようになった。ブロックチェーン＝仮想通貨という認識が強かったため、仮想通貨以外に使われている同様の技術については、ブロックチェーン技術という用語を使わずに、汎用性のある分散型台帳技術という用語が使われていることがある。

　すなわち、ブロックチェーンという用語は比較的仮想通貨に使われるケースが多く、その応用としてさまざまな場面（金融機関、企業、政府など）で使われる技術として分散型台帳技術という用語が用いられている。

第Ⅰ部　ブロックチェーンは社会をどう変えるか

たとえば、英国政府科学局から2016年1月に公表された報告書（"Distributed Ledger Technology: beyond block chain"）[4]でも、ビットコインを中心とする技術を狭義のブロックチェーンとよび、仮想通貨から広く一般的な適用が拡大している技術として、分散型台帳技術を位置づけている。

しかし、この定義の違いについては広く合意されたものがあるわけではない[5]。本書でも、分散型台帳技術も含めてブロックチェーン技術と総称している。

2 ブロックチェーンの分類： 参加者を限定するか、しないか

ブロックチェーンにはさまざまなタイプがあり、それぞれの活用目的に合ったタイプが使われている。一つの分類の基準は、取引の確認やブロックの生成といった行為に誰でも自由に参加できるか（Unpermissioned）、それとも関与する参加者が管理者によって許可された者に限定されているか（Permissioned）、ということである（図表1-3）。前者をパブリック型ともいう。また、後者のうち取引の確認やブロックの生成にかかわる参加者が単独のプラットフォームの場合はプライベート型、複数の場合はコンソーシアム型と分類される。

---

[4] NIRA総研ホームページより日本語訳が入手できる。
[5] たとえば、日本ブロックチェーン協会（JBA）は、以下のような狭義、広義のブロックチェーンの定義を提唱している。
「・ビザンチン障害を含む不特定多数のノードを用い、時間の経過とともにその時点の合意が覆る確率が0に収束するプロトコル、またはその実装をブロックチェーンと呼ぶ。
・電子署名とハッシュポインタを使用し、改竄検出が容易なデータ構造を持ち、且つ、当該データをネットワーク上に分散する多数のノードに保持させることで、高可用性及びデータ同一性等を実現する技術を広義のブロックチェーンと呼ぶ」（第Ⅱ部へのガイド参照）。

誰でも参加できる Unpermissioned 型

まず、当該ブロックチェーンへの参加者が特定されていない、不特定の参加者（Unpermissioned）によるタイプの典型例は、仮想通貨ビットコインである。Unpermissioned 型ブロックチェーンには管理者がいない。このタイプのブロックチェーンは、参加者が増えれば増えるほどネットワークが保持するデータは改ざんされにくくなる。

管理者の許可が必要な Permissioned 型

もう一つのタイプは特定の参加者（Permissioned）だけがブロックチェー

図表1-3　ブロックチェーンの分類

	Unpermissioned 管理者は不在で 誰でも参加可能	Permissioned 参加するために管理者から 許可されることが必要
ノード参加者	不特定の参加者	特定の参加者
プラットフォームの類型	パブリック型	プライベート型 コンソーシアム型
コンセンサス・アルゴリズム	PoW（プルーフ・オブ・ワーク）、PoS^{※1}（プルーフ・オブ・ステーク）、PoI^{※2}（プルーフ・オブ・インポータンス）　など	PBFT^{※3}（プラクティカル・ビザンチン・フォルト・トルランス）など
使用例	ビットコイン、イーサリアム、ファンダービーム社	エバーレッジャー社 JPX（日本取引所グループ） （実証実験）

※1：PoS（プルーフ・オブ・ステーク）は、PoW の代替システムにあたるもので、コインを持っている割合（Stake）によってブロック承認の権利を決める方法のこと。

※2：PoI（プルーフ・オブ・インポータンス）は、ノードごとの取引額や残高を指標に、個別のノードの重要性を計算し、より重要なノードに承認の優先権を与える方法のこと。

※3：PBFT（プラクティカル・ビザンチン・フォルト・トルランス）は、参加者のうち約3分の2の合意により書き込みが行われる仕組みで、高速な合意形成が可能。なお、Permissioned でも PoW、PoS、PoI などを使うこともある。

（出所）筆者作成

第Ⅰ部　ブロックチェーンは社会をどう変えるか

ンに参加できるものである。このタイプは、ブロックチェーン管理者の信頼（トラスト）を得られた人々（または企業や機関）しか、ブロックチェーンに参加できない。Permissioned 型は、ネットワークへの参加を許可する管理者がいるため、中央集権的でありそもそもブロックチェーンの目指す姿とよべるのかという議論もあるが、この場合でも参加者間でのデータベースの分散保有は行われている。こうしたブロックチェーンは、PoW よりスピーディーで効率的なコンセンサス・アルゴリズムで取引を承認することが多い。すでに信頼（トラスト）された参加者間での情報共有となるので、安全性がある程度担保され、スピードと効率性を求めることができるといえる。

3 メリットは何か

　Permissioned であれ Unpermissioned であれ、両者に共通している大きな特徴は、従来一つの組織、機関が、多大なコストをかけて一元管理していた台帳を、①分散型ネットワークで参加者が相互に持ち合い、② Peer-to-Peer で取引の正当性を証明しながら取引をまとめチェーン（連鎖）の情報として保存していくことである、と捉えられる。この特徴から得られる、ブロックチェーンを使うメリットについて、以下、みていこう。

① 障害に強い

　まず、分散型ネットワークシステムの特徴を利用した、高い可用性があげられる。すなわち、一部のノードがダウンしても、他のノードが情報を共有しているので、問題が大きくなりにくい。このため、ダウンタイムなく取引が継続できる。金融や政府部門では、現行のシステムでも高い可用性を実現している場合がほとんどだが、そのために高価なハードウェアやバックアップ施設、対応のための多大な労力が必要になる。安価なハードウェアをネットワークでつないで高い可用性を比較的容易に実現したところに、ブロックチェーンの特筆すべき優位性がある。

第1章　ブロックチェーンの特徴とメリット

なお、集中型のシステムでは容易だが、大規模な分散型のシステムではすべてのノードが同時に同じデータでなければならないという一貫性の確立が難しいという側面がある。これに対し、ビットコイン・ブロックチェーンの場合は承認回数を重ねることで整合性・一貫性が高くなるというアプローチをとっている。このため、厳密には100%のファイナリティを確保できないが、前述の通り、一般的には6回の承認回数を重ねることで「確定とみなす」という現実解を提供している。

② データの改ざんが難しい

ブロックチェーンのブロックは、連鎖するデータ構造となっており、一つ前のブロックの情報を要約しながらつながり（前掲**図表1-1**）、共有される。そのため、過去の取引を改ざんしようとすると、それ以降連なっているすべての連鎖するブロックの内容を書き換えねばならず、また全ノードのブロック内容を書き換えなければならないため、データの改ざんが非常に困難といえる。このため、通貨として利用した場合に、不正取引を防止する機能を安価に構築できる。ビットコインの場合には、前述の通り二重払いを防止するため、長いチェーンを優先するルールなど、工夫がされている。

③ 仲介者を省いて低コストに

たとえば、インターネット上に構築したブロックチェーンで国際送金を行う仕組みを作れば、現行システムのように多くの金融機関や仲介者を経由しないで済む。その分取引の手数料が不要となり、安価になる。また全ノードがデータを持つため透明性が向上し、中央集権的な仕組みにおいて必要とされる監査などの仕組み（ガバナンス）の必要性が低下し、こうした管理コストの低減にもつながる。

④ 複雑な契約を自動化できるスマートコントラクト

これら①〜③のメリットを生かし、さらにブロックチェーンによる取引

第Ⅰ部　ブロックチェーンは社会をどう変えるか

　内容にスマートコントラクトを載せれば、取引に付随する複雑な処理を自動的に処理できるようになる。スマートコントラクトとは、当事者間の私的契約をプログラム化し、ブロックチェーン上に記述、これを自動的に執行する仕組みを意味する。取引に伴う複雑な処理についても自動で契約締結、保存、取引を完結できるということだ。スマートコントラクトを入れられる結果、従来取引に付随していた膨大な手作業などのマニュアル処理も不要となる。

　またスマートコントラクトとIoT（Internet of Things、すべてのモノがインターネットで接続されてネットワーク化し、自動操作、制御などさまざまなビジネスが可能となること）がつながることで、たとえばレンタカーを借りたとき、車のドアの前に立ち、スマートフォンで代金を支払った瞬間、スマートコントラクトが契約を自動執行し車のドアが開く、といったことも可能になるかもしれない。

　ネットワーク上でデータベースがオープンに共有されることで、取引の信頼性を担保し効率化を図ろうとするブロックチェーンに、スマートコントラクトを載せることにより、取引をさらに効率化できる可能性が高まる。また、個人、企業、国がオープンに結びつき、カネ、モノ、サービスなどの流れが統合していき、一層利便性が高まっていく可能性がある。

　スマートコントラクトを載せた新たなサービスのことを、ビットコインのような仮想通貨「ブロックチェーン1.0」に対して、「ブロックチェーン2.0」とよぶこともある。

34

第 2 章

ブロックチェーンの実用例

　ブロックチェーン技術は、現在、日本で金融取引をはじめ、さまざまな領域への適用を目指し、実証実験が行われている。だが世界に目を向けると、すでにビジネスとしてスタートしているものも存在している。ここではいくつかの実用例を紹介する。

1 仮想通貨の時価総額は増加

　ブロックチェーン技術が世界で初めて使われたのが、仮想通貨ビットコインである。ビットコインは 2009 年頃から使用され始めたが仮想通貨の種類は 2017 年現在、すでに 700 種類を超えるといわれ、時価総額は特に 2017 年以降大きく上昇している（**図表 2-1**）[1]。その中で大きなシェアを占めているのはビットコインである。ビットコインを含む仮想通貨では、「価値情報の移転記録」としてブロックチェーンが使われている。

　仮想通貨は手数料も安く、国内の決済や海外送金の手段として使われているが、主に値上がりを期待した投資用の資産として保有されており、中国での利用が多い。日本においても多くの仮想通貨取引所が存在してお

---

[1] 2017 年に入り、ブロックチェーンを活用した資金調達（ICO：Initial Coin Offering）が隆盛している。トークンを用いて短時間で大規模な資金調達が可能となっている。投資家は高値になることを見込んでトークンに投資し、取引に利用される仮想通貨も値上がりしている。このような手法は従来の証券と何が異なるのか、等、さまざまな論点を提供しており、監督当局も関心を寄せている（第Ⅱ部第 7 章参照）。

第Ⅰ部　ブロックチェーンは社会をどう変えるか

図表2-1　仮想通貨時価総額の推移

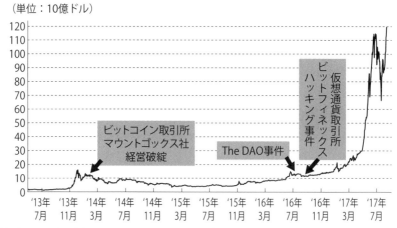

（出所）ホームページ"Coin market cap"から入手したデータ（2017年8月7日時点）に加筆修正
https://coinmarketcap.com/charts/

り、2016年、他の先進国同様、マネー・ロンダリングへの対応や利用者保護のための法制整備が行われたところである。仮想通貨は、今後利用者の活用が徐々に広まっていくものとみられる（第Ⅱ部第4章参照）。

仮想通貨と法定通貨

なお、ビットコインなどの仮想通貨は、法定通貨である銀行券や硬貨とは異なり、発行者である中央銀行を持たない。したがって、信頼できる中央銀行通貨が存在するところでは、ビットコインなどの仮想通貨がそれに取って代わることが想定されているわけではない。しかし、仮想通貨はデジタルに取引履歴を追えることもあり、実はマネー・ロンダリングなどの対応については、取引履歴が追えない現金よりも優れた特性も持つ。銀行預金と比較すると、受け渡しに仲介者を必要としない点が利点であり、またプライバシー対応も可能である。

2013年のキプロスでの大手銀行破綻時に、キプロスの金融システム不安

が拡大し、ビットコインの使用が増加したことは記憶に新しい。このように中央銀行や既存の金融システムに対して競争的な存在の新たな通貨が出現した、といえる。ハイエクが『貨幣発行自由化論』（1976）を著した時代には想定されていなかった、まさにこの書物で提起された国が通貨発行を独占していてよいのか、という問題提起が現実に起こっているともいえる[2]。一方で、2017年8月のビットコイン分裂で、仮想通貨の持つ分散型自律的合意システムの特性も明らかになってきている（第Ⅱ部第7章参照）。

　この間、中央銀行は、こうした仮想通貨に対して非常に強い関心を持って対応している。中央銀行としての責務を果たすために新しいブロックチェーン技術を理解しなければならないとの認識から各国中央銀行と連携したり、民間専門家とのアクセラレータープログラムを活用するなどにより実証実験を行っている。

　また、いくつかの中央銀行はデジタル通貨の研究を始めており、すでにスウェーデンの中央銀行リクスバンクは、工程表を定め、デジタル通貨発行の検討に入ることを2017年に入り明らかにしている[3]。スウェーデンの場合ブロックチェーンが使われるかは未定であるが、将来は、中央銀行自身がブロックチェーン技術を活用し、デジタル通貨を発行する可能性もある。もし、将来中央銀行の法定デジタル通貨が発行されることになれば、その特性がどのようになるかに依存するが、現在の紙の銀行券や銀行預金よりも競争力を発揮するならば、銀行業にも影響を与えるであろう。そして現在、さまざまな仮想通貨を扱っているフィンテック業者にも、影響を与える可能性もある。

仮想通貨の応用としての さまざまなユースケース

　仮想通貨以外にも、ブロックチェーンはさまざまなユースケースがある

---

2 なお、仮想通貨と電子マネーも、決済など電子的な取引が行われ、外形的には類似してみえるかもしれないが、異なるものである。電子マネーは発行元が存在しており、預託された現金の対価として発行されるが、仮想通貨は既述の通り、単独の発行元が存在しているわけではなく、競争的なマイニングなどの行為によって発行されている。

3 "Riksbankens e-krona" 14 March 17 project plan（スウェーデンリクスバンクHP参照）。

ことはすでに述べた通りである。仮想通貨の技術の側面から、応用される順番で分類していくと次の通りである。

第一は、仮想通貨のプラットフォームで、そのまま仮想通貨を取引するものである。たとえば、仮想通貨による国際送金などである。

第二は、仮想通貨のうち、その「分散型台帳（DLT）」の技術を活用して、異なる資産の取引に使うものである。たとえば、ビットコインのマイニングによるPoWを活用し、ビットコインのプラットフォームで、ビットコイン以外の取引をしているものがある。扱う資産は、新たなコイン、金融資産や不動産などさまざまであり、これらはカラードコインとよばれることもある。たとえば、このあと紹介する、ファンダービーム社によるトークンなどがこうした分類に入るであろう。

一方、「分散型台帳（DLT）」で、許可された（Permissioned）特定の人だけが使える、コンソーシアム型、またはプライベート型で新たな分散型台帳を構築し、新たなビジネスを構築しようとしている実証実験は現在多く見受けられる。たとえば、銀行勘定系システムの構築、銀行におけるKYC（個人認証の仕組み）のシステム構築、サプライチェーンにおける活用、政府における不動産登記などである。

以下では、活用している主体別に、歴史的にはビットコインと同じ2000年代初頭に開発が始まった政府部門の取り組み、具体的にはエストニア政府の実用例、ついで金融や産業の実用例のいくつかについて、その概要を紹介していこう。

2 政府のプラットフォームに活用

第1章で述べたように、ブロックチェーンは帳簿技術のイノベーションであり、事実証明としてのデータ履歴の「台帳」（個人の健康情報、不動産

第2章　ブロックチェーンの実用例

などの財産の所有権、納税など）として、より安全にデータを保管、利用できるというメリットがある。この点を生かし、政府などの公共部門において活用が始まっている。具体的には、エストニア電子政府の中でブロックチェーン技術[4]が用いられている。

〈実用例1〉
ガードタイム社によるエストニア電子政府への貢献

　エストニアは、国民の個人IDを活用し、住民情報や、カルテ、処方箋などの健康情報の管理、納税、投票など、さまざまな行政サービスを電子化している。国民にとって利便性が高く、コストが小さな電子政府を実現している。また、非居住者に対しても永住者同様の安全なデジタルIDをエストニアが発行し、公証サービスなどが受けられ、会社も設立できるようになっている（e-Residency）。

　既存のレガシーシステム同士を直接結ぶ「X-Road」という相互連携ネットワークがプラットフォームとなっており、政府内の情報連携の鍵となっている。「X-Road」とは、各省庁が個別に持つデータベース同士を、インターネットを介してつなげて、相互参照を可能とするデータ交換基盤を示す。データは暗号化され、署名を付与して送信される。政府のデータベースは、銀行や通信会社にも接続が許されている。

　この「X-Road」に無償で技術を提供しているのが、2006年にエストニアでスタートしたガードタイム社である。同社の独自のブロックチェーン技術であるKSI（Keyless Signature Infrastructure）は、大規模に分散されたデータの改ざんをリアルタイムに検知できる。実は内部犯行を含めると、データ改ざんの完全防止は難しいという現実がある。そのため、改ざんに気づくことができ、改ざんされる前の状態に戻すことを可能とすることで

---

4 厳密には、モノやカネの取引が行われていないので、第1章で述べてきたブロックチェーンの特徴とはやや異なるが、ガードタイム社のKSIは、過去からのデータの要約をチェーンで結び、改ざんをすぐに検知できる仕組みとなっており、広くブロックチェーン技術であると捉えられている。

39

第Ⅰ部　ブロックチェーンは社会をどう変えるか

安全性・信頼感を供与している。安全性に対する国民からの信頼は、納税や健康情報にもとづく新たな行政サービスの展開が次々と可能となっている理由の一つといえる（詳細は、第Ⅲ部第16章参照）。

　現在、世界では、たとえばスウェーデン政府では土地登記に関する実証実験が始まっているほか、東欧のジョージア（グルジア）、英国などさまざまな電子政府化の取り組みの中でブロックチェーンを使った実証実験が行われている。

3 金融取引や商取引のインフラを提供

　仮想通貨以外に、分散型台帳システムを活用し、金融商品や商品などさまざまな資産を取引することによって、従来にないサービスを創出する企業も出てきている。前述のスマートコントラクトを載せることによって、大きな利用の可能性の広がりが期待されている。

　まず金融面では、米国のNASDAQが一部の未公開株式の取引用にパイロットシステムを稼働させたほか、スタートアップ企業の投資資金を募り、これを流動化するビジネス（実用例2参照：エストニアのファンダービーム社）や、シェアリングサービスに付随するリスクに対応する保険を提供するビジネス（英国セーフシェアー社）などもスタートしている。さらに、証券分野のポスト・トレード処理（株などの取引が成立した後の事後処理のこと）の効率化などに向けた実証実験が世界各地で行われている（**図表2-2**）。

〈実用例2〉
ファンダービーム社によるスタートアップ企業の投資資金の応募と流動化

　エストニアのファンダービーム社は、2013年にスタートしたベンチャー企業である。同社は、スタートアップ企業に対する投資を募る仕組みをブ

ロックチェーン上で提供している。投資額に応じて独自のトークン（ネットワーク上で使われる一種の仮想通貨のようなもの）を発行し、セカンダリー・マーケット（流通市場）でトークンを売買することも可能、つまり、当該スタートアップ企業が成長し資金を返せる段階（exit）を待たずに、投資資金を流動化して、投資家の間で売買ができる仕組みを実現している。このトークンは、パブリック型ブロックチェーンを活用している。

　また同社は、投資に必要な情報を提供するためのデータバンクとしての役割も果たしている。世界中の15万社を超えるスタートアップ企業のデータ、そしてそれらに出資をする2万を超える投資家の情報などを自動収集し提供（投資家の詳細情報はブロックチェーン外で管理し同社がプライバシー管理を行っている）。全世界的にビジネスを展開しており、日本の投資家も同社を介して、スタートアップ企業への投資を行っている。

　また、ブロックチェーンは、効率的なサプライチェーンの実現やシェアリングサービスの安全な提供など、さまざまな目的を持った多様な企業から関心が持たれている。たとえば、貿易取引については、バークレイズ銀行とイスラエルのスタートアップ Wave の取り組みによって貿易取引業務の時間とコストを著しく削減することに成功するなど、貿易関連企業の関心が高まっている（**図表2-2**）。また、ダイヤモンドや絵画といった、動産取引にもブロックチェーンは用いられている事例もあり、鑑定情報や取引履歴を安全に保存することが、その財の価値を引き上げることにつながり、革新的なビジネスとなっている（実用例3参照：英国のエバーレッジャー社）。

〈実用例3〉
エバーレッジャー社によるダイヤモンド取引

　英国のエバーレッジャー社は2015年にスタートしたベンチャー企業である。ダイヤモンドを鉱山から消費者の手に渡るまで追跡し、ダイヤモンドの鑑定情報や取引履歴、移転証明などをブロックチェーン上で記録・管

第Ⅰ部　ブロックチェーンは社会をどう変えるか

図表 2-2　ブロックチェーンを活用した実施例および実証実験

組織名称	種別	取り組み内容
セーフシェアー社（英国）	スタートアップ企業	2015 年にスタートしたベンチャー企業。車や部屋の貸与といったシェアリングビジネスのプラットフォーマーに対して保険を提供する代理業を行う。シェアリングサービスの利用者は不特定多数に及ぶが、同社はこうした転々と移り変わる取引情報などをブロックチェーンで管理し、保険会社へ提供している。
バークレイズ銀行（英国）	銀行	英国 4 大銀行の一角。クロスボーダーの金融連合 R3CEV で共同開発した Corda を用い、銀行間スワップ取引の契約書をブロックチェーン上で伝達するスマートコントラクトのデモを行う。また 2016 年 9 月には初のブロックチェーンベースの貿易取引（信用状取引）を成功させた。
ロンドン証券取引所（英国）	証券取引所	CME（シカゴマーカンタイル取引所）などと共同で Post Trade Distributed Ledger Working Group を立ち上げ、ブロックチェーンを使った証券ポスト・トレードの研究を進める。
JPX（日本取引所グループ）	証券取引所	日本 IBM と野村総研をパートナーとして、それぞれ異なる実装手法により、株式市場におけるポスト・トレード業務に DLT（Distributed Ledger Technology）の実証実験を行った。証券会社や保管振替機構など 6 組織が参加し、証券発行や取引照合、資金決済など 7 項目にわたる検証により可能性と課題を整理した。
住信 SBI ネット銀行	銀行	国内のネット専業銀行。預金の入出金や振込、残高管理などの銀行勘定系取引について実証実験を行った。ブロックチェーンを活用した不動産取引における担保権の設定抹消や、売買代金決済についても研究を開始。
NASDAQ（米国）	証券取引所	米国の新興企業向け株式市場。ブロックチェーン技術のスタートアップである米チェイン社と提携して未公開株式取引システム Nasdaq Linq を自社開発、株式の発行や売買を行う パイロットシステムを稼働。また太陽光エネルギーを証券化した電力証書をブロックチェーン上で流通させる取り組みも公表した。
DTCC（米国）	証券保管振替機関	米証券保管振替機構の持ち株会社。Linux Foundation や IBM、インテルなどが協働し立ち上げた Hyperledger Project の参加メンバー。OTC デリバティブ（店頭デリバティブ）、CDS（クレジットデフォルトスワップ）取引やレポ取引などブロックチェーンを活用したさまざまな実証実験を行っている。

（出所）ヒアリング等により筆者作成

理する。現在管理しているダイヤモンドの数は約 98 万個。

　外部に API（アプリケーション・プログラミング・インターフェース：あるシステム・サービスを利用するための手順やデータ形式などを定めた規約のこと）で連携することで警察や保険会社もデータを参照可能である。このデータにより、保険金詐欺なども防げることから、ダイヤモンドの価値自体を引き上げ、後述する社会的な問題を解決するエコシステムを作り上げることに成功している。このビジネスは、プライベート型ブロックチェーンを活用し、スマートコントラクトによって取引や売買が容易となっている。

「記録の改ざん不可」「データを分散して安全に管理」「スピーディーな情報共有」といったブロックチェーンのメリットは、ダイヤモンドの管理に非常にマッチしている。古くからダイヤモンドの取引市場では盗難や鑑定書の偽造、また宝石にかける保険金の詐欺などが頻発、またマネー・ロンダリングやテロ資金の温床ともいわれている。同社のビジネスモデルは、こうした業界の不健全性、社会的な問題をブロックチェーンという新技術で解決したい、という発想から生まれたと創業者である Ms. Kemp は語っている（第Ⅲ部第 11 章参照）。

　冒頭述べたように、日本においては金融取引の分野を中心にきわめて多くの実証実験が行われている。たとえば、JPX におけるポスト・トレード処理の事例（第Ⅲ部第 10 章参照）。また住信 SBI ネット銀行の入出金取引・振込処理の事例（第Ⅱ部第 6 章参照）などがあげられる。

　海外に目を向けると、実用例として具体的に紹介した企業だけでなく、英国セーフシェアー社や米国 NASDAQ など、すでに実験の域を越えビジネスとしてスタートしている事例もみられるほか、第Ⅱ部第 5 章、第Ⅲ部第 12 章、第 15 章などで、そのほかの多くの事例を紹介しているが、さまざまな分野における実証実験が、世界各地で現在一斉に進んでいる状況といえる。

第Ⅰ部　ブロックチェーンは社会をどう変えるか

第 3 章

ブロックチェーンを社会基盤とするために

1 ブロックチェーンの課題

　ブロックチェーンは新しい技術であるだけに、まだ多くの課題を内包している。これらは、大きく技術自体の課題、ビットコインなどを支える合意の手法に関する課題、事業化する際に生じる課題に分けられる。以下、順次見ていくこととしよう。

　まず、ブロックチェーン技術自体の課題としては、次のようなものがある。

① 大量の取引に対応できなくなる

　スケーラビリティ（拡張性）の問題である。ブロックチェーンの取引が多くなるにつれて、ブロックに格納する情報の容量も大きくなる。たとえば１秒に数千・数万というような大量の取引を考えた場合、ブロックチェーンがたちまち長大化し、ノードに必要なディスク容量、ネットワーク資源、マシンパワーが大きくなるため、ブロックチェーンの処理スピードが遅くなったり、ブロックチェーンに参加できるノードが限られてしまう。後者の場合、同時に限られたノードのみが参加メンバーとなる、いわば集中化を招く可能性もある。

　これについては情報をコンパクトに格納するなど、さまざまな技術的対応が検討されているが、たとえば世界中のクレジットカード決済、証券取

第3章　ブロックチェーンを社会基盤とするために

引などを賄うだけのスケーラビリティを確保するにはまだ時間がかかるだろう。特に広域で利用されることの多い Unpermissioned 型のブロックチェーンについての顕著な課題である。2017年8月にビットコインが分裂したきっかけも、このスケーラビリティ問題によるものである。

② プライバシーの保護と分散管理の両立が難しい

　本来台帳を持ち合うという透明性が特徴のブロックチェーンであるが、一方で、個人の財産情報などの秘匿性が必要な使い方が求められることがある（たとえば、保有する証券の情報など）。プライバシーの保護と情報を分散的に保有するという利用方法に矛盾があるようにみえるが、秘匿性を確保しないとビジネスとしては成り立ちにくい。これについては暗号鍵の持ち方、秘匿したまま情報を処理する方式などが検討されつつある。

　次に、ビットコインなどの仮想通貨として使われているブロックチェーンの PoW というコンセンサス・アルゴリズム技術については、以下のような課題がある。なお、Permissioned 型ブロックチェーンの代表的なコンセンサス・アルゴリズム技術である PBFT（前掲**図表1-3**）なども完成されたものではなく、堅牢性の向上などの課題に向けたコンセンサス・アルゴリズムの研究開発が続けられている。

③ 即時性の必要な取引には向かない

　PoW の場合の承認スピードの問題である。ビットコインで使われているPoW の場合、データの整合性と処理効率のバランスから約10分間ごとにブロックが作成されるよう調整されており、即時性が必要とされる取引には向かない（第1章の脚注3で示した通り、合意が覆らないことの保証のためには概ね6ブロック必要といわれており、約1時間必要ということになる）。これを「ファイナリティ」が確保できないという。そうしたスピードの遅さを克服するために、10分待たずにそれを使う当事者がリスクをとって取引を行う対応をしている実例もある。また、複数のブロック

第Ⅰ部　ブロックチェーンは社会をどう変えるか

チェーンを連携させることによる技術（これをサイドチェーンという）を活用して、この欠陥を克服しようという動きもある。

④ 本当に低コストになるかわからない

PoW を利用する場合、電力などシステム全体としてのコストが本当に低くなるのか、ということが指摘されている。実際に最終的にそのコストを負担するのは利用者になるのではないか、結局それでは安上がりにはならないのではないか、という見方も根強い。

さらに、ブロックチェーンをビジネスとして実装していくためには以下のような課題がある。

⑤ 周辺のアプリケーション機能の開発や標準化が必要

ブロックチェーンのみで業務システムを完結できることは少ない。たとえば銀行の勘定系などにブロックチェーンを導入していこうとすると、周辺アプリケーション機能が同時に開発される必要がある。また複数の銀行間でコンソーシアムを築こうとすれば、ともに持ち合う台帳を共有していかなければならないため、標準化が必須となる。

今後、ブロックチェーンが普及していくためには、ブロックチェーン基盤を開発する各企業にとってはオープン API や、分散型台帳（DLT）のデータ形式、台帳間のインターフェースの標準化といった対応が鍵になる。この点は、たとえば第Ⅱ部第 6 章で銀行勘定系のブロックチェーン活用の課題として指摘されている。

⑥ 契約では想定しない事態への対応が難しい

スマートコントラクトが完全でない場合への対応である。すべての事象を予想して網羅的にスマートコントラクトに定めておくことはきわめて難しい（いわゆる「完備契約」が実現できるわけではない）。次に紹介する The DAO の問題が典型である（以下参照）。スマートコントラクトには法

46

第 3 章　ブロックチェーンを社会基盤とするために

的拘束力はなく、あくまでも分散型で自律的な、私的な統治である。予測不可能な事態に直面する場合の私的な統治方法の一層の工夫などを考えていく必要があるだろう。この点は、第Ⅲ部第 13 章および第 14 章で詳しく論じている。

（参照）
The DAO をめぐる問題と示唆

　The DAO とはドイツのブロックチェーンスタートアップ企業である Slock.it が Ethereum Foundation と連携して設立した事業投資ファンドである。DAO（Decentralized Autonomous Organization：一般に「分散型自律組織」とよばれる）というコンセプトを実証するために、2016 年 4 月よりパブリック型ブロックチェーンのイーサリアムで記述されたスマートコントラクトによるファンドを組成し、資金調達を開始、6 月までの間にイーサリアム上の通貨「イーサ」を 1 億 5000 万米ドル相当を集めた。ところが 6 月 17 日、The DAO のスマートコントラクトのバグを狙ったハッカーにより、そのうちの 3 分の 1 相当が流出するという事件が起こった。ハッカーは The DAO のスマートコントラクトに規定される、契約を分割できる機能を用いて"子 DAO"を作り、The DAO 本体から資金を繰り返し移転させた。ハッカーは「公開されたスマートコントラクトにもとづき出金をしただけで、何も違法なことはしていない」、と主張した。

　この事象に、The DAO だけで対処することはできず、プラットフォームであるイーサリアム自体にも影響が及んだ。イーサリアム創設者のヴィタリク・ブテリン（Vitalik Buterin）氏 は、流出した資金を The DAO に戻すため、既存のイーサリアムと互換性のない新しいイーサリアムプログラムを全ノードに配布し更新を求める「ハードフォーク」を提案。この提案に対して賛否両論の議論が過熱したが、結果として 2016 年 7 月 20 日にノードの大半の賛同を得て、ハードフォークは実行された。しかし、この対応に反発する声も根強く、旧版のプログラム上で旧イーサリアムも継続して取引され、同じイーサリアムで新旧二つが併存する、という状況が続いて

第Ⅰ部　ブロックチェーンは社会をどう変えるか

いる。

　The DAO をめぐる事件は、本文中にあるように、あらゆる可能性を想定してあらかじめ完全な契約を準備することは困難という、スマートコントラクトの不完全性を浮き彫りにしたものだ。特定の国の規制や法執行を受け入れないブロックチェーンの「分散型自律組織」では、「Code が法律である」として、それを恣意的に変更するべきではないという主張もあった。現実的には何か問題が生じたときに、Code に完全に依存するのではなく、状況に応じた人間による判断が必要な部分は残るだろう。たとえば Code に加えて参加者間の多数決による解決方法を決めるなど、何らかのガバナンスの手法について工夫を考えていく必要がある。サイバースペースの自律組織と、各国の司法当局、規制当局がどのように折り合いをつけていくか、という課題もこの事件によって明らかになったともいえる（第Ⅲ部第13 章および Appendix 2 で詳述）。

2 ブロックチェーンは今後、社会をどう変えるか

　第Ⅰ部の冒頭に、ブロックチェーンは社会の新たなインフラとなる可能性を秘めた技術であると述べた。ブロックチェーン技術がさまざまな課題を克服できれば、その活用により、個人レベルでの利便性向上、新しい付加価値の高いビジネスモデルの誕生と発展、さらに取引の効率化などを通じた産業の再編、政府や企業の生産性向上などを通じて、経済社会の発展への貢献が期待できる。以下、検討してみよう。

安心して使える公的サービスの実現

　情報を分散して管理し、改ざんをきわめて困難にするブロックチェーンは、情報化社会における信頼性をより高める仕組みを人々に供与する可能性を持つ。特に、公共部門においてその活用可能性があることはエストニ

ア政府の取り組みとその成果からも明らかである。

エストニアでは、ブロックチェーン技術を活用した電子政府化により政府の仕事が大胆に効率化している。たとえば、税徴収の効率性の水準は、国際的にみるとエストニアは圧倒的に高く、先進国の中では効率性が最も低いわが国と比較するとその差は顕著であることがわかる（**図表3-1**）。また、医療や不動産などあらゆる場面で個人の情報がデジタル化されて記録され、許可された人や企業などがそれを活用できる。

これにより、民間企業や医療関係機関における生産性も高まり、人々の暮らしの利便性も高まっている。また、プライバシー対応策としては、万一、個人のデジタルな秘匿情報を許可していない他人が見れば、それがすぐに検知、データ履歴として書き込まれ、非常に大きなペナルティが科されることなどにより、個人が安心して便利に公的なデジタルサービスを使

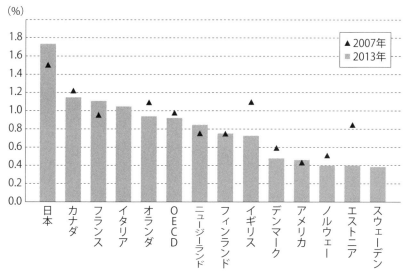

図表3-1　**税徴収の効率性についての国際比較**

（注1）税徴収の行政コストの税収に占める割合を示したもの。なお、国によって事情が異なるため、国際比較にあたっては注意が必要。
（注2）エストニアの2007年には税関費用も含まれているが、2013年には含まれていない。
（出所）OECD "Government at a Glance 2015"（2015）をもとに加筆修正

第Ⅰ部　ブロックチェーンは社会をどう変えるか

えるようにしている。

　すなわち、こうした利便性を実現するために、政府が個人情報を保護しつつ、個人番号を政府や医療機関などで共有できていること、デジタル化に対応した適切なプライバシー対策を有効に行っていることに加え、個人情報などの正しさを証明するインフラを提供していることが前提となっており、ブロックチェーンが鍵を握る一つの技術となっている。

　また、安定した政府が成立しておらず、社会インフラが十分整備されていないような発展途上国の人たちや中東の難民のような人たちにとっても、ブロックチェーンによる分権的、草の根的な社会インフラの提供を通じて、社会的弱者に対する金融サービス提供（いわゆる金融包摂）などの厚生の向上、利用者の生活上の問題の解決が期待される。

取引履歴データを活用した新たなビジネスチャンス

　民間ビジネスの分野においても、ブロックチェーンという新たなプラットフォームは、新しいビジネスチャンスを生み、あらゆる業種のビジネスのあり方を大きく変える可能性を秘めたものである。第2章で紹介したように、たとえば、ダイヤモンドの鑑定情報をブロックチェーン上でデータ化することにより、これまで横行していた鑑定書の偽造や詐欺をなくし、安心して取引ができる流通プラットフォームを作るといった新しいビジネスチャンスが生まれているのは好事例である。

　ブロックチェーン技術の発展は、スマートコントラクトが織り込まれていくことによって、特に多くの事業者が関与している複雑な取引を効率化し、付加価値向上をサポートするインフラとしての発展が見込まれる。取引に関わる企業の業務が大幅にスリム化して生産性の向上を促すことが期待できる。また、そうした取引情報を活用して、企業はさらに付加価値の高いビジネスを展開できる可能性も広がる。

　ブロックチェーン技術は、IoTとも親和性が高いと考えられており、その応用が期待されている。ブロックチェーンとIoTがつながることで、異

業種間でのセンサーデータ（検知した分析に適したデータ）活用、その情報にもとづくスマートコントラクトでの自動制御、さらには安全な決済が可能となるだろう。これにより、サプライチェーン、物流の効率化、シェアリングエコノミー[1] の健全な発展や、ヘルスケアなどの分野を、業種を越えて効率的に発展させる方向に作用すると考えられる（第Ⅲ部第 12 章参照）。

　この結果として、今までこうしたビジネスに取り組んでいたプレイヤーやビジネスの統合が進むなど、産業のアーキテクチャー、業界区分を大きく変化させる可能性を秘めている。また、サービス・モノとカネの取引履歴情報が結びつくことによって、取引されるサービスやモノの価値自体を上げたり、不正の防止、犯罪の解決など社会的課題を解決したりしていく可能性も秘めている。このように、サービスやモノの取引と金融サービスの連携が、ブロックチェーンの IoT への適用で加速することになれば、金融業と他の産業との境目も現在よりも曖昧になっていくことも予想される。

金融ビジネスにおける取引の効率化

　金融ビジネスの側面からみても、貿易金融、証券取引、シンジケートローンなど、さまざまな分野で取引の効率化が進み、金融機関のオペレーションが改善したり、そこで得られる情報を活用した金融サービスを展開できる可能性が広がる。保険ビジネスも、ブロックチェーンの発展に対応して、スマートコントラクトにより保険支払いを自動化するなど、新しいサービスを提供できる機会が拡大する可能性がある。

　米国の中央銀行である連邦準備制度は、クロスボーダー送金や貿易金融、証券取引やデリバティブ取引などの分野において、コスト削減や迅速性確保などの潜在的な社会的メリットは大きいとしている。いまだ発展途

1　たとえば、セーフシェアー社（英国）の取り組みにより、保険が提供されることによって安心してシェアリングサービスを使えるようになり、カーシェアリングや民家への宿泊などがさらに広がる可能性がある。

上の技術であるため、決済システムの信頼性確保に十分に注意を払いつつ、この技術を注視し、サポートする姿勢を明らかにしている[2]。

わが国でも、全国銀行協会から 2017 年 4 月に「ブロックチェーン技術に関する活用可能性と課題に関する検討会報告書」が発行されたが、銀行界が「ブロックチェーン連携プラットフォーム」を 2017 年度中に整備し、決済・送金サービス、金融インフラなどブロックチェーン技術が期待される分野について、実用化に向けた積極的な検討が進められることが記載されている（銀行界の取り組みについては、第Ⅱ部第 5 章参照）。

そこでも金融庁など関係当局は、こうした取り組みと連携しながら法的論点などを解決していく姿勢を示しており、わが国でも金融ビジネスに本格的にブロックチェーンの実用化に向けた活用が検討される環境はようやく整いつつある。今後、こうした実装に向けた検討がスピーディーになされていくことが期待される。

現在、日本の金融機関はさまざまなブロックチェーンの実証実験を行っている[3]。このような実証実験を経て、今後は具体的な利便性の高いサービスが提供されてくる可能性があるほか、証券取引などにも導入が進めば、全体として金融機関のビジネスモデル、産業のアーキテクチャーを将来的に変えていく可能性を秘めている。

不特定参加者の仮想通貨はどこまで発展するであろうか。もちろん、現時点ではもっぱら値上がり益狙いの資産として保有されているものが多いとはいえ、実際に支払手段として利用される仕組みを整備していこうとする動きもある。

たとえば、2017 年 4 月より、日本では改正資金決済法により、仮想通貨が不特定の者に対して代金の支払いなどに使用でき、かつ法定通貨と相互

---

2 Brainard FRB 理事による 2016 年 10 月 7 日のスピーチ "Distributed Ledger Technology: Implications for Payments, Clearing, and Settlement" 参照。

3 たとえば、すでに公表されているものとしては、住信 SBI ネット銀行の勘定系への導入の取り組み（第Ⅱ部第 6 章）や、三菱東京 UFJ 銀行のブロックチェーン技術を活用した仮想通貨発行およびこれによる海外送金の実証実験など多数。

に交換できる、電子的に記録され移転できる、法的通貨ではない財産的価値と位置づけられ、仮想通貨交換サービスを行う事業者に対して、利用者保護やマネー・ロンダリング対策の観点から、さまざまな義務を課して安全に取引が行われるような環境整備をした（第Ⅱ部第8章参照）。また、消費税を非課税とすることにより、取得コストが低下し、取引が活発になることが期待されている。

　ただ、仮想通貨にも課題はある。もともとファイナリティがないことが課題となっていたが、ブロックサイズが小さいというスケーラビリティの問題はすでに現実の問題となっている。ビットコインについては送金額が最近増加し、送金に時間がかかるようになり、その解決策をめぐる対立から、前述の通り、2017年8月には一部が分裂することになった。

　このような課題をいかに解決していくかが、今後の仮想通貨の発展にとって重要であろう。こうした仮想通貨を活用した取引が、少しずつ広がっていき、いつの日か既存通貨を脅かす存在となる可能性もあるかもしれない（Appendix 1 参照）。

3 ブロックチェーンの発展に向けた政策提言

　以上述べてきたように、ブロックチェーン技術は、未成熟ではあるが、経済社会の発展を実現する潜在的に大きな可能性を秘めた技術といえる。上記のような社会を実現していくためには、ブロックチェーンという新しい技術の研究開発や実装に向けて、官民ともに、以下の二つの認識を持つことが重要だろう。

　第一に、潜在的に可能性のある新しい技術は、まずそれを適用するサービス自体を利用者が「安心で便利でメリットが大きい」と感じなければ信頼を獲得できず、結果的にその技術の活用も広がらないという点である。

　ブロックチェーン技術は、国や民間企業が提供するサービスにとどまらず、社会の共通のインフラとなる可能性を秘めているが、そうしたインフ

ラにまで発展するためには、この技術の持つ「分散」「合意」「共有」を特徴とするコンセプトに対する国民の理解も必要となる。そのためにも、この技術に内在するさまざまな課題を克服するための研究開発と、セキュリティへの取り組みが一層これから重要となろう。こうした取り組みによりブロックチェーンの「分散」型のオープンなシステムは、「集中」してデータを管理する従来型のシステムと共存しながらも徐々に発展していくことになろう。

　第二に、モノや財、サービスのバーチャル化、ネットワーク化が進んだ社会において、取引履歴情報の管理、共有といった有形・無形の価値を写し取る技術としてブロックチェーンは位置づけられるという点である。

　IoT、ビッグデータ分析とAI（人工知能）の活用といった、情報技術を活用した利便性の高い社会（いわゆるSociety5.0〈超スマート社会〉）を実現していくための一つの重要な技術となりうる。こうした全体観を持って、技術の開発や実装を進めていく必要がある。

　こうした認識に立ち、具体的に次の点を実施すべきであろう。

●提言1
〈政府は今後のデジタル社会についてビジョンを示し、官民チームでの課題共有・研究開発を推進すべき〉

　政府は、急速に進む最先端の情報技術革新についての理解を深めて、今後のデジタル社会に向けて明確なビジョンを示し、それに向けた課題を明らかにしつつ、取り組みを率先して推進すべきである。このことは、ブロックチェーン技術に限らないが、イノベーティブな技術の発展においては特に必要となる姿勢として強調したい。

　たとえば、英国では、政府の一組織である政府科学局が、フィンテック、またはブロックチェーンといった新しい技術の発展について、早い段階で官民双方に対して、こうした技術革新のもたらす未来社会へのビジョン、技術やセキュリティなど普及のために必要な課題、規制のあり方などについてまとめた報告書を打ち出し、技術の発展と普及のための環境整備

を進めてきている。

2014年10月に英国では消費者便益の向上と競争の促進のために、「プロジェクト・イノベート」をスタートさせていたが、この報告書によって、英国フィンテック企業が、規制のグレーゾーンであっても、いわば特区の中で実証実験ができる「レギュラトリー・サンドボックス」（Regulatory Sandbox）が2016年に生まれた。

具体的には、民間が新しいアイデアを実現したいが、懸念される規制などがある場合、FCA（金融行為監督機構）に申請し、FCAがそれを審査し、認められれば、実証実験が行われる。FCAはその結果を評価した上で、民間ビジネスの実現に向けたサポートを行っていくことになる。こうした「レギュラトリー・サンドボックス」の取り組みは少しずつその内容は異なっているものの、シンガポール、アブダビ、オーストラリアなど多くの国々で始まっている。

日本では、2016年経済産業省がブロックチェーンに関する報告書をとりまとめ（第Ⅱ部第9章参照）、金融庁もフィンテックサポートの総合窓口を開設し、仮想通貨が安全に普及するための環境整備や銀行とフィンテック企業間のオープンAPI推進に向けた環境整備なども進めてきた。日本銀行もフィンテックセンターを作り、ブロックチェーンの課題についても民間企業も含めた議論を積極的に行い始めている。

しかし、英国のように、政府全体として、デジタル社会、その中でのフィンテック推進といった大きなビジョンが必ずしも示されているわけではなく、各部署での個々の活動が大きな動きにはなっていなかった。ようやく、2017年6月の「未来投資戦略2017」で政府として、Society5.0の実現を目指すこととし、フィンテックも戦略分野の一つとして位置づけたところである。

また、政府は2013年6月「世界最先端IT国家創造宣言」を策定してはいるものの、その進捗は国民の目には見えてきていなかった。そうした中、2016年12月には、「官民データ活用推進基本法」が成立、施行され、官民データ活用を総合的に進め、国民が安全で安心して暮らせる社会および快

第Ⅰ部　ブロックチェーンは社会をどう変えるか

適な生活環境の実現に寄与することとされた。

　政府は具体的に「徹底的に効率的な政府の実現」「利便性の高いIoTネットワーク社会の実現」に向けて、新技術の開発、実装を含めたデジタル化推進の取り組みを、大まかなマイルストーンを示しながら加速していくことが求められる。そして、政府部内でこうした先端技術の導入検討を担う部署を明確に位置づけ、官民連携の取り組みを一段と進める必要がある。IT新技術を社会に取り入れるために、政府自身が、理論的、実践的な課題が何であるかを積極的に公開し、それについて大学、企業などから、技術、システムの知見、かつ実践的な応用力を持つ専門家を集めてチームを作って共同で研究開発ができるような環境を用意する、といったことも必要であろう。

●提言2
〈政府はグローバルな観点からブロックチェーン技術を理解し、
自ら導入検討の実践者となるべき〉

　今後本格化するデジタル社会では、官民を問わず、膨大かつさまざまな種類の業務の効率化や高い信頼性が常に求められ、ブロックチェーンは、それを実現しうる可能性を秘めた技術の一つと位置づけられる。

　そこで、政府は、グローバルな視野を持って、民間企業と連携しつつブロックチェーン技術を学び、自ら率先して、政府内での導入可能性を検討すべきである。2017年6月の政府の「未来投資戦略2017」では、2017年度中を目途に政府調達や申請手続等の分野で、ブロックチェーン技術について、政府の情報システム等への先行的な導入を見据えた実証に着手する、とされた。ようやく日本の政府部門でもさまざまな技術的ハードルやルール面の課題の検討が始まることとなったことは政府の効率性、利便性向上に向けた第一歩であるといえよう。

　今後、エストニア政府のブロックチェーン技術を活用した電子政府への取り組みなども参考にすべきであろう。各省庁が持つ既存のデータベースをインターネットで結ぶことによって比較的安価にデータを共有し、相互

参照を可能としている点、また、民間企業にもオープンな基幹システムを提供している点などは特筆に値する。

また、エストニアでは、政府が掲げるIT戦略の下で、国民へのIT教育を徹底して行いつつ、事業化においては、はじめは小さい事業から始めて課題を解決しながら大きく育てる手法をとっている。こうしたアプローチをとることで、IT技術への国民の信頼を得ることに成功している。技術のみならず、普及方法においても参考にすべき点は多い。

さらに、日本では政府がIT技術を導入する際、これまでは政府が規格を作って発注するという方式がとられてきたが、こうしたやり方は急速に技術革新が進む今日のような時代にはそぐわない。発展途上の技術については、規格を作成する段階から官民が共同して研究開発を重ね、より効果的、かつ安全な設計を目指すべきである。

なお、近年日本でも導入されたマイナンバーに関しては、個人情報の扱いに十分留意した上で、政府内や特定の民間企業が必要とされる業務により適切に利用できるようにし、これを活用したデジタル化をスピードアップし、国民の利便性を高めるよう取り組む必要がある。この点においても、小さなトライアルを重ねて、課題を把握し、改善しながら適用先を拡大していくという方法をとることが効果的である。小さな事業化を積み重ねるなかで、民間事業者は費用対効果も検証した上で参入するかどうかの選択ができ、また、現場での対応や国民のニーズの把握も進むものと思われる。

●提言3
〈政府は民間企業がイノベーションを進めやすい環境を整備するべき〉

さらに、政府は、ブロックチェーン技術に関する民間企業のイノベーションを積極的に支援していくべきである。民間企業でこうした技術の活用を広げるために必要な環境整備上の課題を整理して、研究開発や実践的な取り組みを進めやすくするべきである。人手が不足している日本にとって、ビジネスの分野で、ブロックチェーンが導入され、さまざまな業種において生産性の向上や新しいビジネスの推進に活用できる可能性を考えれ

ば、その発展の価値は高いはずだ。

　今後、ブロックチェーンの実装が進むにつれて対応して考えるべき法制整備、税制対応などの論点が出てくると思われるが、政府は技術の発展の芽を摘まない、という視座を持って検討を深めることが重要であろう。この点、2017年には前述の通り、銀行界と連携しながら、ブロックチェーンの活用検討を進めていくイニシアティブの動きもみられてきているが、これは評価すべきであり、この検討が官民一丸となって加速していくことが期待される。

　金融分野の場合、既存のレギュレーションとの関係が課題となる。わが国では仮想通貨取引所については、2016年に先進国と同様のマネー・ロンダリング対応や利用者保護のための法律整備が行われた。今後も、マネー・ロンダリング対応、消費者が安心して使えるための枠組みなどに配慮していく必要がある。

　また、ブロックチェーン技術に限らないが、既存の規制との関係がグレーな分野の新しい技術の試みについては、政府は、利用者保護やリスクの管理などに配意しつつ、イノベーションを阻害しない実験場のような支援環境を用意したり、イノベーションを進めやすい規制手法を考え、整備していくべきである。この点、前述の「未来投資戦略2017」で「規制のサンドボックス」の創設が日本でも決定したが、使い勝手のよい仕組みにしていくことが求められる。特にフィンテックの技術革新のスピードは速く、こうした仕組みは、不可欠であるし、さまざまなビジネスモデルが生まれていくことを考えると、政府の法令による規制よりも、スピーディーに対応が可能な新しい担い手による自主規制や、柔軟なガイドラインのようなソフトローの導入などの手法も検討していく必要がある。

　さらに、さまざまな企業や金融機関がつながり、ダイナミックなエコシステムが形成されようとしている現在、銀行法、保険業法といった、業法での規制は限界がきている。よりダイナミックな、シンガポールで検討されているような、機能ごと、行為（アクティビティ）ベースの規制[4]が志向される必要がある。利用者が安心、納得して使えるような環境づくりや、

決済システムの信頼性を維持しつつ、技術の信頼性の向上のために官民の協力体制構築に配意する必要がある。

こうした、新しい時代の規制のあり方については、個別の規制対応だけでなく、総合的かつフォワード・ルッキングな対応方針を検討し、海外に対しても発信していく必要があるだろう。金融面ではフィンテックをめぐる市場間競争は激しい。こうした市場間競争の視点からも、健全で信頼でき、活性化した金融市場を目指して当局が取り組むべき課題は多いといえよう。

海外でも、英国の中央銀行であるイングランド銀行が、アクセラレータープログラムを自ら作り、民間企業に外注するのではなく、自らパートナー企業を選んで、連携して新しい技術を学んでいる点も興味深い。監督する側、監督される側で線引きされるのではなく、民間とともに新しい技術を学び、時代に合った金融市場のモニタリングや規制監督のあり方を考えていく姿勢がうかがわれる。

●提言4
〈民間企業はシステムのオープン化と標準化を推進すべき〉

ブロックチェーンのような分散システムの構築にあたっては、システムのオープン化、標準化への対応が必須である。企業は、これまでの自前主義にこだわらず、実証実験を共有してイノベーションに取り組み、また、APIを公開するなどシステムのオープン化、標準化への対応をしていく必要がある。この点、銀行とフィンテック企業については、前述の通り金融庁の法制整備により、オープンAPIを推進するための環境整備がスピード感を持って進められており、各銀行が対応を迫られている。

また、国際標準化機関であるISOにおいて、「ブロックチェーンと電子分散台帳技術に係る専門委員会」が設立され、議論が進んでいる。この委員

---

4 "Proposed Activity-based Payments Framework and Establishment of a National Payments Council" Consultation paper P009–2016, Monetary Authority of Singapore. 参照。

第Ⅰ部　ブロックチェーンは社会をどう変えるか

会において、ブロックチェーンにおけるシステム、アプリケーション、ユーザ間の互換性やデータ交換に係る国際標準化活動が議論されていく予定だが、日本においてもこのような動きに乗り遅れないよう、積極的に関与していくことが求められるだろう。

　技術進歩の流れは速い。ブロックチェーンというシステムのネットワーク効果を考えると、オープン・イノベーションにより、こうした技術が多方面に広がり、情報・取引ネットワークが政府や企業など参加者間で縦横に連携、つながるようになり、グローバルに大きく広がっていくことがさらなる付加価値を生んでいく可能性がある。そうした潜在的なビジネスの広がりの可能性を十分考えて、企業は今後の経営戦略を検討し、技術力を磨いてビジネスモデルの改革につなげていく必要がある。新しいビジネスモデルに進化していくためにも、今後の企業は、業種を問わず、経営陣に技術系の人材を配置し、スピーディーな経営判断ができるようにしていくこと、技術とビジネスの双方を理解できる人材の育成や、エンジニアの積極的な採用などが必須となっていくであろう。

第Ⅱ部

金融はブロックチェーンで
どう変わるのか

ビットコインに促された
金融業界における新しい競争：
第Ⅱ部へのガイド

岩下直行

　ブロックチェーン技術は急速な進化を遂げている。ビットコインをはじめとする仮想通貨の交換価値も大きな変動を繰り返しつつ趨勢としては大きく上昇しており、広く一般の関心を集めている。この新しい技術を、資金決済や証券決済など既存の金融取引の分野に適用しようとする実証実験も、世界中で繰り広げられている。

　なぜ、ブロックチェーン技術はこんなにも注目されるのだろうか。それは、ビットコインがインターネットを介して世界中に広まったことに原因がある。

　これまで、資金や証券に関する金融取引は、各国の金融当局によって規制されてきた。各国当局は、各々の国内法制によって事業者に免許を与え、各々の国内市場へのアクセスを許してきた。金融の国際化が進むにつれて、先進国間においては、国際的な資金や証券の取引が拡大したものの、金融取引が国境を越えるためには、特別に規制された業者が担い手となることや、専用の銀行間通信ネットワークが使われることが前提とされた。インターネットを介して情報が自由に国境を越え、世界中を飛び回るようになっても、金融取引にかぎっては、電子的な情報のやりとりが大半を占めるにもかかわらず、国境に高い壁が築かれていたのである。

　ところが、ビットコインはこの壁をやすやすと越えてみせた。インターネットに接続している利用者であれば、誰でもビットコインを購入し、売却することが原理的に可能である。実際、国際送金の手数料が高いのに対し、ビットコインを使って送金すれば安価に送金できることが喧伝された。

　当初は仮想通貨といっても交換価値は低く、おもちゃのお金のような存

在と考えられていたビットコインが、その利用者を拡大するとともに、高い交換価値を持つようになり、市場全体で流通する量も増えていった。2017年8月現在では、ビットコインの総市場価値は約7兆円、その他のアルトコインを含めて仮想通貨全体では約15兆円もの交換価値を持つに至っている。

こうした現象は、金融の未来についてさまざまな想像をかきたてる。もし既存の銀行券や銀行間の決済ネットワークが高コストで使いにくいのであれば、それらはインターネットで交換される仮想通貨に取って代わられるのではないか。証券取引も、インターネット上で安全に取引を行う基盤が築ければ、そこが新たな中心となるのではないか。そのような変化が展望できるのであれば、真っ先に実証実験を行い、実績を積み重ねた担い手が次世代のデファクト標準を握ることになるのではないか。そうした将来を見越して、金融業界のさまざまな競争が始まっている。

この競争は、従来の民間金融機関間の競争に加えて、各国ごとに通貨を発行している中央銀行や、証券取引を行っている証券取引所、さらには制度を管轄する政府といった、それまで国境の壁に守られて競争にさらされてこなかった関係者までも巻き込むかたちで、世界中に拡大している。その結果、国際的なコンソーシアムの合従連衡が生じ、各国の中央銀行がデジタル通貨発行の構想を発表し、各国政府がイノベーションを促す制度設計の検討を開始している。

以下では、改めてブロックチェーン技術が誕生し普及するまでの過程を振り返るとともに、それが金融をどう変えていくかについて、大胆に未来の見通しを描いてみよう。

ビットコイン誕生以前の電子現金

まず、ビットコインの歴史を振り返っておきたい。「ビットコインは、ブロックチェーン技術によって作られた仮想通貨の一つ」と紹介されることがあるが、歴史的には、最初にビットコインが存在し、そこからブロック

チェーンが誕生し、さらに DLT（Distributed Ledger Technology：分散型台帳技術）という言葉が生まれたという順番である。

　ビットコイン誕生以前から、暗号技術の応用分野の一つとして電子現金（Electronic Cash）の技術は存在していた。1994 年に誕生した Digicash 社の「ecash」は、「blind signature」という暗号技術を使い、取引の匿名性を実現した電子現金であった。また、1992 年に誕生した Surety 社の「Digital Notary」は、ハッシュ値を連鎖させることで電子的なタイムスタンプ性を実現するサービスで、その連鎖の一部をニューヨークタイムズ紙に掲載することで、信頼性を確保するという工夫をしていた。これらの既存の技術を組み合わせることで、ビットコインは作られている。

　ビットコインの誕生前から、ビットコインの特徴である「乱数と電子署名を用いた電子現金」「匿名性の付与」「ハッシュ関数や署名の連鎖による改ざん防止」についてさまざまな技術が考案され実装されていたのだ。そうした技術提案の中には、今でいう「仮想通貨的なもの」も多数存在したが、注目されずに消滅している。利用するコンピューター側のシステムリソースの不足やコスト、利便性の問題などから、当時はそれらの技術が広く普及することがなかったのである。

なぜビットコインは「成功」したのか

　ビットコインは、2008 年にサトシ・ナカモト（Satoshi Nakamoto）が発表した論文で紹介され、2009 年 1 月に「Bitcoin v0.1」がリリースされた。このサトシ・ナカモトを名乗る人物は、その後表舞台から姿を消し、残った仲間がビットコインの開発を続けていく。

　ビットコインは発行主体を持たず、インターネット上のピアツーピア（P2P）ネットワークで情報が共有される。誰でも利用者となることができ、ソースコードや取引履歴の検証を可能とすることで、信頼性を確保している。計算能力を提供してシステム全体の維持管理に貢献する「発掘＝マイニング」に対して、一定の報酬が与えられる。この報酬を求めて、専門業

者が膨大な計算能力を投入してマイニングを進めている。このマイニングの仕組みこそが、単にハッシュ値をたくさん計算して正解を見つける競争にとどまらず、ビットコインの安全性を実現する要因になっているのである。

　以下、第4章では、ビットコインと仮想通貨の発展可能性について、その原理から将来展望までを整理している。ここでは、改めてビットコインが「成功」した理由を考えてみたい。

　第一に、P2Pによる分散コンピューティングを採用したことがあげられる。ビットコイン誕生前史にもさまざまな取り組みや仮想通貨的なものが開発されたが、それらは運用を行うセンターシステムが必要で、それを維持するために多くのコストがかかっていた。一方、P2P方式を採用したビットコインにはセンター維持コストが必要なく、さらに、CPU、ストレージ、通信のコストが下がったことで、一般ユーザーが保有するインターネット上のリソースだけで稼働可能となったことが大きい。

　第二に、マイニングに対して報酬付与を行うことで、利用者の中に嘘をついたり不正を働こうとする人がいたとしても、それを駆逐することができるシステムの頑健さを手に入れたことがあげられる。

　第三に、独自通貨単位である「BTC」を採用したことがあげられる。単に決済手段として使うのであれば、日本の円や米国のドルといった法定通貨建てのほうが使いやすいのだが、BTCという独自単位の採用により投資機会を提供し、株式のように投機的資金が流れ込むようになった。システムの安定性維持のためにはマイニングの報酬分だけBTCを追加発行すればよく、外部からの費用投入なしにシステムを維持することができる。このようにシステム維持費用を自給自足できる仕組みを構築できたことが、ビットコインが現在もなお取引が続いており、市場で交換価値が維持できている一因と考えられるのだ。

ブロックチェーンと分散型台帳技術 (DLT)

ビットコインが注目を集め、類似の技法で新たな仮想通貨が開発されるようになると、技術面に着目したそれらの総称として「ブロックチェーン」という言葉が使われるようになった。また、その技術が仮想通貨以外にも適用されるようになると、ブロックチェーンという言葉よりも汎用的な印象のある「DLT」という用語が使われるようになった。

ブロックチェーンとDLTの定義については、現段階では広く合意された定義があるわけではないが、実証実験プロジェクトなどをビットコインとは異なるイメージで捉えたい場合は、ブロックチェーンという言葉に代えてDLTと呼称する、という傾向があるようである。

たとえば、日本ブロックチェーン協会（JBA）では、狭義、広義のブロックチェーンの定義を提示している[1]。

狭義のブロックチェーン：
「ビザンチン障害を含む不特定多数のノードを用い、時間の経過とともにその時点の合意が覆る確率が0へ収束するプロトコル、またはその実装をブロックチェーンと呼ぶ」

広義のブロックチェーン：
「電子署名とハッシュポインタを使用し改竄検出が容易なデータ構造を持ち、且つ、当該データをネットワーク上に分散する多数のノードに保持させることで、高可用性及びデータ同一性等を実現する技術を広義のブロックチェーンと呼ぶ」

この広義と狭義の差の部分がDLTだという考え方もある。こうした分類法とは別に、プライベート型、パブリック型という分け方がある。さらに

---

1 第Ｉ部第1章参照。

図表Ⅱ-1 ブロックチェーンの三つの型

	プライベート型	コンソーシアム型	パブリック型
管理者	単独の機関	複数のパートナー	存在せず
ノード参加者	管理者による許可制	管理者による許可制	制限なし
合意形成	厳格ではないことが可能	厳格ではないことが可能	厳格であることが必要（PoW、PoS等）
取引速度	高速	高速	低速

現在、金融業界が実証実験のターゲットとしているブロックチェーン

Bitcoin、Ethereum等の仮想通貨の基盤に利用されている

現在の金融業界の「Bitcoinは危ないものだが、プライベート／コンソーシアム型のブロックチェーンなら大丈夫」という考え方は二重の意味で問題がある。

① パブリック型の可能性を放棄
② コンソーシアム型のブロックチェーンにおける合意形成問題

（出所）筆者作成

そこにコンソーシアム型を入れて、三つに分類することもある（**図表Ⅱ-1**）。

　プライベート型は単独の機関が管理し、ノード参加者は管理者による許可制、合意形成は厳格でなくても可能で、取引速度は高速にすることができる。パブリック型は、管理者が存在せず、ノード参加者には特に制限がない。合意形成は厳格である必要があり、取引速度は低速になる。コンソーシアム型は、管理者は複数のパートナーによるもので、ノードに参加するためには管理者による許可が必要となる。合意形成は厳格ではないことが可能で、取引速度は高速にすることが可能である。

　今の金融業界では、パブリック型のビットコインやイーサリアムなどを直接取り扱おうという考え方は少ない。プライベート型やコンソーシアム型のような、許可された参加者だけが合意形成に参加するスタイルが好まれる傾向にある。しかし、そもそもブロックチェーンの起源であるビットコインが大きなイノベーションを成し遂げたのだとすれば、検討の対象か

らパブリック型を外すことは賢明ではないかもしれない。パブリック型の合意形成の仕組みを上手に使えば、これまでになかった新しい決済システムを構築することが可能かもしれない。また、コンソーシアム型において高速で厳格でない合意形成を行うとき、コンセンサスのアルゴリズムのあり方とその検証可能性についてまださまざまな議論があり、さらに技術開発を続けていくことが必要になると考えられる。

第5章では、国内外の民間金融機関がブロックチェーンにどう対応しているかを整理している。その上で、わが国銀行業界の具体的な施策として、①「ブロックチェーン連携プラットフォーム」（仮称）の整備、②国際的な標準規格への対応戦略、③金融インフラにおける活用可能性の検討、などをあげている。

ブロックチェーンのユースケースとしては、金融分野ではもちろん、産業界、行政、さらには市民のさまざまなアクティビティーに関わるCivicTech の分野においても活用が考えられている（**図表Ⅱ-2**）。たとえば、行政における仮想通貨としてのユースケースとして、発展途上国や紛争が起きている国へ国際援助を行う際に、仮想通貨を使えば援助すべき相手に

図表Ⅱ-2　ブロックチェーンのユースケース

技術の使い方／分野	金融	産業	行政	CivicTech
1. Bitcoin などを仮想通貨としてそのまま使う	国際送金	貿易金融	社会保障支払の改善、国際援助の透明化	
2. Bitcoin などの元帳機能のみを利用する	証券ポストトレード	サプライチェーン		学位認定、臨床試験の研究記録
3. オリジナルの分散元帳を構築する	銀行勘定系システムの構築、証券ポストトレード、小切手の電子化、KYC/AML	サプライチェーン	知財管理、ヘルスケア、消費税徴税事務の改善	土地登記、法人登記

（出所）筆者作成

69

資金を送ったかを確認することができる、といった利点を活かすことが提案されている。

　個別金融機関の勘定系システムを、ブロックチェーンを用いて構築する実証実験が進められており、住信SBIネット銀行が過去に実施した状況は第6章で紹介されている。

　金融機関の勘定系システムは、安定性、安全性を誇る巨大なシステムであるが、その分、システムの開発と維持管理に多大なコストを要する。この勘定系システムをブロックチェーンで実現できれば、安定性、安全性はそのままに、開発効率を飛躍的に高めることができるかもしれない。

　実際に構築されたシステムは、高い耐障害性を持ち、かつ実運用に耐える大量のデータを処理できることが確認されたが、さまざまなサブシステムの複合体である銀行の勘定系システムを直ちにブロックチェーンに置き換えるということはあまり現実的ではなく、この実証実験を手始めとして、さまざまなチャレンジが必要とされている。

ブロックチェーン2.0とThe DAO事件

　最近、「ブロックチェーン2.0」とよばれる新サービスが次々に登場している。「スマートコントラクト」は契約書をブロックチェーンに載せることで契約を執行させる機能を持たせたものである。DAO（Decentralized Autonomous Organization）もそうした新しいサービスの一つであり、スマートコントラクトをさらにまとめて、契約が自動執行される一つの会社組織のようなものが考案されている。

　このDAOの有効性を示すために、IoTを活用したシェアリングエコノミーの展開を目指す「The DAO」という事業ファンドが、イーサリアムという仮想通貨上に構築されたのは、2016年4月のことである。その後、1ヵ月弱の間に1万1000人の投資家から156億円を調達した。しかし、その資金が攻撃にあい、50億円が抜き取られる事態が起きてしまった。

　この事件から学ぶべき教訓は多く、既成の法制度に頼らない分散型の合

意形成の仕組みが有用であるとしても、制度設計やシステム設計にはさらなる検討が必要だということが明らかになった。また、問題発生と対応の過程で、スマートコントラクトやブロックチェーンによる仮想通貨が、一部の利用者によって恣意的に取引内容を変えられてしまうのではないかという疑念を生じさせてしまう事件であった（詳細は Appendix 2 参照）。

　こうした課題を抱えつつも、IoT と連動した FinTech の取り組みは有望視されており、さらなるチャレンジが予想されている。

ブロックチェーンと中央銀行

　各国の中央銀行は、ブロックチェーンを利用したデジタル通貨に強い関心を持っている。その理由の一つは、デジタル通貨には、銀行券や銀行預金にはない強みがあることが指摘できる。

　現在の銀行券は、偽造防止技術を盛り込んでいるが、アンチ・マネー・ロンダリング（AML）に対する対応は困難である。他方、銀行預金は、口座開設時に厳格な本人確認を行っているため、AML には強い半面、当局からの指示があれば取引内容を開示するという意味で、匿名性が低いと受け止められている。

　これに対し、デジタル通貨は、ブロックチェーン技術をベースに、AMLに対応することも、プライバシー保護に対応することも可能であるし、そのレベルを適切に調整することも可能と考えられる。このため、銀行券、銀行預金の強み、弱みをカバーする存在になる可能性があるのだ（図Ⅱ-3）。中央銀行からみたブロックチェーンの位置づけについては第7章で整理されている。

金融機関によるブロックチェーン技術の利用

　学術的な実験として始まったブロックチェーンをビジネスに利用しようとする取り組みは、まず金融機関から始まった。銀行業界においては、わ

図Ⅱ-3 銀行券、銀行預金、デジタル通貨の比較

	基盤となる技術	AML	プライバシー保護	受渡における第三者の関与
銀行券	偽造防止技術	対応困難	対応不要	不要
銀行預金	個人認証＋勘定系	対応可能	対応困難	必要
デジタル通貨	ブロックチェーン技術	対応可能	対応可能	不要

（出所）筆者作成

が国の3メガバンクを含む世界の主要銀行が、2015年にブロックチェーンの検討と実験を行う「R3コンソーシアム」を立ち上げた。主要国の証券市場インフラを担う証券取引所が相次いで実証実験を公表したのもほぼ同時期である。その後も、各国の金融機関がブロックチェーンに対する新たな取り組みを加速させている。

　ブロックチェーンは金銭的な価値のある情報をインターネット上で安全かつ効率的にやりとりできる技術と理解されている。それがために、預金や証券などの金融取引を取り扱う既存の金融機関をディスラプト（disrupt）しうる技術として注目された。金融機関側も、自らがディスラプトされないために、一刻も早くこの技術を自分のものとし、他の業界に先駆けたいという気持ちが強く働き、積極的な取り組みを進めたと考えられる。

　同様に、ビットコインの普及が法定通貨の地位を脅かすのではないかという観測もあり、各国の中央銀行の対応にも関心が集まった。各国の中央銀行は、ブロックチェーンとデジタル通貨発行に関するさまざまな調査研究、実証実験を行い、その成果を公表してきたほか、国際決済銀行の決済・市場インフラ委員会（CPMI）では、2015年と2017年に、詳細な検討ペーパーを公表している。

　金融業界におけるこうした先駆的な取り組みは、ブロックチェーンに関する理解を深めることに貢献したが、その結果わかったことは、ブロックチェーン技術が、金融取引やデジタル通貨といった特定のアプリケーショ

ンにとどまらない、幅広い応用可能性を持っているということであった。

　逆に、銀行の預金為替業務や証券取引におけるポストトレード業務における預金や証券の移動のためにビットコインを移動させるのと同様の技術を適用しようとすると、いろいろと不都合な点があることもわかってきた。特に、ビットコインが、取引の内容をすべてオープンにし、参加者全員による相互監視によって二重使用やマイナス残高を防止する仕組みとしているのに対し、金融業務への適用においては、取引の内容や取引当事者のIDをできるだけ秘匿したいという要請があり、公開による牽制効果と情報の秘匿のバランスに注意しなければならないことは、議論を一層複雑化させた。

　こうした事情を踏まえて、金融業界で利用されるブロックチェーンのプラットフォームでは、純粋なビットコインの特徴をやや弱めるかたちで、現在の業務に近いシステムが実現できるような変更が加えられつつある。

　現段階では、こうしたアプローチの違いから、複数のプラットフォームが構築され、実装事例もさまざまなスタイルが試みられている。しかし、そうした多様化は技術が大きな跳躍を遂げる際には避けられないものであり、いずれ、効率的で利用者のニーズに応じた技術体系に収束していくものと思われる。ブロックチェーンやフィンテックは、従来存在しなかったまったく新しいビジネスを創造しうるという意味で、わが国の成長戦略を考える上でも重要な新技術といえる。

　金融庁と経済産業省における政策的な取り組みについては、第8章および第9章で整理されている。規制によって、こうした新しいイノベーションの芽を摘んではならない、というのが規制当局の共通認識であり、新しいイノベーションを推進するために、仮想通貨法（改正資金決済法）の制定やフィンテック・ビジョンの発表、さらに、イノベーションを促す制度設計の検討といった、積極的な政策対応を進めていることが特徴的である。

第Ⅱ部　金融はブロックチェーンでどう変わるのか

第4章

仮想通貨のこれまでと未来

加納裕三

　ビットコインは、現在流通する「仮想通貨」の中では世界最大の発行量を誇る。全世界で約1650万枚（数量単位はBTC、つまり約1650万BTC）が流通し、時価総額は約7兆円に上る（2017年8月時点）。現時点では世界の基軸通貨であるドルやユーロはもちろん、日本円の発行量や取引量の足元にも及ばないものの、誕生からわずか8年余りでこれほどの市場規模に成長したことは驚異的なことである。

　為替市場との比較ではスケール感が違うので株式市場と比較すると、7兆円というビットコインの時価総額は東京証券取引所に上場する企業の時価総額の約90分の1であり、個別株式銘柄では、ゆうちょ銀行を超え、KDDIやJTとほぼ同様の規模となる。いまや、「仮想通貨」は社会の中でその位置を確立しつつあるといえる。また、「仮想通貨」を支えるブロックチェーン技術は、契約のあり方を大きく変えようとしている。

　そこで本章では、ビットコインが誕生した経緯について紹介し、そこに秘められた発明者の意図とは何か、また、ビットコインに適用されているブロックチェーン技術を応用することによって何を実現することができるのか、について述べることとする。

1 ビットコインの始まり： 2008年10月、9ページの論文から生まれたビットコイン

　今でこそ大きな市場を形成しているビットコインだが、その始まりは

第4章　仮想通貨のこれまでと未来

50BTCにすぎなかった。また交換レートが存在しなかったので、当時の価値は1円である。

当時、「1BTC」と刻印された50枚の硬貨は、どこかの国の造幣局によって鋳造されたわけではなく、それは一人のコンピューター・サイエンティスト（と思われる人物）によって生み出された、形状も重さもない仮想通貨だった。コンピューターのネットワーク上だけにデータとして存在し、ネットワーク上だけで受け払いや送金などの取引ができる通貨なのだ。

この最初のビットコインを"掘り出した"のは、サトシ・ナカモトという人物である。ブロックチェーンおよびビットコインの考案者とされているが、正体はいまだに明らかになっていない。日本人のような名前だが、これも仮名であると考えられている。

ナカモトの名が最初に知れ渡るようになったのは、2008年10月のことである。ある暗号学のメーリングリストに「Bitcoin : A Peer-to-Peer Electronic Cash System」（ビットコイン：P2P電子マネーシステム）という論文を発表したことが、世界中のコンピューター技術者に大きな衝撃を与えることになった。

サトシ・ナカモトが書いたとされる、たった9ページのこの論文には、ビットコインの仕組みと、それを動かすブロックチェーンという技術について簡明に記されていた。

ビットコインとブロックチェーンの関係性についてはよく誤解、混同されているが、ブロックチェーンという技術的な土台（システム）の上に、ビットコインという仮想通貨が成り立っていると考えればわかりやすい。音楽ダウンロードやストリーミングなどの電子コンテンツサービスにたとえると、ユーザーが実際に手に入れるコンテンツと同じものがビットコイン、それを提供するための仕組み（システム）がブロックチェーンという関係性になる。

ナカモトが生み出したとされるブロックチェーンは、ビットコインを動かすシステムであると同時に、従来のデータベースとはまったく異なる「新しいデータベース」としての顔を持っている。

具体的には、

- 政府や中央銀行のような管理者がいない
- 書き換えや改ざんが絶対に不可能
- 障害が発生しても絶対にシステムが落ちない（データ管理・運用が止まらない）

という、従来のデータベースの常識では考えられなかった特徴を備えている。分散型台帳において各ノードが「嘘をついている」ときにどのようにシステムを運用し続けるか、正しい情報を記録し続けるか、という問題は「ビザンチン将軍問題」といわれ、長らくコンピューター・サイエンティストを悩ませていた。

　紙面の制約上、ここでは技術についての詳しい説明は省略するが、幾多の優秀なコンピューター・サイエンティストが何十年にもわたって挑み続けてきた難問を鮮やかに解決してみせたことが、驚きと感動をもって受け止められた。

　しかも、前述の三つの特徴が完全に備わっているのであれば、現在は各国の政府（造幣局）や中央銀行（日銀や米国の連邦準備制度理事会など）が発行し、その発行量や金利などの調整で経済そのものをコントロールしている通貨が、ブロックチェーンというシステムを使うだけで発行および流通できることになる。そしてこれこそが、サトシ・ナカモトがブロックチェーンを"発明"した本来の目的だったのである。

2 ジェネシスブロック：ビットコイン取引の始まり

　サトシ・ナカモトは、論文によってブロックチェーンとビットコインの考え方を示しただけでなく、それを実際に動かすシステムを自らの手で作り出した。2009年1月、第1号のブロックを当該システム上で生成させる。ここから現在に至るまで、世界中におけるビットコインの取引履歴は次から次へと生成されるブロックに書き込まれ、連綿とつながっていくこ

とになるが、その第一歩は、ナカモト自身によって踏み出された。

　その後、ブロックチェーンは現在までに約 48 万個が生成されているが（2017 年 8 月中旬時点）、ナカモトが生成した第 1 号は「ジェネシスブロック」（創世記ブロック）とよばれている。まさにサトシ・ナカモトという 21 世紀の創造主（クリエイター）によって、ビットコインという「新たな通貨」の時代が創造されたわけだ。その歴史的な出来事の対価として、ナカモトは 50BTC のビットコインを"掘り出し"、自分の手に収めた。

　ところで、ここで気になるのは、なぜナカモトがビットコインを生み出そうと考えたのかということである。

　これについては諸説あるが、ナカモトが既存の通貨を発行する政府や中央銀行に強い不信を抱いていたことが大きな動機の一つだったのではないかと考えられている。実は、ナカモトが世界で初めて生成したジェネシスブロックの余白欄には、次のような言葉が書き込まれている。

The Times 03/Jan/2009 Chancellor on brink of second bailout for banks
（『ザ・タイムズ』2009 年 1 月 3 日、英財務相、銀行に 2 度目の財政援助へ）

　これは、英国の全国紙『ザ・タイムズ』の 1 面トップ記事の見出しをそのままコピーしたものである。そのため、ナカモトがジェネシスブロックを生成したのも『ザ・タイムズ』にこの記事が掲載された 2009 年 1 月 3 日ではないかと考えられているが、あえて上の見出しをブロックの一部に書き込んだのは、前の年の 2008 年 9 月に「リーマンショック」が発生し、その後、英国や米国などがショックによって破綻の危機にさらされた主要金融機関を公的資金によって救済しようとした動きに、ナカモトが強い憤りを感じたからなのではないかと想像される。

　2008 年 9 月 15 日、米国の投資銀行であるリーマン・ブラザーズが破綻し、金融危機が起きた。「リーマンショック」である。これは欧米の銀行が、本来なら貸し付けができないような信用力の低い個人や法人にまでサ

ブプライムローンとよぶ商品を通じてお金を貸したことが発端であった。さらにリーマン・ブラザーズを含む投資銀行は、このローンを元にした複雑なデリバティブ商品を投資家に販売したが、もともと信用力が低い個人は返済ができなくなり、サブプライムローンが焦げついた結果、この巨額の投資・融資資金が回収できなくなり世界中で損失が連鎖した。本来であればリスクをとった各金融機関がまずは責任をとるべきである。

にもかかわらず、そんな金融機関を「Too Big to Fail（大きすぎて潰せない）」という理由で潰すこともなく、納税者に負担を強いるかたちで政府が金融機関を救済したことに、ナカモトは強い不満を抱いたのではないだろうか。もちろん、救済しなければ経済に対してより悪い結果をもたらす可能性もあった。きわめて短い時間の間に、中央機関が意思決定をせざるをえなかったという事実は変わらない。

経済活動は個人や企業の合理的・非合理的な判断にもとづく行動の結果を表しており、予測をすることは非常に困難とされている。政府や中央銀行が、通貨発行権や金融システムの救済によって経済をコントロールしようとすると、失敗したときのしわよせは何らかのかたちで納税者や預金者に及び、不利益をもたらす可能性がある。ナカモトはそれを忌み嫌って、何者にも関与や管理をされない、完全な意味で"自由な通貨"を創りたかったのではないかと思われる。

3 ビットコイン取引の始まりから現在まで

そうしたサトシ・ナカモトの理想は、ブロックチェーンという革新的な"発明"とともに、少しずつ世界中のコンピューター技術者の間で知れ渡るようになった。

やがて「ビットコインという、何やら不思議な通貨がコンピューター・ネットワーク上で生まれたらしい」という噂は金融業界にも広がり、当時、私が勤務していた米国系投資銀行でもトレーダーやシステムエンジニアの

間でも話題に上るようになった。

　しかし、「管理者が不要」「改ざんが不可能」「システムが落ちない」というブロックチェーンの技術はたしかに斬新で、非常に革命的だと受け止められたが、ビットコインについては、「これが本当に通貨といえるのか？」と、誰もが疑問を覚えずにはいられないものであった。

　なぜなら誕生当初のビットコインは、ナカモトが論文を発表した暗号学のメーリングリストなどを通じて、ごく一部の知人らと交換しているだけにすぎなかったからである。

　ビットコインを支えるシステムであるブロックチェーンはブロックのつながりで構成され、そのブロックの中に取引記録が格納される。現在まで48万ブロック以上が生成されてきており、世界初である番号０のブロックをジェネシスブロック（創世記ブロック）とよぶ。ナカモトは自らがビットコインの世界を創世するがごとくジェネシスブロックを生成し、その直後の2009年１月９日、ビットコインのオープンソースソフトウェア（OSS）である「ビットコイン ソフトウェア バージョン 0.1」を公開している。これは通称ビットコイン・コアとよばれている。つまり、ナカモトだけでなく誰もが無料のソフトを利用し、ビットコインを自由に保存・送付したり、またブロックを生成できたりする環境を整えたのである。

　こうして多くの人が取引を始めたことで、ビットコインのエコシステムは確立されていったわけだが、近年それが崩壊の危機にあった。ビットコインのネットワークが混雑し、取引の遅延や取引手数料の上昇の要因となっているブロックサイズをめぐり、対立が生じていたのだ。端的にいうと、ブロックサイズの拡大を主張するマイナーを中心とした一派と、SegWit という技術でデータを圧縮しブロックの許容量を増やすというコア開発者を中心とした一派で意見が衝突しており、ビットコインのブロックチェーンが分岐してしまうリスクがあった。この件は日本でも大きく報道されたが、結局は一部のマイナーがビットコインのブロックチェーンからスピンオフし「ビットコインキャッシュ」という新たな仮想通貨が生まれる、ということで決着した。

4 ビットコインとブロックチェーン 発展の可能性

　ビットコインが既存の通貨に代わりうる斬新さを備えた「新しい通貨」であり、ブロックチェーンはデータベースに対する既成概念を一新する「新しいデータベース」であるといえる。

　ビットコインとブロックチェーンについても、サトシ・ナカモトがこれらを生み出した 2009 年 1 月から今日までの 8 年余りの間に、いくつかのブレークスルーを経験しながら飛躍的な進化を遂げてきた。

　特に大きな進化をもたらす契機となったのが、イーサリアムの登場である。「スマートプロパティ」「スマートコントラクト」という、仮想通貨の枠を超えたブロックチェーンの可能性が示されたことによって、仮想通貨とブロックチェーンの研究・開発競争はまったく新しいステージに突入した。

　この新しいステージのことを「ビットコイン 2.0」、または「ブロックチェーン 2.0」などとよぶ。

　ビットコイン 2.0 という概念は、イーサリアムで使用されるコインである Ether やカラードコインというビットコインのブロックチェーン上に別の仮想通貨を載せる機能をもったビットコインとまったく仕組みが違うコインが対象となる。世の中には仮想通貨が 700 種類以上あるといわれているが、このほとんどはビットコインのプログラムのパラメータを変更したコピーでアルトコインとよばれている。これと区別するために、アルトコインの範疇を超えた仮想通貨をビットコイン 2.0 とよぶことがある。

　ブロックチェーン上で取引できる資産を、法定通貨、株・債券や不動産といった仮想通貨以外のものまで押し広げるスマートプロパティは、まさにビットコイン 2.0 の概念に当てはまるものだといえる。ブロックチェーン上で契約を交わし、自動執行させるスマートコントラクトなどは、ブロックチェーン 2.0 とよばれて仮想通貨以外への応用が広がっている。

　一般にブロックチェーン 2.0 の概念には、スマートプロパティやスマー

トコントラクトのほかに、その発展形である「DAO（Decentralized Autonomous Organization：分散型自動化組織)」や、「DAC（Decentralized Autonomous Corporation：分散型自動化会社)」が含まれることが多いようだ。

DAO と DAC は、ブロックチェーンによって「世の中」がこれからどう変わっていくのかを想像する上で非常に重要なキーワードといえる。以下、その内容を簡単に説明したい。

まずは DAO だが、これは「分散型自動化組織」という日本語訳からもわかるように、「管理者がいない」分散型台帳であるブロックチェーンの特長を応用したもので、管理者や意思決定者がいない状態でも、自律的に活動し続ける組織のことである。通常の企業では取締役会などの中央管理者によって経営されるのに対して、DAO では、中央管理者が存在せず、スマートコントラクトによって経営が自動的、自律的に行われる。

DAO は、ビットコインの運営体制からも着想を得たとされており、最初の DAO はビットコインだといわれている。現在の中央集権的な管理通貨制度では、政府や中央銀行などの意思決定者の存在によって通貨が発行・コントロールされる。それに対して非中央集権的な仮想通貨のエコシステムでは不特定多数のノードによる合意形成によってブロックチェーン上に自動的に仮想通貨が発行され流通するという仕組みで、すでに 8 年以上にわたって一度もシステムが落ちることなく動き続けている。

法定通貨であれば、意思決定者（政府や中央銀行）が政変や戦争といった非常事態に陥ると、通貨の発行停止、もしくは規律を失った新規通貨発行によるハイパーインフレによる通貨価値の大幅な毀損といったリスクにさらされる可能性がある。

これに対しビットコインは、たとえ特定のノードが攻撃されたとしても、その他大勢のノードが発行・流通の仕組みを維持し続けるので、活動が完全に止まることはない。そして新規ビットコインの発行計画は変更できず、「仕組みが動き続ける」ことへの信頼から、結果としてビットコインの価値も保たれるわけだ。

第Ⅱ部　金融はブロックチェーンでどう変わるのか

　さて、DAOの概念は、仮想通貨以外のあらゆる組織活動に当てはめることができると考えればいいのだろうか。

　DAOの仕組みにおいては、組織の運営資金の調達や支払いなどは、スマートコントラクトによって自動執行されるので、管理者の承認・決裁を仰ぐ必要は一切ない。たとえば、Slock.itのように、管理者がいない状態で不特定多数の投資家から出資を募るクラウドファンディングを運営することも可能であるし、「代表者のいないNPO（非営利組織）活動」や「政府のいない行政サービス」など、あらゆる展開が想定できる。ひと言でいえば、DAOは「管理者がいなくても、勝手に、正しく動き続ける組織活動」ということになるだろう。

　一方、DACは、「DAOの会社版」であると考えればわかりやすい。社長や取締役といった経営者を立てる必要がなく、ブロックチェーン上で募った株主からの出資をもとに会社を設立しブロックチェーン上に登記を行う。スマートコントラクトを使った事業活動を仮想通貨で行い、その利益を配当として株主に還元するといったイメージである。ブロックチェーン上で資金を調達するので、株式はブロックチェーンで発行すると考えられる。株主から仮想通貨で出資金を受け取り、配当も仮想通貨で支払うといった方法が考えられる。

　DAOやDACの思想は、サトシ・ナカモトがビットコインを生み出した動機であったとされる「政府にコントロールされない社会」の実現に共感するコミュニティーが、“究極の組織のあり方”として追求してきたものだといえる。その背景には、為政者からルールを一方的に押し付けられる世の中ではなく、市民の合意にもとづいて自律的に「正しく動き続ける」非中央集権型の世の中を実現したいという強い思いがあるようだ。

　そうした理想の追求は、現在の社会システムへの挑戦と受け止められる部分もあり、当然だが異なる意見を持つ人たちも大勢いる。そんな中、非中央集権型の組織活動を可能とするブロックチェーンの活用が進めば、これから50年、100年のうちに、おのずとDAO、DACが新しい社会システムの一部となっていく可能性は十分にあると思われる。

5 DAOによって国が成り立つ
「ビットネーション」が実現する

DAOの概念が発展すると、やがて「国そのもの」が分散型自動化組織になるという未来もやって来るのではないだろうか。ビットコイン・コミュニティーの間で、「ビットネーション」などとよばれる国のあり方である。「政府のない国」「大統領や首相のいない国」などというのは、現代の感覚では無秩序、無政府状態以外の何ものでもないだろう。ただ、ブロックチェーンの仕組みを使った電子国民投票によって完全な直接民主制が実現し、決められた政策の執行、それに必要な税金の徴収、国民への社会保障の給付などがすべてスマートコントラクトで行われるようになれば、中央で管理する国や政府の存在は必要なくなるだろう。それでも社会は混乱なく動き続けるはずだ。そして、いうまでもなく、納税や社会保障の給付には、ビットコインなどの仮想通貨が使用されることになる。

もちろんそこに至るまでには、10年どころか、50年、100年かかるかもしれないが、そんな時代がやって来るかどうかは国民が決めていくことになるだろう。

実は「国」から「ビットネーション」への進化は、絵空事でも何でもなく、一部の新興国や発展途上国では現実に起ころうとしている。

たとえば、相次ぐ政変や政情不安などによって社会が混乱している国では、信頼の置けない政府に行政サービスを委ねるよりも、DAOの概念を採り入れて行政サービスを自動化してしまったほうが有益だという考え方が徐々に強まっている。

日本や欧米のように、すでに成熟した社会の仕組みや行政サービスが整っている国では、それをすぐさま非中央集権型の仕組みに置き換えていくというのは現実的ではないが、ほとんどゼロからサービスを立ち上げなければならないアフリカなどの一部の国においては、むしろ最初からDAOの概念を取り入れて行政サービス体制を作り上げていくほうが合理的だといえるかもしれない。

第Ⅱ部　金融はブロックチェーンでどう変わるのか

　また、ビットネーションはまだ遠い先の話だとしても、一部の行政サービスにブロックチェーン技術を取り入れようとしている国は少しずつ増えている。

　たとえば、ウクライナはブロックチェーン技術を活用した投票システムの開発を進めており、カリブ海に浮かぶ小さな島国であるバルバドスは、外貨準備にビットコインを組み入れることを検討している。中米のホンジュラスは近年、土地権利の記録管理にブロックチェーン技術を応用すべく、スタートアップとのパートナーシップに合意した。そしてジョージア（グルジア）政府はブロックチェーンで不動産の管理を行っていくと表明した。

　そうした世界の国々の中でも、特に行政サービスへのブロックチェーン技術の応用に力を入れているのが、バルト3国の一つであるエストニアだ。

　エストニアは面積が日本の約9分の1、人口が約131万人という小さな国だが、IT産業の育成に熱心で、行政サービスにも最新のテクノロジーを積極的に取り入れている。具体的には、全国民の医療データの記録管理にブロックチェーン技術を活用する準備を進めているほか、同国に滞在許可を持たない外国人が国境を越えた婚姻証明、出生証明などの手続きに使用するIDカードについても、ブロックチェーン技術を使って登録・管理する仕組みの準備を行っている。

6 今後の展望

　仮想通貨であるビットコインと、ブロックチェーンは切っても切り離せない関係になっている。そしてビットコインもブロックチェーンも、社会のあり方を大きく変える可能性を秘めた次世代のテクノロジーである。インターネットの登場、グーグルによるあらゆる情報の電子化に続き、ブロックチェーンが大きなイノベーションであることは間違いない。今後、ビットコインやブロックチェーンはどのように社会に浸透していくのか、私が描くビジョンについては、Appendix 1「未来年表：ブロックチェーンの未来像」を参照されたい。

第 5 章
ブロックチェーン技術／分散型台帳技術をめぐる銀行界の取り組み

善見和浩

近年、金融とテクノロジーの融合（FinTech：フィンテック）の動きが進展するなか、今後の銀行業務・システムに変革をもたらしうる有力なテクノロジーの一つとして、ブロックチェーン技術／分散型台帳技術（Distributed Ledger Technology。以下、DLT）に対する注目が高まっている。

一般社団法人全国銀行協会（以下、全銀協）では、こうした状況を踏まえ、2016年11月、銀行界、IT事業者、FinTech企業、ブロックチェーン業界団体、金融インフラ運営機関、弁護士、学識経験者、関係当局等をメンバーとする「ブロックチェーン技術の活用可能性と課題に関する検討会」（以下、検討会）を設置し[1]、同検討会において、銀行分野におけるブロックチェーン技術／DLTの活用可能性と課題に関する整理、および、同技術が銀行業務に変革をもたらす可能性を見据え、官民連携して必要となる取り組みについて討議を行ってきた。

本稿では、同検討会の成果として、2017年3月16日に公表された「ブロックチェーン技術と活用可能性と課題に関する検討会報告書－ブロックチェーン技術が銀行業務に変革をもたらす可能性を見据えて－」[2]の概要について紹介する[3]。

---

1 http://www.zenginkyo.or.jp/abstract/news/detail/nid/7155/
2 https://www.zenginkyo.or.jp/news/detail/nid/7672/
3 以下の記述のうち、意見にかかる部分は筆者の個人的見解であり、所属する組織または団体の公式意見ではない。

第Ⅱ部　金融はブロックチェーンでどう変わるのか

1 ブロックチェーン技術／DLTの活用可能性をめぐる国内外の検討状況

　ブロックチェーン技術／DLTをめぐっては、現在、国内外のさまざまな金融機関等において実証実験等を通じた技術検証や実用化に向けた検討が進められており、わが国銀行界においても、多くの銀行において、活用可能性の検討が行われている[4]。

　こうした検討は、2016年頃まで、実証実験等を通じた技術的な検証やプロトタイプの試作といった取り組みが中心であったが、2017年に入り、グローバルにみると、実用化に向けた検討フェーズに入ったプロジェクトも散見し始めている（**図表5-1**）。IBM社の実施したサーベイによれば[5]、世界主要金融機関200行のうち、2018年までに14%、2020年までに70%の金融機関がブロックチェーン技術／DLTを実用化するとみている。

　実際の動向に目をやると、たとえば、「送金・決済」の分野では、スペインの大手行SantanderがRippleと連携し、2016年5月にブロックチェーン技術／DLTを活用したクロスボーダー送金サービスの提供を開始したほか[6]、わが国においても47の金融機関（2017年3月現在）が参加する「内外為替一元化コンソーシアム」が、2017年中の実用化を目指し、Rippleの基盤技術を活用した国内外の一体的な送金サービスの検討を行っている。また、「融資」の分野でも、ベルギーのKBC Bankのプロジェクトに、Deutsche Bank（独）、HSBC（英）Société Générale（仏）、Natixis,（仏）、UniCredit（伊）、Rabobank（オランダ）の欧州大手行6行が参加するかたちで、Digital Trade Chain（DTC）とよばれる貿易金融プラットフォームの構築に向けた検討が進められている（**図表5-2**）[7]。

---

[4] 全銀協が2016年6～7月に実施した会員へのアンケート調査によれば、回答銀行99行中66行（約67%）の銀行が、調査・研究活動も含めて何らかの検討を行っていると回答している。

[5] IBM Institute for Business Value "Leading the pack in blockchain banking"（2017）

[6] https://ripple.com/insights/santander-becomes-first-uk-bank-use-ripple-cross-border-payments/

第5章　ブロックチェーン技術／分散型台帳技術をめぐる銀行界の取り組み

図表 5-1　主なブロックチェーン技術／ DLT の活用検討分野

分類		主要な取組の傾向	実証実験例	実用化例
金融サービス	通貨	仮想通貨発行に留まらず、決済を円滑化する中央銀行向け通貨や、企業独自の通貨やポイントの発行が加速	【仮想通貨】UBS、Deutsche、BNY Mellon、Santander	【仮想通貨】ビットコイン
	送金・決済	決済時間の短縮が求められ即時性が必ずしも求められない「国際送金」への取組が世界中で特に活発	【国内送金】SMBC、みずほ、MUFG	【国際送金】Santander（Ripple）
	融資	契約条項の履歴管理や、一連の取引記録の管理として期待される、「貿易金融」や「シンジケートローン」の分野での取組が中心	【シンジケートローン】みずほ	【貿易金融】KBC Bank（ベルギー）
	金融商品取引	速度を求められない未公開株取引、債券取引の実現や、業務効率化が期待されるポストトレード等の取組が中心	【ポストトレード】BoA、Citi、JPMorgan、Credit Suisse	【未公開株取引】Nasdaq
金融情報管理		個人情報管理、企業情報管理、KYC 等、金融機関が持つ情報を統合したインフラの新規構築、既存更改	【企業情報管理】Kompany.com	【KYC】ConsenSys

（出所）ブロックチェーン技術の活用可能性と課題に関する研究会（第 4 回）・デロイト トーマツ コンサルティングプレゼンテーション資料

---

7 https://www.kbc.com/system/files/doc/newsroom/pressreleases/2017/20170116_
PB_DigitalTradeChainMOU_ENG.pdf

図表 5-2 各金融機関の主なブロックチェーン技術／DLT の活用検討状況

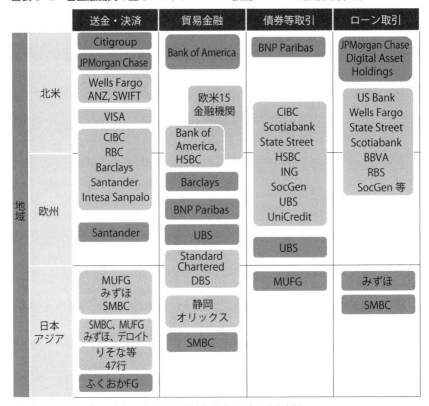

（出所）各種報道・プレスリリース等をもとに筆者作成（2017 年 2 月末時点）

2 銀行分野におけるブロックチェーン技術／DLTの活用可能性と課題

　ある業務・取引について、集中管理システムとブロックチェーン技術／DLTのいずれが適するかは、業務・取引ごとの性質や特性等によってまちまちであるが、銀行分野においてブロックチェーン技術／DLTを活用するにあたっては、同技術の性質に起因する図表 5-3 に示した点が論点となる。

第５章　ブロックチェーン技術／分散型台帳技術をめぐる銀行界の取り組み

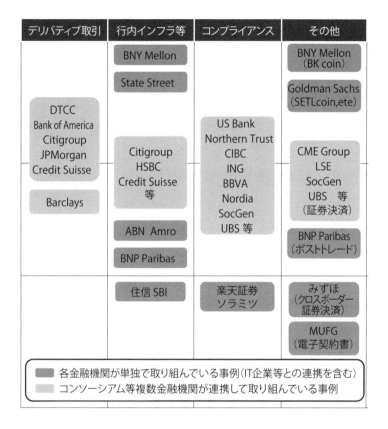

　現在、銀行業務・取引は、集中型のシステム・データベース（以下、集中管理システム）によって管理されることが一般的であり、ある業務・取引に関してブロックチェーン技術／DLTの活用可能性を検討するにあたっては、こうした論点について、集中管理システムと比較したブロックチェーン技術／DLTの優位性について検証していくことになる。

第Ⅱ部　金融はブロックチェーンでどう変わるのか

図表 5-3　ブロックチェーン技術／ DLT の活用上の論点

分類	論点
機能	● 性能要件・データ同期　　● ファイナリティ
システムの安定性・セキュリティ	● ゼロ・ダウンタイム（可用性・冗長性） ● 改ざん耐性・不可逆性、トレーサビリティ
データの秘匿性確保	● 取引記録の共有および管理　　● 暗号化・権限管理
実装時	● 運用・ガバナンス　　● リソース・容量
費用対効果	

（出所）全国銀行協会「ブロックチェーン技術の活用可能性と課題に関する検討会報告書」P.19

(1) 活用の利点

可用性、冗長性、改ざん耐性、トレーサビリティの確保

　ブロックチェーン技術／ DLT では、複数の参加者（ノード、以下同じ）それぞれにおいて同一の情報（台帳）が共有されるため、一部の参加者の台帳が停止・故障しても、システム全体の運行・稼働に与える影響を抑制することができる。このため、ブロックチェーン技術／ DLT では、一般に、可用性、冗長性の高い（実質的なゼロ・ダウンタイム）システムの実現が比較的容易とされる。また、過去の取引が台帳にチェーン状に記録されるため、データ構造上、改ざん耐性や不可逆性を確保しやすく、監査や検証時の取引のトレーサビリティも確保しやすいという利点がある。

システムの抜本的な効率化の可能性

　銀行業務で利用されるシステムでは、冗長性や可用性の確保、改ざん対策、トレーサビリティの確保等が考慮すべき重要な事項となることが多い。これらの要件を満たすため、従来の集中管理型システムでは、システムの多重化等の対応を行っているが、ブロックチェーン技術／ DLT では、同要件を比較的低コストで満たすことができる可能性があるといわれている。そのため、同技術の活用によって、銀行システムの抜本的な効率化が可能

90

第5章　ブロックチェーン技術／分散型台帳技術をめぐる銀行界の取り組み

になることが期待されている[8]。

ビジネスプロセスの効率化や新たな金融サービスの開発・提供の可能性

　ブロックチェーン技術／ DLT の「複数の参加者がそれぞれ同一の情報（台帳）を共有する」という仕組みは、ビジネスプロセスの効率化や新たな金融サービスを検討する上でも、有用な特性となりうる。たとえば、KYC [9] は、現在、各銀行がそれぞれ行っているが、ブロックチェーン技術／ DLT の「情報の共有」「高改ざん耐性」という特徴を活かすことで、銀行の壁を越えたタイムリーかつ正確な情報共有や、顧客手続き負担の軽減等が実現できる可能性がある。また、ブロックチェーン技術／ DLT を銀行以外の事業者との間でも共有する仕組みとし、取引情報と決済を連動させることによって、トレードファイナンス等の分野で付加価値の高いサービスを開発・提供すること等も考えられる。

(2) 活用上の課題・留意点

性能要件の確保

　ブロックチェーン技術／ DLT では、各参加者が保持する台帳への取引等の記録に、コンセンサス・アルゴリズムとよばれる合意形成手法[10] が用いられるが、コンサンサス・アルゴリズムや参加者の数によっては、合意形成に時間がかかり、想定する業務や取引の実運用に必要な処理速度が確保できない場合がある。また、参加者が多数となった場合、参加者に影響が広く及ぶ仕様変更が難しくなるため、コンピューター性能の向上等の技術

---

8 ただし、実際に効率化につながるかは、周辺システムとの接続に係るコストや事務運用も含めた TCO（総所有コスト）について検証が必要となる。

9 Know Your Customer の略。口座開設時の顧客情報および住所・氏名変更手続き時の更新情報、犯罪収益移転防止法上の取引時確認、外為法上の制裁対象者リスト等の管理等。

10 ビットコイン等で採用されている Proof of Work（PoW）のほか、Proof of Stake（PoS）、Proof of Importance（PoI）、Practical Byzantine Fault Tolerance（PBFT）など、さまざまなコンセンサス・アルゴリズムがある。

91

第Ⅱ部　金融はブロックチェーンでどう変わるのか

進歩が処理性能の改善に必ずしも結びつかなくなる可能性にも留意する必要がある。

ファイナリティの確保

　ファイナリティ（決済完了性）とは、一般に、「決済が無条件かつ取消不能となり、最終的に完了した状態」を指す[11]。ビットコイン等で採用されているPoW（Proof of Work）等のチェーンの分岐が発生しうるタイプのコンセンサス・アルゴリズムは、多数のノードの参加にも対応しやすいという特徴を有するが、半面、その仕組み上、取引内容が覆る可能性を完全にゼロにできない（ファイナリティが確保できない）。そのため、特に、決済機能を提供する金融サービス等にブロックチェーン技術／DLTを活用する上では、取引の安全性や安定性の観点から、ファイナリティとの関係が重要な論点となる。

データの秘匿性確保

　ブロックチェーン技術／DLTの、複数の参加者それぞれにおいて同一の情報（台帳）を共有するという特性は、参加者間での情報共有を前提とする（あるいはそれによって何らかの付加価値が生まれる）業務や取引等においては利点となるが、逆に情報共有を前提としない業務や取引等では制約となる。権限管理と取引データの暗号化等によって、情報の閲覧が可能な参加者を取引当事者に限定することも技術的には可能であるが、暗号化された情報自体は広く参加者間で共有されるため、暗号解読試行者の手に渡る機会が従来よりも増え、暗号解読のリスクが高まってしまう。また、現在の最新技術によって暗号化しても、将来的なコンピューター性能向上や暗号解読技術の進歩により、現在の暗号技術ではセキュリティが不足

---

11 ただし、①当事者間完了性、②対第三者完了性、③資金決済完了性、④支払指図の撤回不可能性等、多義的に用いられることも多い。詳細については、嶋拓哉「資金決済におけるファイナリティ概念について」（http://www.fsa.go.jp/frtc/nenpou/2006a/11.pdf）を参照。

（危殆化）するおそれがあることにも、留意が必要となる。

⑶ 銀行分野における活用に向けた着眼点

　銀行分野におけるブロックチェーン技術／DLTの活用にあたっては、こ
れら同技術の利点と課題を踏まえつつ、ユースケースごとに最適な形態
（パブリック型、コンソーシアム型、プライベート型）やコンセンサス・ア
ルゴリズムの方法を選択していくことになる。
　具体的に、ブロックチェーン技術／DLTの活用可能性に関する実証実験
や実用化に向けた検討が行われている①為替取引、②KYC、③勘定系シス
テム、④金融インフラの四つについて主な活用可能性と留意点をみれば、
図表5-4に示した通りである[12]。たとえば、為替取引に関しては、ブロッ
クチェーン技術の技術的な限界に起因する処理速度等の性能要件の低下を
許容しつつ、システムコストの低下を送金手数料の低減として還元するか
たちで、新しい安価な送金サービス（ロー・バリュー送金）を実現できる
可能性がある。KYCの分野では、先述の銀行の壁を越えたタイムリーかつ
正確な情報共有や顧客手続き負担の軽減に加え、バックアップシステムに
ブロックチェーン技術／DLTを活用することで、従来発生していた膨大な
ハードウェア関連設備のコストを低減できる可能性がある。

3 ブロックチェーン技術／DLTが 銀行業務に変革をもたらす可能性を見据えて

　このように、ブロックチェーン技術／DLTは、今後の銀行の業務やシス
テムに変革をもたらしうる有力な技術であるが、実用化に向けては、さま
ざまな課題についてさらなる検討を進めていくことが重要となる。また、

---

[12] ブロックチェーン技術／DLTは現在、日進月歩で技術革新が進んでおり、現時点での
　技術水準にもとづくこと、これらは一般的な観点から考察したものであり、すべての
　活用可能性と留意点を網羅したものではないことに留意されたい。

第Ⅱ部　金融はブロックチェーンでどう変わるのか

図表5-4　ケース別にみた主な活用可能性と課題

分野	活用可能性	課題
為替取引	● ブロックチェーン技術／DLT では、決済システムとして不可欠な高改ざん耐性、高可用なシステムを低コストで実現できる可能性があるため、例えば一定の性能要件の低下を許容した安価な送金サービス（ロー・バリュー送金）の実現手段として活用できる可能性がある。 ● 外国為替取引では、複数の仲介金融機関が介在し、情報（商流、金流）の中継を行っていることから、ブロックチェーン技術／DLT の「記録情報の共有および管理」という特色を活かし、オペレーションコスト等の低減が期待される。 ● ブロックチェーン／分散型台帳を銀行以外の事業者（サプライチェーン等）との間でも共有する仕組みとし、取引情報と決済を連動させることによって、トレードファイナンス等の分野で付加価値の高いサービスを開発・提供すること等も考えられる。	● 実用化に向けては、①技術的に実現可能な性能水準・機能と、②実装やデータの秘匿性確保に係るコストを含めたトータルの費用対効果の検証がポイントとなる。これらは、最終的に顧客が負担する送金コストに反映され、どのような送金サービスをどの程度の価格で実現できるかに影響することになる。 ● 外国為替取引においてブロックチェーン／分散型台帳による仕組みの導入に際し、商習慣や法制度が異なる他国の事業者と連携する場合には、業務やシステムを含む様々な角度からの検証と合意が必要とされる。 ● コンソーシアム型のブロックチェーン／分散型台帳ではネットワーク速度の影響が強く働くため、特に外国為替取引では、システムの慎重な動作検証を要する。
KYC	● ブロックチェーン／分散型台帳の「情報の共有」、「高改ざん耐性」という特長を活かすことで、銀行の壁を越えたタイムリーかつ正確な情報共有や、顧客手続負担の軽減等が実現できる可能性がある。 ● 情報のバックアップの面からも、ブロックチェーン／分散型台帳により分散管理が実現されれば、ハードウェア設備のコスト低減につながる可能性がある。	● KYC 情報は、一般に高い情報の秘匿性確保が要求され、セキュリティ対策を含めこれに応える技術の開発が必要となる。 ● 顧客同意を前提として複数銀行間での情報共有を行う場合、サービスの特性上、顧客の同意が得られるかが論点となる。（法的論点の整理も必要）
勘定系システム	● 銀行の中核業務を処理する勘定系システムには、高い信頼性と安定性が求められるため、ブロックチェーン／分散型台帳の特長である高可用性を活かし、ゼロ・ダウ	● 既存システムにブロックチェーン／分散型台帳を適用する場合、（暗号化を含む）高いセキュリティを担保しつつ、現在と同程度の性能水準を維持する

94

	ンタイムが実現できれば、例えば、バックアップ装置等の削減等のコストメリットが生じる可能性がある。 ● 顧客企業と口座情報の共有を可能にすると、顧客企業とのダイレクトな台帳の連携が可能となる。例えば、顧客企業と口座情報を分散台帳で共有すると、顧客企業が自社の会計処理等で行う入金や出金の操作が、金融機関に対する入金や出金の指図を経ることなく共有され口座情報に反映されるようになる。	ことが求められる。現段階での技術水準では、中堅・大手行レベルで実用に耐え得る処理速度とセキュリティ水準の確保が難しい状況であり、技術革新が必要となる。 ● 勘定系システムは、銀行システムの中心的な機能となることから、ブロックチェーン技術／DLTを活用する場合、周辺システムとの接続についても検証することが必要となる。
金融 インフラ	● 金融インフラでは、高い信頼性と安定性が求められるため、集中管理型システムではバックアップサイトの設置を含めて、大きな投資を必要としており、性能要件の低下に留意しつつ、ブロックチェーン／分散型台帳の特長である高可用性を活かし、ゼロ・ダウンタイムが実現できれば、コスト削減等が可能となる可能性がある。	● 現在、銀行間で利用されている集中管理型の金融インフラでは、大量の取引を高速で処理している。一方、ブロックチェーン技術／DLTは、一般に、こうした種類の取引に不向きとされ、ブロックチェーン／分散型台帳によって代替する場合は、他の機能要件を充足しつつ同等の性能要件をいかに確保するかの技術的な課題をクリアする必要がある。

（注）KYC（Know Your Customer）とは、口座開設時の顧客情報および住所・氏名変更手続き時の更新情報、犯罪収益移転防止法上の取引時確認、外為法上の制裁対象者リスト等の管理等。
（出所）全国銀行協会「ブロックチェーン技術の活用可能性と課題に関する検討会報告書」, pp.27–32.

ビジネスルールや運用によってこうした課題の解決を図る場合、関係者が連携して対応していくことが必要になる。

　こうした点を踏まえて、検討会では、「ブロックチェーン技術／DLTの『分散型台帳』という特性や、銀行業務には銀行間ネットワークを前提とする取引、業務が多いこと、共通化することでコスト削減が可能な業務が存在すること等を踏まえれば、これらの課題の解決に向けては、個別銀行ベースの競争的な取り組みに加え、官民の関係者の連携した取り組みも同時に

進めていくことが重要である」と指摘し、官民の関係者による連携した取り組み（「ブロックチェーン官民連携イニシアティブ」）を提言している。

官民連携した取り組みとして提言されている「ブロックチェーン連携プラットフォーム」は、FinTechベンチャーやIT事業者、他の銀行等と銀行が連携・協働し、ブロックチェーン技術／DLTを活用した新たな金融サービス等を開発するための試行・実証実験の容易化や、銀行業界全体でのブロックチェーン技術／DLTに関する知見の共有・蓄積等を目的とした連携・協働型の実証実験環境を整備するものである。

2017年4月に、検討会提言を受けたその基本構想が一般社団法人全国銀行協会から公表されており、同年秋を目途として具体的な検討を進め、「一般社団法人全国銀行協会は、こうした環境整備を通じて、新たな決済・送金サービスや本人確認・取引時確認（KYC）、金融インフラ（全銀システム、でんさいネットシステム等）等のブロックチェーン技術／DLTの活用が期待される分野における会員各行等の実用化に向けた検討を支援していく」としている[13]。

「ブロックチェーン官民連携イニシアティブ」の概要

① 銀行界における「ブロックチェーン連携プラットフォーム」（仮称）の整備

ブロックチェーン技術／DLTの活用可能性の検討が、個別行単独の検討から銀行間で連携・協働したコンソーシアム型の検討フェーズに移りつつあることを踏まえれば、銀行界を中心に、連携・協働型の実証実験環境として「ブロックチェーン連携プラットフォーム」（仮称）の2017度中を目途とした整備に向けた検討を進めることが期待される。こうした環境整備を行うことにより、たとえば、新たな決済・送金サービスやKYC、金融インフラ（全銀システム、でんさいネットシステム等）等、ブロックチェーン技術／DLTの活用が期待される分野について、実用化に向けた積極的な

---

[13] https://www.zenginkyo.or.jp/news/detail/nid/8042/

図表 5-5 ブロックチェーン連携プラットフォームのイメージ

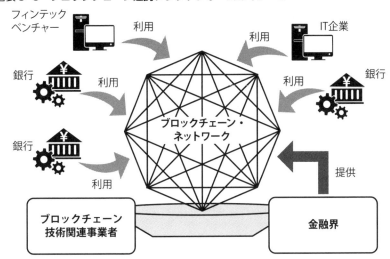

(注) 詳細は、今後、銀行界等において検討。
(出所) 全国銀行協会「ブロックチェーン技術の活用可能性と課題に関する検討会報告書」P.34

検討が進められることが期待される（**図表 5-5**）。

② 国際的な標準規格への対応戦略

　将来的に海外金融機関との連携・協働も視野に入れた新たなサービスや仕組み等を検討するにあたっては、国際的な普及可能性等も考慮したブロックチェーン技術／DLT基盤の選択が重要となる。銀行界における「ブロックチェーン連携プラットフォーム」（仮称）の整備に向けては、国際的な標準規格をめぐる動向や各基盤の特徴にも留意しつつ、相応しいブロックチェーン技術／DLT基盤を検討・選定のうえ、取り組みを先進的に進めていくことが期待される。

③ 金融インフラにおける活用可能性の検討

　金融インフラ（でんさいネットシステムや全銀システム等）については、将来的なインフラの改善やコスト低減等の可能性を見据え、先取的に活用

第Ⅱ部　金融はブロックチェーンでどう変わるのか

可能性の検討をスケジュール感をもって進めていくことが重要である。将来的な金融インフラとしての役割・立ち位置等も見据えつつ、各金融インフラ運営機関においては、これらの取り組みを遅滞なく果断に進めていくことが期待される。でんさいネットシステムにおいては、「ブロックチェーン連携プラットフォーム」(仮称)における実証実験も視野に、システムの抜本的な効率化を目指した取り組みを進めていくこと、また、全銀システムにおいても、ブロックチェーン技術／DLTの活用について継続的に検討を行っていくことが期待される。

④ ブロックチェーン技術／DLTの活用に向けた関係当局との連携

実用化を目指した実証実験を行う場合、開発するプログラムや仕組み、ビジネスルール等は、最終的な法制度への準拠も視野に検討を進めていく必要がある。関係当局においては、個々の実証実験や実用化に向けた検討における法制度面の論点整理について積極的に支援すること等を通じて、ブロックチェーン技術／DLTの実用化に向けた民間の取り組みを後押ししていくことが期待される。

⑤ ブロックチェーン技術／DLTの活用に向けた中央銀行との連携

中央銀行においては、決済の安全性確保や効率性向上等の視点を踏まえ、金融インフラ等へのブロックチェーン技術／DLTの活用の取り組みについて、銀行界等と対話していくことが期待される。また、そうした取り組みを国際的な決済をめぐる議論との整合性を確保しつつ進めていく観点から、ブロックチェーンをめぐる国際的な議論の動向等を銀行界等に随時還元していくことが期待される。

⑥ 安全対策基準の適用関係に関する整理

情報セキュリティ関連機関においては、安全対策上の責任面および技術面から、実証実験の動向やユースケースの出現状況等をにらみながら、ブロックチェーン技術／DLTに係る調査・研究を進めるとともに、改訂が予

定されている新たな安全対策基準を前提に、その適用関係（解釈・運用等）を整理することが期待される。

⑦ ブロックチェーン・コミュニティの形成

IT事業者、ブロックチェーン関係団体／事業者、学者・研究者、関係当局等の幅広い関係者に、銀行分野における活用上の課題について理解を促し、課題解決や実用化に向けたさらなる研究、技術開発等を促していく必要がある。こうした観点から、銀行界においては、銀行間の連携・協働した実証実験を後押ししていくとともに、実証実験を通じて得られた研究成果の概略や技術動向等について業界全体でシェアする枠組み等の整備等を通じて、コミュニティ形成を促していく取り組みが期待される。また、学術研究の分野においても、さらなる研究の推進と研究成果の共有、本分野の研究者の育成等が積極的に進められることが期待される。

4 今後の展望

ITの進展を金融分野に取り込むこと等により、金融サービスの高度化を図り、利用者利便の向上やわが国経済の成長力強化につなげていくことは、今後の金融機関経営においてきわめて重要なテーマの一つである。とりわけ、ブロックチェーン技術／DLTは、インターネットに匹敵する発明ともいわれており、技術的な課題の解決や法的論点の整理等が進むに従って、今後、実用化や普及に向けた取り組みがさらに広がっていくものと予想される。

ブロックチェーン技術／DLTは、従来の集中管理システムと比較して、システムの設計思想や仕組みが大きく異なるため、実用化にあたっては、ビジネスルールも含めた既存の枠組みの大幅な見直しが必要になることが多い。こうした点は、すでに確立された仕組み・システムを有する金融機関にとってブロックチェーン技術／DLTの活用に向けた障害となりうるが、ブロックチェーン技術／DLTの登場によって金融機関以外のプレイヤーで

第Ⅱ部　金融はブロックチェーンでどう変わるのか

も金融インフラやネットワークを構築しやすくなる環境となりつつあるなかで、既存プレイヤーである金融機関においても、先取的かつ果断に変革に向けた取り組みを進めていくことが重要となろう。

　一般社団法人全国銀行協会においても、ブロックチェーン技術が銀行業務・システムに変革をもたらす可能性を見据え、検討会提言を踏まえた具体的な検討が今後さらに進められていく予定である。

第 6 章
銀行の勘定系システムのブロックチェーン実証実験：成果と課題

吉本憲文

　2015年12月16日、住信SBIネット銀行は野村総合研究所の協力を得て、ブロックチェーン技術（ここでは広義のブロックチェーン技術を指し、DLTとよばれる分散型台帳技術も含む）を活用した将来の基幹・業務システム構築を目的とした実証実験を行うと発表した。

　本章では、銀行が多大なコストを掛けて維持管理している基幹システムである勘定系システム（顧客の預金等のデータの管理、振込等取引の処理、為替・ATM等対外システムとの接続を制御するシステム）に対し、ブロックチェーン技術を適用することによって、求められる要件を満たして稼働することができるか、また、どの程度コスト削減に資する可能性があるかについて、実証実験の取り組みを通じてその概要を紹介する[1]。

1 実証実験の概要

　今回の実証実験環境には、アマゾン社が提供するクラウドサービス「AWS」を採用し、そのクラウドサーバー上にプライベートブロックチェーン環境として6台のノード（ネットワーク上の節点のこと。本実証実験ではサーバー1台あたりを指す）を展開した（**図表6-1**）。

---

1 本稿は、その実証実験の結果として2016年5月2日・9日号『週刊金融財政事情』「特集 Ⅰフィンテック」へ寄稿した「住信SBIネット銀行のブロックチェーン実証実験の成果」をもとに再編を行ったものである。なお、以下の記述のうち、意見にかかる部分は筆者の個人的見解であり、所属する組織の公式見解ではない。

図表6-1　実証実験の概要

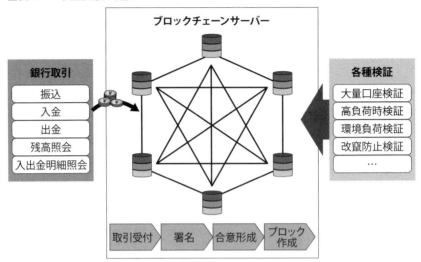

(出所)　住信SBIネット銀行作成

　ビットコインのブロックチェーンでは約10分に1度ブロック（取引の集合体）が作成されるが、それでは勘定系システム取引を想定した環境としては不十分であるため、本環境ではおよそ15秒に1度ブロックが作成される環境とした。また、合意形成についてもビットコインのような管理者不在を前提とした厳格な仕組みではなく、参加ノード間で分散して署名を行うことによる合意形成を可能とした。

　実証実験では、住信SBIネット銀行の当時の口座数約250万口座を想定した稼働が可能かを確認するために、同様の250万アカウントを作成した。また、本実証実験はビットコインに代表されるような仮想通貨の取引ではなく、ブロックチェーン技術を要素技術に適用して、振込や入出金、残高照会や入出金明細照会といった通常の銀行取引での実験を想定した。そこで、これら取引を可能にするアプリケーション――具体的には通常の銀行取引を可能にするユーザー側のアプリケーションおよび、それを受け付ける銀行側のアプリケーション、そして各種取引を記録していくブロック

チェーン技術を適用した勘定系システムを想定したインフラ環境——を実装し、実験を行った。

2 負荷耐性と改ざん耐性の検証

　ニュースなどで聞かれるブロックチェーンの実証実験では、「既存のある取引をブロックチェーン上でも再現できたかどうか」という再現性の実験が多く散見されるが、本実験では再現だけでなく、もう一段踏み込み、検証項目の一つに負荷実験を設定した。これは現在の住信SBIネット銀行の勘定系システムで起こっている負荷と同等の負荷に耐えられるかを検証するものだ。

　現在、勘定系システムに最も負荷が集中するのは夜間のバッチ処理だ。このピーク件数約9万件をブロックチェーン環境上で処理できるかを複数回実験した結果、いずれも処理時間1時間以内という基準値を軽々クリアした。

　また、不慮のシステムトラブルなどの障害を想定して、意図的にノードをダウンさせるという環境負荷実験も行った。この結果、ノードをダウンさせてもデータは消失することはなく、また全台ノードがダウンしないかぎり業務継続可能だった。このとき、台数が減っている際も性能が落ちるということもなかった。これにより、本格利用時における最適台数の検討においては、耐障害性、対改ざん性の観点から最適台数を検討すればよいことが改めて確認できた。

　さらに、勘定系システムでは、顧客の残高の正確性は必須であり、対改ざん性についても検証のための実験を行った。具体的には、今回環境を構築したメンバー自らがその環境を熟知した上で意図的に改ざんするプログラムを作成、改ざん実験を実施した。その改ざん手法についても二つのケースを想定して実験を行った。

　一つ目は、あるノードをダウンさせた上で改ざんを行い、その後復旧させてみるというものだ。これはノードをダウンさせてネットワークから切

り離されている間に時間をかけて改ざんを試みることができる利点がある。結果は、改ざん後のノードをネットワークへ復旧させようとすると、他ノードとの不整合が起き、不正データとして取り扱われ、正しいデータを他のノードからコピーして再起動することで改ざんが無効となった。

　二つ目は、稼働中のノードに改ざんを仕掛けるというものだ。こちらは一つ目の実験と比べると改ざん難易度が格段に高い。約15秒に1度合意形成がされてしまうので、その約15秒の間に改ざんしないと、それまでのブロックの数がノード間で不整合となってしまう。そこで、15秒の間に改ざん処理するプログラムを作ったのだが、今度は約15秒の間に狙い通り改ざんされていることを確認する必要もある。実証実験メンバーの力を結集してなんとか改ざんプログラムおよび確認プログラムを作成し、改ざん実験を行った。その結果、新しいブロックができる際に他のノードとの不整合が起き、正しいブロックで上書きされ、改ざんが無効になることが確認できた。プライベート型ブロックチェーンでは管理者の存在があるため、外部に対してはある程度ブロックできる。

　では、内部の犯行を想定した場合はどうか。この検証により、たとえ内部者であっても、まずは1台に対して改ざんを行うのですら困難な上に、かつ、それをネットワークに参加している過半数以上の台数に対して15秒以内に行うことはほぼ不可能であるとの結論が得られた。

　これらの結果から、ブロックチェーンを銀行の勘定系システムへ適用するにあたって、住信SBIネット銀行規模の顧客数、取引数を想定した機能要件においては十分に稼働可能であることが確認できた。また、負荷耐性、改ざん耐性の観点では、従来のシステムとは異なるブロックチェーン技術ならではの特長が確認できた。負荷耐性実験では、最適な台数に分散させることで、ほぼ停止しないシステムの構築に期待できることがわかったし、改ざん耐性の観点では外部者はもちろん、内部の犯行であっても高い改ざん耐性を確認でき、銀行システムに求められるデータの正確性においてブロックチェーン技術は十分期待できることがわかった。

3 費用対効果の検証

　実証実験では、勘定系システムに対する費用対効果の検証も行った。インフラ部分の機器調達やミドルウェア（たとえば、データベース管理などOSに対する機能など共通的に制御するようなソフトウェアのこと）構築、保守運営などの分野ではたしかに費用対効果が得られる可能性を確認できた。特に、災害復旧／業務継続計画（＝DR/BCP）環境においてブロックチェーンによる適用効果が高い領域として評価した。

　具体的には、まず、災害時の復旧／業務継続のための専用環境の不要があげられる。本来、被災時や障害時など、なんらかのアクシデントが発生し本番環境が利用不能となった場合を想定した環境、というものが災害時の考え方だが、ブロックチェーンの環境ではまず、本番環境そのものが「落ちない」「消えない」「改ざんできない」であるため、そういった環境自体が不要になる。ノードの配置を、たとえば複数のクラウドサービスで分散利用すれば、仮にどこかのクラウドサービス事業者が保有するデータセンターがまるごと停止したとしても、サービスは継続される。

　災害復旧や業務継続のための環境そのものが不要ということは、実際の災害対策時に必要となる切り替え業務によるサービス停止時間もなくなるということだ。現行勘定系システムでは、災害対策時に起きる切り替え中のダウンタイムの考慮も含まれる。ブロックチェーンが適用されれば、こういった考慮も不要になる。

　さらに、災害復旧や事業継続のための環境はその特性から平時は利用されることはない。だが、有事の際になんらかの不具合があっては困るので、被災時を想定した定期的な稼働確認や、あらゆるシナリオを想定した人員の訓練も行っている。災害復旧／業務継続計画が不要になればこういった考慮も不要だ。

　システム要件によってシステム全体に占める災害復旧／業務継続計画分野にかけるコストの割合は異なるが、銀行勘定系システムは比較的その比率が高い。現在、勘定系システムの中で台帳のような役割を果たしている

のは各種データを記録しているデータベースだ。

　一般的なシステム構成のうち、仮にデータベースのみがブロックチェーンに置き換わったとしても、災害復旧／業務継続計画分野に占めるデータベースコストの比率はおよそ 10 〜 15％程度は占めるだろう。これがすべて不要になるだけでなく、前述したように災害対策時の考慮や定時訓練なども含めるとその効果はかなり大きい。

4 周辺アプリケーション機能の 開発に課題

　今回の実証実験では、周辺アプリケーションへの開発負荷など一定の課題も明らかとなった。一例をあげると、実験環境に際して口座開設や残高照会、入出金明細といった各種のアプリケーション機能の構築が必要であった。ブロックチェーンはあくまでデータを刻んでいく台帳の技術であり、勘定系システム全体ではない。勘定系システムへの適用を行うにあたっては、前に述べた例でいう振込や入出金といった周辺機能のアプリケーション開発が必要になる。

　これは、インターネット黎明期に TCP/IP（通信プロトコル）が出現しただけでは万人が使えるサービスではなかったが、その後メール、ブラウザが生まれ、各種アプリケーションが提供されるようになって爆発的に普及したのと似ており、黎明期といわれるブロックチェーンは、まさしくインターネットでメールが生まれた段階だと考える。

　またデータを記録する対象としてブロックチェーンをみた場合、現行勘定系システムではデータベースがこれを担っているわけだが、これがブロックチェーンに変わった場合には、各種データベースにアクセスするサブシステム等周辺アプリケーションがブロックチェーンを想定していないことが考えられる。

　一例をあげると、通常のデータベースに対する機能ではデータの修正・訂正といったプログラムが存在する。これを単純にブロックチェーンに対

して適用しようとすると、データの改ざん防止が機能してしまい、データの修正・訂正ができない。そこで、ブロックチェーンへ修正・訂正の書き込みを行うアプリケーションでは、元のデータを書き換えるのではなく、元々あったデータを打ち消すようなマイナスの取引を新たに発生させるようプログラムし、かつ、取引履歴を読み取るアプリケーションのほうでは、前述のマイナスの取引が発生していたら、元のデータの部分との差し引きをした状態で利用者に表示するようなプログラムに変更する、といった具合だ。

　この例に限らず周辺機能の充足度はまだ未成熟であり、ブロックチェーンそのものがデータベースを置き換えて当該コストを下げる可能性を持っていても、他の部分でコストを押し上げる要因となっている。ただ、これは黎明期特有の事情であり、今後、技術が進歩していくなかで、ブロックチェーンそのものの技術向上や、周辺アプリケーションの充実化が図られることによって、勘定系システムのような高コストなシステムへの費用対効果がより顕著になってくると考えられる。

5 成果と課題

　以上を総括したい。本実証実験では、当社（住信 SBI ネット銀行）規模を想定した銀行勘定系システムに対して、ブロックチェーンを適用することで、機能・性能面の評価および、費用対効果について評価を行った。その結果、機能・性能面では当社が想定した規模の稼働においては十分に要件を満たせることがわかった。

　また、ブロックチェーンの特長である耐障害性において「まったく止まらない」システムが構築できる可能性を感じることができた。現状、銀行勘定系システムのような重要な情報を取り扱うシステムにとっては、災害復旧／業務継続のためにシステム・業務ともに多様な考慮がされており、その維持管理に相応のコストが発生している。この一切が不要にできれば、人的リソースも含めるとコストメリットは相当大きいといえる。

第Ⅱ部　金融はブロックチェーンでどう変わるのか

　一方、ブロックチェーン技術は何にでも適用できる魔法の技術ではない。勘定系システム全体を置き換えるわけではなく、現行のデータベースに相当する部分だけが置き換え可能であり、また、置き換えた場合には周辺アプリケーションについても対応が必要になるため、現時点においては、ブロックチェーン技術の発展の拡大に伴う周辺技術の発展が待たれる。

6 複数行による共同運営で全体コストを削減

　今回の実証実験の経験を踏まえ、ブロックチェーンの勘定系システム適用の将来像を提案したい。

　一部の金融機関では勘定系システムを共同利用しているケースがあるが、ブロックチェーン技術を使った一部の機能（台帳）をより多くの金融機関で共有することで、新たなサービスを創出ができるかもしれないと考えている。

　具体的には、勘定系システムは、顧客の残高そのものを記録しているという重要性から、最高水準の正確性、耐障害性、堅牢性が求められる。国内の銀行すべてに共通する勘定系システムへの要件は、いつでも参照可能で（落ちない）、顧客勘定に間違いがなく（消えない）、また不正を許さない（改ざんできない）、ということではないだろうか。勘定系システムすべてを対象にすると各行要件が異なる部分も大きく、またシステム規模も大きいため共同運営メリットが得られにくい可能性があるが、データベースに相当する台帳部分のみであれば、共通項の割合も上がりシステム規模も限定的なため、コストメリットが得られやすいだろう。銀行間取引におけるネットワークでのブロックチェーン活用がしきりに議論されているが、もう一歩踏み込んで各銀行が「分散管理台帳」として勘定系そのものを共有化することができれば、国内銀行全体でシステムコストを引き下げることができる。

　また、台帳を共通化することで、副次的に銀行間取引コストも抑えられ、

消費者にとっても中間コストを減らすことができる。全金融機関が一つの
プライベート型ブロックチェーンに相乗りするような検討も行ってみては
どうだろうか。

7 今後の展望

　当社では現在、ブロックチェーンの勘定系適用については、実証実験の
結果を踏まえ、周辺技術の発展を継続調査している。一方、勘定系適用に
とどまらず、さまざまな領域においてブロックチェーン技術の適用を検討
している。

　その一つが、内外為替一元化コンソーシアムへの参加だ。2016年10月、
SBIホールディングスおよび、SBI Ripple Asiaが結成した「ブロックチェー
ン技術等を活用した国内外為替一元化検討に関するコンソーシアム」に、
住信SBIネット銀行は発足メンバーとして参加した。

　このコンソーシアムは、国内銀行を中心に、ブロックチェーン技術を活
用した国際送金、国内送金に対する各種検討を行うと掲げたもので、発足
当初30行程度の参加を見込んでいたところ、多くの金融機関からの反響
を受け42行の参加で発足、2017年2月末時点では47行まで増加してい
る。

　このコンソーシアムが採用している技術は、米国Ripple社が提供してい
るRippleソリューション（異なる複数の台帳や決済ネットワークの相互運
用を可能とするオープンで中立的なプロトコルを基盤とする、金融機関向
け決済基盤のことで、メッセージング、決済、為替管理の三つの要素を統
合したソリューションのこと）で、特にその要素の一つであるRipple
Connect（金融機関の内部システムをRippleが提供するプロトコルに対応
した台帳に接続し、金融機関の間で同時かつリアルタイムな決済を可能と
するもの。金融機関はRipple Connectを通じて、コンプライアンス情報、
手数料、推定支払処理時間などの相互伝達が可能になる）をクラウド上に
実装した「RCクラウド」を用いて、外国為替および国内為替での送金に関

第Ⅱ部　金融はブロックチェーンでどう変わるのか

する実証実験環境が提供されている。

　本コンソーシアムの会員活動の一環として、現在、参加金融機関がより RC クラウドの各機能を簡単な方式で利用可能とする共通ゲートウェイの検討や、参加行が共通で利用できる送金アプリの検討、法的課題などに関する検討など、多面的に活動を行っている。

　当社が本コンソーシアムへの参加で期待している点は、これらシステムや各要件が整備されることで、たとえば国際送金において、現在は、送金指示時に手数料が不明で、着金したときに確定する点や、送金そのものの実行が完了するまでに数日を要する点、手数料額が高額になる点などさまざまな課題が解決されることだ。

　住信 SBI ネット銀行は、今後も、勘定系システムへの実証実験で得た経験もふまえながら、勘定系システムだけでなく、送金ネットワークインフラへの適用など、ブロックチェーン技術のそれぞれの特長を捉えつつ、さらなる顧客利便性を追求したサービスを開発していく。

110

第 7 章

中央銀行からみたブロックチェーン

岩下直行

　ブロックチェーンという金融のイノベーションを、世界の中央銀行はどのようにみているのだろうか、そして、どう行動しているのだろうか。この点を解説するには、中央銀行の持つさまざまな役割に合わせて、その考え方を整理して示すことが有用であると思われる。

　本章では、中央銀行のブロックチェーンに対するスタンスを、中央銀行の役割に則して説明した上で、中央銀行からみたブロックチェーンの位置づけについての私なりの見解を述べることとする[1]。

1 中央銀行としての 三つの視点

　中央銀行は、銀行券や銀行間決済手段を提供している事業者（Operator）であり、決済システムの監督者（Overseer）でもあり、決済システムの技術革新を推進するために金融機関や関連事業者との触媒（Catalyst）としての役割を果たす存在でもある。こうした三つの立場から、各国の中央銀行は、ブロックチェーンという技術革新に積極的に取り組んでいる。

　事業者（Operator）の役割として、中央銀行は、自らの発行する銀行券や銀行間決済システムにおいて、ブロックチェーンを利用することでより良いサービスを国民に提供できるか、ということを検討している。

---

[1] 以下の記述のうち、意見にかかる部分は筆者の個人的見解であり、筆者の前職であった日本銀行あるいは日本銀行決済機構局 FinTech センターの公式見解ではない。

ここで、銀行券にブロックチェーンを適用することを考えるといっても、それは「中央銀行が仮想通貨を発行する」ということは意味しない。仮想通貨の定義は国によりまちまちだが、ビットコインのような「発行主体の存在しないスキーム」を想定するかぎり、中央銀行であれ誰であれ、それを「発行」することはできない。通貨を発行するということは、その通貨を自らの負債と認識し、要求があれば銀行券や中央銀行当座預金などに交換することを想定することである。そのような利用法であれば、「中央銀行が電子マネーを発行する」とか、「中央銀行がデジタル通貨を発行する」といった表現が妥当であろう。中央銀行発行デジタル通貨（CBDC: Central Bank Digital Currency）という言葉は、すでに中央銀行サークルでは広く普及した言葉になっており、その議論自体はごく普通に行われるようになった。ただし、想定する実現手法はさまざまであり、共通の理解が形成されているとは言いがたい。

また、中央銀行の提供する銀行間決済システムにブロックチェーンを適用することを考える場合、現在の中央集権型の情報システムと比べて、安全性、可用性、コストなどの観点から、どのような利点があるかを検討することとなる。これは、基本的に第Ⅱ部第5章および第6章前半で述べてきた、民間金融機関による情報システムへのブロックチェーンの適用とほぼ同様の議論となる。ただし、中央銀行の銀行間決済システムは、特に取扱金額が大きいことから、要求する安全性や可用性のレベルが民間銀行のものよりも高くなる傾向にあると考えられる。

監督者（Overseer）の役割として、中央銀行は、ブロックチェーンを利用することによって自国の重要な決済システムのサービスを改善できるか、民間銀行などとともに検討している。カナダ銀行は民間のR3コンソーシアムに参加して共に検討を進めているが、それ以外の中央銀行も、金融業界内の各種委員会やコンファレンスなどさまざまな場を通じて、活発に意見交換し、望ましい決済システムの姿を追究している。

触媒（Catalyst）の役割として、中央銀行は、ITベンダーの技術者、研究者、学者などの外部の関係者を、金融業界のメンバーと引き合わせる場を

提供したり、共同で研究会や発表会を開催するなどして、新しいイノベーションを生み出すための活動を推進している。多くの中央銀行は、自らが金融情報システムの大口ユーザーであり、かつ中立的な立場で関係者と接触できることもあって、こうした役割を積極的に果たしている。

　以下、中央銀行によるブロックチェーン技術／DLTへの取り組みの代表的な事例をあげよう[2]。

① オランダ（オランダ銀行）

　オランダ銀行は2016年3月、年次報告書の中で、ブロックチェーン技術／DLTをもとに「DNBcoin」の試作品を開発する旨、公表している。その基本的な考え方について、同年6月の幹部講演では、ビットコインのソフトウェアを中央銀行が自ら試してみることにより、ブロックチェーンの機能についてより深く理解できるとしている。その上で、DNBcoinはあくまでオランダ銀行内部での試験に主眼をおいて開発されたものであり、広く一般に流通させる予定はないとしている。

② カナダ（カナダ銀行）

　カナダ銀行は、2016年6月17日のウィルキンス副総裁の講演等において、商業銀行や民間企業と連携し、DLTの実験を行う旨、公表している。実験の概要については、各種フォーラム等の場でカナダ銀行のスタッフより説明がなされている。たとえば2016年10月に開催されたシカゴ連銀主催「シカゴ・ペイメンツ・シンポジウム2016」では、銀行間取引を再現した擬似環境のもとで、この実験に参加する民間金融機関がカナダ銀行の特別勘定に資金を担保として差し入れ、その見合いとしてカナダ銀行がDLTにもとづく中央銀行債務（預金証券）を発行すると紹介されている。なお、カナダ銀行では、本実験の目的について、実験的な大口決済システム環境

2『日銀レビュー』2016-J19「中央銀行発行デジタル通貨について― 海外における議論と実証実験 ―」2016年11月。なお、ここで例示したほかにも、スウェーデンでもデジタル通貨発行の検討が行われている。

の中でDLTをテストすることを通じて、この技術のメカニズムや限界、可能性を理解することにある、としている。

③ 英国 (イングランド銀行等)

英国では、2016年2月、ロンドン大学の研究者がイングランド銀行スタッフとの議論を経て、中央銀行発行デジタル通貨である「RSCoin」を提案する論文を公表している。このスキームでは、中央銀行と利用者の間に介在する複数の「ミンテッツ (mintettes)」とよばれる主体がRSCoinを発行・管理する上で一定の役割を果たすことが想定されている。すなわち、中央銀行はRSCoinの発行主体となる一方で、取引内容の精査、承認および関連する情報の中央銀行への送信といった処理は、複数のミンテッツに委託されることが想定されている。そのうえで、ミンテッツが適切に機能することを担保するため、中央銀行は取引検証を通じて生成されるブロックチェーンの「ブロック」の整合性を継続的に確認し、仮に不適切な処理を検知した場合には、そのような処理を行ったミンテッツを排除する仕組みとなっている。

また、イングランド銀行のカーニー総裁は、2016年6月の講演の中で、中央銀行のコア業務にDLTを活用することを検討する考えを明らかにしており、また、中央銀行デジタル通貨をめぐる論点についても調査分析を行っているとしている。さらに、2016年9月、RTGSシステムの再構築に関する市中協議書の中で、DLTはまだ技術として成熟しておらずRTGSシステムに必要なきわめて高水準の安定性を満たすには至らないものの、決済のあり方を変える潜在能力を秘めており、引き続き、学界、海外の中央銀行およびフィンテック企業とも連携して調査を行っていくとしている。

④ ロシア (ロシア銀行)

ロシア銀行は2016年10月、市場参加者と連携し、「Masterchain」というDLTを用いた金融情報伝達ツールの試作品を開発したと公表している。ロシア銀行のスコロボガトヴァ副総裁は、同試作品について、今後、ロシ

ア銀行が立ち上げる「FinTech コンソーシアム」において検討を継続し、将来的には次世代金融インフラに活用することも検討すると発言している。

⑤ 中国（中国人民銀行）

　中国人民銀行は現時点で、ブロックチェーン技術／ DLT に関する実証実験を行っていると発表しているわけではない。その一方で、中国人民銀行は、中期的に自らデジタル通貨を発行する構想がある旨、対外的に明らかにしている。すなわち、中国人民銀行は 2016 年 1 月 20 日にデジタル通貨に関する検討会を開催し、専門家との間でデジタル通貨に関する意見交換を行っている。その上で、この検討会は、中国人民銀行のスタディグループが、国内外のデジタル通貨に関する研究成果等を取り込むとともに、中央銀行としてデジタル通貨に対する戦略目標をより一層明確にし、一日も早い中央銀行発行デジタル通貨の発表に向けて努力するよう求めている。

　また、同行の范副行長は、2016 年 9 月 1 日のブルームバーグ社への寄稿の中で、中国人民銀行が検討しているデジタル通貨の発行形態に関して、まずは、民間銀行に対して発行され、民間銀行が一般の顧客に対しその預け入れや払い出しに関するサービスを提供する、いわば「間接型」のアプローチの採用に傾いている旨述べている。本アプローチが望ましい理由について、范副行長は、現在の銀行券流通の枠組みを活用するほうが、中央銀行発行デジタル通貨が紙の銀行券を徐々に代替していくことを容易にすると考えられることや、中央銀行発行デジタル通貨の管理に民間銀行も参加することは、リスク分散やイノベーション促進、実体経済への寄与や人々のニーズへの対応にも資するといった理由をあげている。

2 ビットコインの拡大と「通貨」としての機能

　こうした中央銀行の積極的な取り組みの背景には、ビットコインの急速な普及があるといわれている。すでに述べたように、ブロックチェーンは

もともと、「ピア・ツー・ピア（P2P）型の電子現金システム」として提案された。2009年に、独自の通貨単位「BTC」を持つ仮想通貨"bitcoin（ビットコイン）"として、その技術提案が具体化された。

つまり、ブロックチェーンは仮想通貨を構築するための技術という印象が強く、それがために、既存の通貨である銀行券を代替しうる技術として注目された。そのような競合相手の存在を認識したために、中央銀行はブロックチェーンを検討せざるをえない、という説明である。この説明は妥当なのだろうか。

ここで注意しておきたいのは、実際にはビットコインを含む仮想通貨が、「通貨」として利用されている実績はほとんどないということだ。ビットコインの通貨単位 BTC と既存の法定通貨（円、ドル、ユーロ、元など）との交換比率は、きわめて高いボラティリティを持つことが知られており、法定通貨間の為替レートの変動とは比べものにならない。このため、現段階で財・サービスの販売価格を BTC 建てで表示したとすれば、その価格は時間とともに大きく変動させざるをえないし、仮に変動させなければ売り手

図表7-1　**Bitcoin の価格と利用者数**

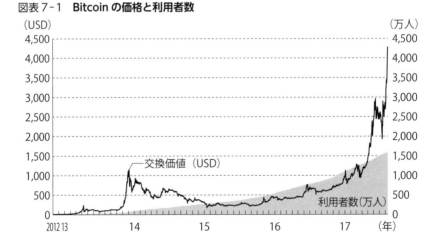

（注）上記の計数は各月の1日時点のもの
（出所）https://blockchain.info/　ホームページ"blockchain.info"から入手したデータ（2017年8月1日時点）より筆者作成

か買い手が損失を被ることになる。収入や支出のほとんどを BTC 建てで生活しているのでないかぎり、消費者にとっても販売者にとっても、ビットコインを決済手段として利用することはリスクを伴い、不便でもある（**図表 7-1**）。

このため、現時点では、ビットコインを取得する目的は、価格上昇を期待した投資目的がほとんどであり、それ以外では、販売店が新規性をアピールするためのデモンストレーションとして BTC での支払いを受け入れているか、国際的な小口送金手段として利用される程度と考えられている。つまり、ビットコインに代表される「ブロックチェーンを利用した仮想通貨」は、その名前に反して、「通貨」の基本である「価値尺度」としての機能を果たしてはいないのだ。

こうした実態を考えれば、現在の銀行券などの法定通貨が、仮想通貨に取って代わられるというシナリオを想定するのは現実的ではないし、各国の中央銀行も、そうした事態となることを想定して研究をしているわけではないことがわかるだろう。

なお、価格上昇を期待した投資目的でのビットコインの取得については、国際決済銀行 決済・市場インフラ委員会が発行した報告書「デジタル通貨」において、次の通り警告していることを指摘しておきたい。

> 「デジタル通貨は特定の個人や機関の負債ではなく、当局による裏付けもない。さらに、本源的価値はゼロであり、結果的に、その価値は他の財・サービスないしソブリン通貨に後日交換されるという信頼にのみ由来する。したがって、デジタル通貨の保有者のほうがソブリン通貨の所有者よりも、価格変動・流動性リスクに起因するコストや損失に直面する可能性が高い」

2017 年 8 月 1 日には、ビットコインの分裂騒動が世界的な関心を集めた。この騒動の詳細については第Ⅱ部第 4 章 3 節を参照されたい。今回の分裂は、ビットコインのスケーリング問題の解決策を巡って、ビットコイ

ン・コミュニティの主要参加者の間で利害が対立し、ビットコインの覇権を巡る対立構造が深刻化したものと受け止められている。分裂を経ても、相場動向を見る限り、ビットコインは投資対象としての人気を保っているようだ。とはいえ、今回の事件でビットコインが抱える幾つかの課題が明らかとなった。

第一の課題は、ビットコインが「中央を持たない（de-centralized）」仕組みであると標榜されていながら、実際にはビットコインのコア開発者や大手発掘業者といった「ビットコインを支える裏方」が存在し、それらの覇権争いによって、ビットコインの仕組みが揺らぎかねないということである。中央を持たないからこそ、ビットコインのシステム全体を統治する仕組みも存在せず、オープンソースによるコードのユーザー相互による検証や発掘業者による取引の検証が、システムの安全性を支えると信じられてきた。しかし、ビットコインのエコシステムを支える関係者の影響力が大きいとすれば、現在の不透明なガバナンスの仕組みは、いずれより深刻な影響をもたらしかねない。

第二の課題は、ビットコインが分裂して新たなコインが誕生し、その流通総額がビットコイン全体の10%前後で推移していることを考えると、ビットコインが想定していた「2100万BTCの発行上限」が、コインの希少性を保証するとは考えにくくなったということである。一部の関係者がシステムを変更したり、利用者が市場価値を評価することで、実質的にビットコインの流通量を増加させることができてしまったのだとすれば、ビットコインが将来にわたって希少な存在であり続けるとナイーブに信じることは難しいであろう。

また、2017年5月以降、ビットコインを含む仮想通貨が急激に値上がりしたのは、欧米で急速に拡大したICO（Initial Coin Offering）との関連が指摘されている（**図表7-2**）。ICO自体はビットコインより後の仮想通貨の新規発行や、仮想通貨の仕組みを利用したプロジェクトにおいて、以前から存在していたものであるが、その規模が急速に拡大したのは2017年5月以降であり、3ヵ月で前年の10倍を超える資金調達が行われた。ICOによ

図表7-2 ICOによる資金調達額とイーサリアム価格の推移

(出所)"www.coinschedule.com"および"www.coingecko.com"から入手したデータ(2017年8月時点)をもとに筆者作成

り発行されたトークンは、上場後、より高値で取引されることが多かったため、ICOに応募することが成功確率の高い投資と受け止められ、その取引に利用されるイーサリアムなどの仮想通貨が大幅に値上がりしたのだ。イーサリアムの流通総額は、一時、ビットコインとほぼ同じ水準まで上昇した。ICOは、巨額の資金が短時間に匿名で取引されることから、資金洗浄やテロリストによる資金調達の機会を増やしかねないことが指摘されている[3]。また、トークンの設計次第で、各国の証券法の対象とされた場合、証券法制における開示規制や行為規制の対象となりえるとの指摘もある[4]。このため、各国でICOの規制に関する議論が活発に行われている。

こうした課題を抱えつつ、ビットコインやその他の仮想通貨は、投資対象として裾野を広げつつある。その動向については、今後も注視していく

---

[3] MAS公表資料
http://www.mas.gov.sg/News-and-Publications/Media-Releases/2017/MAS-clarifies-regulatory-position-on-the-offer-of-digital-tokens-in-Singapore.aspx

[4] SEC公表資料
https://www.sec.gov/litigation/investreport/34-81207.pdf

第Ⅱ部　金融はブロックチェーンでどう変わるのか

必要があるだろう。

3 新しいIT基盤としての ブロックチェーンの可能性

　上で述べたことが事実であるならば、なぜ各国の中央銀行はブロックチェーンに関する研究や実証実験を積極的に行っているのだろうか。それは、新しいIT基盤としてのブロックチェーンの可能性を評価しているから、という理由が大きいように思われる。

　これまでの金融機関の情報システムは、インターネットがそのまま利用されていたわけではない。顧客との接点はインターネットを経由することを許したとしても、システムの基幹部分については、安全性や可用性が重視されたため、中央集権型のコンピューター・システムを用いて構築され、専用のネットワーク経由で通信が行われることが通例であった。万一ダウンした場合にも、バックアップがきちんと取られ、直ちに修復できるように、遠隔地にバックアップ・センターを持つことが必要と考えられていた。

　しかし、ブロックチェーンは分散したコンピューターの中に書き換えることのできないデータベースのつながりを作る技術であるため、たとえインターネットとクラウド・コンピューティングのようなオープンなネットワーク環境であっても、十分な安全性や可用性が達成できるのであれば、現在の金融機関のシステムに大きな変革をもたらしうることとなる。新しい技術を用いて不要な業務要件を削減していけば、金融機関のシステム構築コストが低下することが期待できるし、そうした技術革新が金融機関間の競争条件に影響を与えることも考えられる。

　中央銀行としては、監督者（Overseer）の役割として、金融機関や民間の決済システムが、ブロックチェーンを利用して変革していく姿を注視していく必要がある。また、そうした変革が利用者の利便性向上や金融システムの安定性確保のために望ましいことであるならば、触媒（Catalyst）の役割として、変革をより促進するよう、金融機関や関連事業者に働きかけ

第7章　中央銀行からみたブロックチェーン

ていく必要がある。

　そうした変革が広まっていけば、いずれその影響は、中央銀行自身にも
及ぶと考えられる。その場合、中央銀行は、事業者（Operator）の役割と
して、中央銀行自身のシステムに新しい技術を適用し、民間金融機関や民
間決済システムとの接続を適切かつ効率的に実施する必要があるだろう。
その結果として、中央銀行がブロックチェーンを活用した金融機関向けお
よび全国民向けのサービスを提供するようになるというシナリオも、当然
考えられる。

　現段階では、ブロックチェーンが、金融情報システムの変革にどこまで
のインパクトを与えるかを見極めることは難しい。しかし、IT技術の進展
により、さまざまな産業が大きな影響を受ける中で、金融業界のみが影響
を免れうると考えることも現実的ではない。ゆえに、各国の中央銀行は、
将来を見据えて、ブロックチェーンの研究と実証実験に取り組んでいるの
である。

121

第Ⅱ部　金融はブロックチェーンでどう変わるのか

第 **8** 章
仮想通貨・ブロックチェーン技術に関する金融庁の取り組み

神田潤一

　本章では、この仮想通貨に関する規制の概要を説明するとともに、将来的に大きな活用の可能性を秘めたブロックチェーン技術も含め、さらなる金融サービスの変革と利用者の利便性向上に向けた金融庁の取り組みについて概観したい[1]。

はじめに

　FinTech（フィンテック）に代表される金融・IT融合の動きが世界規模で進展し、金融業・市場に変革をもたらしつつある。FinTechは、単なる金融サービスのIT化にとどまらず、ブロックチェーン技術の活用等による金融取引の仕組みの変革や、人工知能・ビッグデータ等、従来見られなかったIT関連技術の取り込みを通じて、金融の将来的な姿を大きく変えていく可能性がある。さらに、FinTechの進展に伴い金融の将来的な姿が大きく変貌する可能性があるなかで、これまで金融機関が担ってきた業務が分化する（いわゆるアンバンドリング）など、金融サービス分野における構造的な変化が進展しつつある。

　そうした中にあっては、金融サービスのイノベーションを通じて、国民にとってより良いサービスの提供が図られることが重要である。利用者保護や不正の防止、システムの安定性等の観点から必要な対応を図りつつ、

---

1 本文中、意見にわたる部分については、筆者の個人的見解であり、筆者の前職であった金融庁の公式見解ではない。

122

FinTech の動きを、利用者利便や生産性の向上、コスト削減など、わが国金融・経済の発展につなげていくことが求められる。

そのような認識の下、金融庁は、金融グループをめぐる環境変化、IT の急速な進展等を踏まえた制度面での手当てを行うため、2016 年 3 月に「仮想通貨」に係る法制度整備を含む「情報通信技術の進展等の環境変化に対応するための銀行法等の一部を改正する法律案」を国会に提出し、同年 5 月 25 日に成立、6 月 3 日に公布された。また、この法律および、これを施行するために必要な関係政府令は、2017 年 4 月 1 日から施行された。

1 仮想通貨に係る規制の概要

(1) 規制の背景

近年、ビットコイン等のいわゆる仮想通貨が登場し、支払い・決済手段として活用されるなど、仮想通貨の取引が世界的に拡大している。

他方、わが国においては、2014 年、取引量において当時世界最大規模の仮想通貨交換所が破綻するという事案が発生している。また、その匿名性等からマネー・ロンダリング等に悪用されるリスクが国際的にも指摘されており、2015 年 6 月に開催された G7 エルマウ・サミットの首脳宣言や同月に金融活動作業部会(以下、「FATF」)が公表したガイダンスにおいて、仮想通貨と法定通貨の交換業者に対してマネー・ロンダリング、テロ資金供与規制を課すことが各国に求められた。

このため、先述の「情報通信技術の進展等の環境変化に対応するための銀行法等の一部を改正する法律」により、仮想通貨と法定通貨の交換業者について金融庁への登録制を導入するとともに、利用者保護の観点から利用者財産の分別管理等のルールを整備し、マネー・ロンダリング、テロ資金供与対策として、口座開設時における本人確認等を義務づけることとした。

なお、本文中の「仮想通貨交換業者に関する内閣府令（以下「内閣府令」）」および「事務ガイドライン」に係る部分は、2017年3月24日公表の「『銀行法施行令等の一部を改正する政令等（案）』等に対するパブリックコメントの結果等について」における内容である。

(2) 仮想通貨の定義

改正した資金決済に関する法律（以下「改正資金決済法」）では、FATFにおける仮想通貨の定義も踏まえ、仮想通貨を、①不特定の者に対して代価の弁済に使用でき、かつ、不特定の者を相手方として法定通貨と相互に交換できる、②電子的に記録され、移転できる、③法定通貨または法定通貨建ての資産ではない、との性質を有する財産的価値と定義している（改正資金決済法第2条第5項）。

最近の報道等では、電子マネーなどの前払式支払手段と仮想通貨を混同している例があるが、電子マネーは、その性質上、代価の弁済に使用できる先が加盟店に限定されており、また、自由に換金ができない（電子マネーと法定通貨とを相互に交換できない）ことから①の要件を満たさず、仮想通貨には該当しないと考えられる。

(3) 仮想通貨交換業の定義

改正資金決済法では、仮想通貨交換業とは、以下の行為のいずれかを業として行うことと定義している（改正資金決済法第2条第7項）。

① 仮想通貨と法定通貨の交換又は他の仮想通貨との交換

② ①の行為の媒介、取次ぎ又は代理

③ ①又は②の行為に関して、利用者の金銭又は仮想通貨の管理をすること。

なお、外国において仮想通貨交換業に該当する行為を行う者が、国内の者に対して仮想通貨交換業に係る勧誘を行う場合は、日本において仮想通

貨交換業者の登録を受ける必要がある。

(4) 規制の概要

① 登録

改正資金決済法では、仮想通貨交換業は、内閣総理大臣の登録を受けた者でなければ、行ってはならないと規定している（改正資金決済法第63条の2）。

登録にあたっては、たとえば、登録申請者が財務要件（内閣府令において、最低資本金要件として「資本金の額の1千万円以上」、純資産要件として「純資産額が負の値でないこと」と規定されている。）を満たしていること等を審査することになる。このほか、システムの安全管理のために必要な措置を講じることも規定しており（改正資金決済法第63条の8）、システム障害などの際にも利用者の取引等への影響が大きくならないような対応も必要とされている。

② 利用者への情報提供等

仮想通貨と法定通貨の交換等に際しては、仮想通貨交換業者から利用者に対して、取引判断に必要な正確な情報が提供されることが重要であることから、改正資金決済法では、仮想通貨交換業者に対し、利用者への説明・情報提供義務を課している（改正資金決済法第63条の10）。

具体的な措置の内容は、内閣府令および事務ガイドラインにおいて、たとえば、

- 仮想通貨は、イ．法定通貨ではない、ロ．価値が購入対価を下回るおそれがある、ハ．移転はインターネット上で行われ、消失のおそれ等もあることなどの説明
- 仮想通貨交換業者の商号や手数料等の契約内容についての情報提供

などが規定されている。

③ 利用者財産の管理

　上述のように、わが国において仮想通貨と法定通貨の交換業者が破綻し、代表者が利用者の資金を横領した容疑等により逮捕されるといった問題が発生していることを踏まえ、改正資金決済法では、仮想通貨交換業者に対し、利用者の金銭・仮想通貨と自己の金銭・仮想通貨を分別して管理する義務を課している（改正資金決済法第63条の11）。

　なお、仮想通貨交換業に係る分別管理の具体的な管理方法は、内閣府令において、

- 金銭の管理であれば、銀行等の預貯金口座や元本補塡のある金銭信託
- 仮想通貨の管理であれば、区分管理

と規定されている。

④ 外部監査、監督規定

　改正資金決済法では、国内の事業者において現に利用者の財産が消失する事案が発生していることを踏まえ、利用者財産の適正な管理や財務の健全性について、事業者が不正を行うことを牽制するとともに、問題の早期発見を図るため、仮想通貨交換業者に対し、利用者の財産と自己の財産との分別管理の状況や財務諸表の内容について、公認会計士又は監査法人による定期的な外部監査を受けることを課している（改正資金決済法第63条の11、第63条の14）。

　また、他の金融関連業と同様に、仮想通貨交換業者に対する、事業報告書等の作成・提出義務（改正資金決済法第63条の14）、報告徴求・立入検査（改正資金決済法第63条の15）、業務改善命令（改正資金決済法第63条の16）、登録の取消・業務停止命令（改正資金決済法第63条の17）等についても規定している。

(5) 犯罪収益移転防止法に係る改正

　改正資金決済法では、前述の通り、仮想通貨交換業者に対し、マネー・

ロンダリング、テロ資金供与規制を導入し、不正利用の防止という国際的な要請に対応する観点から、犯罪収益移転防止法の「特定事業者」（同法第2条2項）に仮想通貨交換業者を追加している。これにより、同法にもとづき、顧客の取引時確認（同法第4条）、確認記録および取引記録の作成・保存（同法第6条及び第7条）、疑わしい取引の当局への届出（同法第8条）、マネー・ロンダリング、テロ資金供与対策のための体制整備（同法第11条）の義務等が課されることとなる。

　なお、仮想通貨交換業者に対して取引時確認義務が課される特定取引については、FATFが2015年6月に公表した仮想通貨に関するガイダンスにおいて、顧客と継続的契約関係を確立する際または一定額を超える取引の際に本人確認等の顧客管理が求められている。当該ガイダンスを踏まえ、改正犯罪収益移転防止法施行令において、

- 顧客が仮想通貨交換業者に口座開設する際
- 200万円を超える仮想通貨の交換・現金取引
- 10万円を超える仮想通貨の移転

を行う際に取引時確認を義務づけること等が規定されている。

2 さらなる変革のために

　金融庁は、上述の法令面の対応を含め、FinTech推進のための取り組みを進めている。また、仮想通貨の消費税に係る課税関係に関しては、平成29（2017）年度税制改正の大綱において「仮想通貨の譲渡について、消費税を非課税とする。」とされており、2017年7月1日から実施されている。

　さらに、仮想通貨の基礎でもあり、大きな発展の可能性があると指摘されているブロックチェーン技術（分散型台帳技術を含む）については、世界各国の当局・主要銀行等において研究が進められている。わが国おいても、以下のようなブロックチェーン技術の推進を図る取り組みが進められている。

　一つは、国際的な取り組みである。金融庁では、主要各国の金融当局や

民間の研究者と連携・協働し、ブロックチェーン技術の活用可能性や課題等に係る国際的な共同研究を進めることとし、2017年3月、その準備会合を開催した。この会合では、①各国政府等におけるブロックチェーン技術の活用等に係る取り組みが共有されたほか、ブロックチェーンを用いた金融取引における②利用者保護上のリスクへの対応、③プライバシー保護と追跡可能性の確保、④処理の確定と決済の在り方、⑤スマートコントラクトなど金融取引のプログラム化とガバナンス、等に関して活発な意見が交わされた。

　もう一つは、国内的な取り組みである。2016年12月に全国銀行協会において立ち上げられた「ブロックチェーン技術の活用可能性と課題に関する検討会」では、銀行界、ブロックチェーン企業、IT事業者、弁護士、学識経験者等の関係者と金融庁が連携して検討を行い、2017年3月に報告が取りまとめられた。この中では、①銀行界を中心とする連携・協働型の実証実験環境として「ブロックチェーン連携プラットフォーム」（仮称）の整備、②国際的な標準規格への対応、③金融インフラにおける活用可能性の検討、④ブロックチェーン・コミュニティの形成、などの内容を含む「ブロックチェーン官民連携イニシアティブ」が提言された。

　金融庁は、仮想通貨における利用者保護や不正の防止等に留意しつつ、ブロックチェーン技術の活用などの金融サービスのイノベーションを通じて、国民の生活にとってより良いサービスの提供を図る観点から、引き続き、法令面での機動的な対応を含め、FinTech を推進するための環境整備に努めていく所存である。

第 9 章

FinTechの課題と対応の方向性について

福本拓也

　FinTech（フィンテック）の動きが急速に浸透してきている。そこでは、ブロックチェーン技術をはじめとするさまざまな技術革新の成果が応用され、組み合わされて使われている。特にブロックチェーンのような技術は、金融のインフラ的な側面を支える主体のあり方を大きく変える可能性もある。

　そこで、本章では、ブロックチェーン技術によって促進される FinTech に対する経済産業省の検討および取り組みについて説明する。また、経済産業省においては、ブロックチェーン技術の特徴や課題とトレンドについての整理や、ブロックチェーン技術の評価に関する国内動向調査等を実施しており、その点についても概観する[1]。

はじめに

　近年「FinTech」とよばれるIoT（Internet of Things）、ビッグデータ、人工知能（AI）といった技術を使って革新的な金融サービスを提供する動きが世界中でみられる。

　このような状況の中、経済産業省では、2015年10月より「産業・金融・IT融合に関する研究会（以下、「研究会」）」を開催し、FinTech を取り巻くさまざまなプレイヤーや有識者によるオムニバス形式の対話を実施した。

---

[1] 以下の記述のうち、意見にかかる部分は筆者の個人的見解であり、所属する組織の公式見解ではない。

第Ⅱ部　金融はブロックチェーンでどう変わるのか

研究会での対話を通じて、世界中で起きていることの全体像と課題、論点を抽出し、2016年3月、その結果を「産業・金融・IT融合に関する研究会（FinTech研究会）発言集」という形で公表した。

さらに、研究会での議論を通じて浮かび上がってきた11の論点について、より広い視点から分析・検討を深めるため、2016年4月よりパブリック・コンサルテーションを実施し、国内外から情報、意見の提供を得た。

これらを受け、2016年7月より「FinTechの課題と今後の方向性に関する検討会合（以下、「FinTech検討会合」）」を開催し、FinTechが経済社会に与えるインパクトや課題、今後の政策の方向性について、包括的な検討を行ってきた。

これまでの検討からみえてきたことは、あらゆる経済活動の裏にある「お金」のかたちが変わり、その流れが変わり、信用やリスクの捉え方が変わり、それらを支える担い手が変わるということである。このような「お金」の変化は、第四次産業革命やSociety 5.0といった言葉に象徴される表の経済活動の大きな変革に呼応するかたちで生まれている。さらに、FinTechが新たな「お金」のあり方を次々に提案することで、経済活動そのものが変わろうとしている。

FinTechが「お金」のあり方を変える力となっている背景には、ビッグデータ等の膨大な情報を処理・分析する技術や「IoT」を支えるセンサーやネットワーク制御の技術等が飛躍的に進化したことがある。また、クラウド・ベースでのプラットフォームによって、FinTechサービスを開始する初期コストが劇的に低減し、新たな事業を始めやすい環境が整ってきたことも大きな要素である。

このような技術フロンティアの拡大を背景として、FinTechにおいては、さまざまな技術革新の成果が応用され、組み合わされて使われている。ブロックチェーン技術、認証技術、API等は、FinTechを支える中核的な技術であるが、金融分野を超えて広く実用化、活用される可能性が高いという点も注目されている。

これらの技術はFinTechを形づくる重要な要素だが、新たな「お金」や

130

第9章　FinTech の課題と対応の方向性について

金融サービスを次々に生み出す原動力は、このような狭い意味での技術にとどまらない。むしろ、個人や企業が抱える「お金」に関する問題を解決する観点から、新たな商品やサービスを生みだし、新たなビジネス・モデルを創り出す広い意味での技術（Technology）、すなわちイノベーションなのである。

　FinTech については、個別のビジネス事例や施策対応、内外のルール作り等が行われているが、日本政府としての課題認識や目指すべき姿、政策の基本的方向性等、広い視点からの全体像、見取り図を示すことが重要である。このような認識の下、検討会合での議論を踏まえ、総合的な報告・提言として「FinTech ビジョン」を 2017 年 5 月に取りまとめた。「FinTech ビジョン」は、FinTech 時代における経済・社会の未来像を国民にとってわかりやすく示すとともに、その未来像を実現するための課題や必要な対応・施策の方向性をまとめ、今後の具体的政策対応の基礎とすることを目的とするものである。

1 目指すべき FinTech 社会の姿

　FinTech は、あらゆる経済活動に伴う「お金」の流れを支える機能としての「金融」を大きく変えつつある。あらゆる経済活動の裏には金融取引・サービスがあり、FinTech は経済活動のおよそすべての局面に登場し、そのあり方を劇的に変える可能性を秘めている。

　したがって、FinTech のありようを検討するにあたっては、従来の金融の担い手やサービスのあり方にとらわれることなく、経済活動に伴う「お金」のユーザーの視点を徹底することが重要である。現在検討中の「FinTech ビジョン」においても、FinTech が日本の経済、社会にもたらす効果を金融サービスのユーザーたる個人（家計）や企業の目線から考察し、それを最大化するための道筋を示すことを目指している。

　FinTech による金融サービスの革新は、①個人（家計）については、資

第Ⅱ部　金融はブロックチェーンでどう変わるのか

産形成の充実と消費の高度化・活性化、②企業については生産性向上や資金調達の円滑化に寄与するものと考えられる。以下では、その概要を示していきたい（**図表9-1**）。

(1) 個人の生活 (家計) が劇的に変わる

① 消費生活の高度化、活性化 (フロー面)

　モバイル決済や電子マネー、仮想通貨等の消費を支える FinTech サービスの登場により、個人が用いることのできる「お金」、すなわち決済手段は多様化している。生活のあらゆる場面で、これらの「お金」を自由・簡単に使えることは、支払い・送金に伴うストレスを軽減し、日々の生活を豊かにする。

　電子マネーやクレジットカード等を用いたキャッシュレス決済は、トランザクション・コストの劇的な低下をもたらす。現金を持ち運ぶことなく、セキュリティが確保された決済方法を利用できるようになることで安全性も高まる。

　さらに、自らの消費情報を自動的に収集・管理できるようになれば、家計管理や貯蓄、個人ローン等をより合理的に選べる。煩わしい家計のやりくりから解放されるだけでなく、快適かつ合理的な消費を行えるようになるだろう。

　このような可能性を頭に描きながら現状に戻ってくると、個人の購買活動における決済手段は圧倒的に現金（キャッシュ）であり、わが国は特にその比率が高い。このことは、現時点で現金決済のほうが便利で安心だからということがあろう。しかし、現金と紙を前提としたやりとりが経済取引のどこかに残り続けることで、さまざまな FinTech サービスの普及・活用が妨げられ、本来享受しうる便益を放棄せざるをえない状態に陥っているかもしれない。このことが、国全体の消費経済の最適化・活性化を阻害している可能性もある。

　キャッシュレス決済が現金を上回る利便性を確保すること、現金決済よ

りも「便利で、お得で、安心」になることは、キャッシュレス社会を実現するための大前提といえる。政府としては、安全性・信頼性の確保等キャッシュレス決済のインフラを整えていくことや、新たな決済サービスを提供する FinTech 企業の参入を促進するための環境づくり等が求められることを認識している。

② 将来に向けた資産形成の充実（ストック面）

日々の消費・取引データの自動収集や管理、利活用が進めば、自らの資産状況や将来必要となる支出、運用に回せる資産等の「見える化」が可能となる。ロボアドバイザー等による資産運用サービスは、投資を始める際の金銭面、知識面での敷居を下げ、それぞれのライフ・プランやリスク性向に応じた最適な資産運用を可能にする。

わが国の家計金融資産は、欧米等に比べ、著しく現預金に偏っている。超低金利・マイナス金利の経済環境や、高齢化社会の下での人生設計における金融資産の重要性等に鑑みれば、個人にとって中長期を見据えた合理的な資産運用・資産形成を行うことは重要な課題である。わが国全体でみても、そうした資金が資本市場に流入し、長期投資の厚みを増すことは大きな課題である。FinTech はこうした流れを促進する原動力となりうる。

(2) 企業の収益力が劇的に上がる（生産性革命）

① バックオフィス改革による生産性向上

わが国の企業数の99.7%、雇用の7割、付加価値の過半を占め、地域経済を支える要となっているのが中小企業だ。全国各地の中小企業が直面している大きな課題は、高齢化・人口減少を背景とした量的な人手不足、そして経営人材や技能を持った人材を確保できないといった質的な人材不足である。このような状況の下、企業の生産性を飛躍的に高めるための鍵は、徹底的なバックオフィス業務の効率化だ。そして経営者も含む希少な人材が価値を生み出す仕事に集中できるようにしていくことが急務である。

FinTech は、中小企業のバックオフィス改革を後押しする。クラウド会計・経理サービス等を用いて中小企業のバックオフィス業務を自動化、効率化し、リアルタイムでの経営管理ができるようになる。

特に小規模の企業にとっては、セキュリティや情報管理への対応等、ITシステムを高度化することが求められる一方、そこに割ける人や資金は限られる（大企業も同様なのだが）。クラウド型のITシステムは、制度変更や技術革新に伴う対応をクラウド側がしてくれることで、追加の投資コストを抑え、大企業と同様あるいはそれ以上のシステムを維持できるという利点もある。

さらに、2018年から2020年の間に、FinTech対応の一環として全銀行の国内送金システムの変更（金融EDI対応）が予定されている。これを機に、各企業のバックオフィス業務のクラウド化およびデータ連携を推進することで、さらなる生産性向上、取引情報の活用等が期待される。

② 資金調達力、キャッシュ・マネジメントの強化

FinTechは、企業の資金繰りや資金管理を劇的に改善する可能性がある。クラウド型のサービスを導入することで、自社の将来のキャッシュ・フローがきめ細かく「見える化」でき、リアルタイムに財務状況を把握できるようになる。これが資金管理のベースとなり、迅速かつ適切な経営判断をサポートする。

さらに、FinTechは、企業の資金調達の可能性を広げる。FinTechサービスは、さまざまな経済活動の接点から得られる情報とビッグデータ分析を駆使して、財務情報をリアルタイムに把握し、個人や企業が持つ「見えざる資産（無形資産）」を見つけ出すことで、そこから生み出されるキャッシュ・フローやリスクを予測し、ニーズに応じたきめ細かい資金を融通する。リアルタイムの財務情報、店頭やオンラインでの取引情報、金融EDIの商流情報等、さまざまなデータを自動的に分析、評価、与信を行う手法が普及すれば、資金調達の幅は大きく広がる。

図表 9-1 さまざまな革新的な FinTech サービスの出現

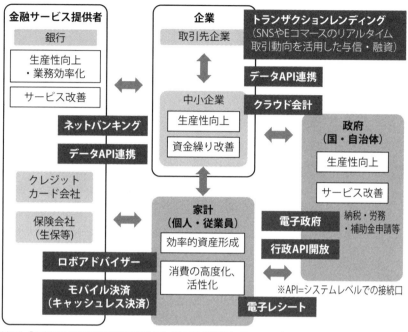

(出所)「未来投資会議構造改革徹底推進会合『第 4 次産業革命 (Society5.0)・イノベーション』会合 (第 4 次産業革命)(第 2 回)資料 6　経済産業省提出資料」

③ 経営の高度化、成長に向けて

　このようなバックオフィス改革や資金調達の多様化により、企業は経営資源をより付加価値の高い業務に投入できる。FinTech は、このような成長に向けた挑戦を支えるものでもある。たとえば、決済等の顧客接点から新たな「インターフェース」を構築し、そこから得られる大量の情報を自動で処理・分析するサービスを使って、マーケティングや販売を強化するといったことも考えられる。また、企業の財務情報や業績につながる KPI (Key Performance Indicator) の情報がリアルタイムで利用可能になることで、経営判断を迅速かつ的確に行うことも可能になる。

　第四次産業革命で競争環境が大きく変化するなか、わが国中小企業等が

第Ⅱ部　金融はブロックチェーンでどう変わるのか

飛躍的に成長するためには、こうした情報のフィードバックや外部の資源を経営力・収益力の強化に直結していくことが必要であり、FinTech が果たしうる役割も大きい。

2 政策の方向性

　今後の政策対応の方向性は、このような目指すべき姿を実現するためのイノベーションを促すこと、新たなリスクに対応しつつそれをチャンスに変えていくための環境を整えていくことである。

　ここでは大きく、① FinTech 社会の前提となるデータ融通の環境を整えること、②すべての取引においてセキュリティやユーザー保護を確保した上でデジタル完結できる仕組みを構築すること、③そのような基礎の上でFinTech やユーザー企業のイノベーションや生産性向上を促進するための政策、規制・制度設計を行うことについて取り上げてみたい（**図表9-2**）。

(1) FinTech社会の前提となるデータ融通の環境整備

　個人が自らの意思で自分に関係する情報を再統合できる環境を整備する。個人が自らの関心や目的に応じてカスタマイズされたサービスを享受できるようデータ・ポータビリティを確保するための制度整備や決済がデジタル完結するための電子書面化、キャッシュレス化を進めることが重要である。

(2) FinTechのメリットを最大化するための電子政府の促進

　FinTech の鍵となる本人確認手続きのデジタル完結を早期に実現するため、携帯端末を介したマイナンバーカード活用の促進や、行政手続きのIT化やデータ連携（電子政府）を進める。特に企業にとって多大な負担になっている税・社会保険事務におけるIT化・ワンストップ化を抜本的に進

136

第9章　FinTechの課題と対応の方向性について

める。

(3) 中小企業等のFinTech活用の推進

　中小企業等がFinTechサービスを活用してバックオフィス業務を効率化する試みを応援していく。クラウド型のITサービス導入や取引から決済に至る各種サービス連携を行う取り組みを支援し、モデルケースを実例として示すことで、中小企業等のバックオフィス業務のクラウド化率向上を後押しする。

　また、銀行の金融EDI対応のための決済インフラ革新に合わせ、送金等に商流情報を関連させるための標準化等の環境整備を進めていく。これまで経済産業省においても「金融EDIにおける商流情報等のあり方検討会議」を開催し、金融EDIに記載する商流情報の標準化を進めてきた。今後は、具体的な金融EDI活用方法や情報の維持管理のあり方等を検討していきたい。

(4) イノベーションを促す制度設計

　FinTechにおけるイノベーションを促すため、ユーザーの利便性向上と安全性確保に向けた試行錯誤を繰り返すことのできる環境づくりを目指す。世界各国で取り組まれている「レギュラトリー・サンドボックス」は、そのようなダイナミズムを制度として行おうとする試みであり、今後の制度設計のあり方として示唆を与えるものといえる。

　また、これまでの金融サービスを規定してきた規制・制度についても、リスクベースの考え方や技術中立的にイノベーションを阻害しないような仕組みを検討していくことが求められている。

137

第Ⅱ部　金融はブロックチェーンでどう変わるのか

図表9-2　フィンテック事業の広がり

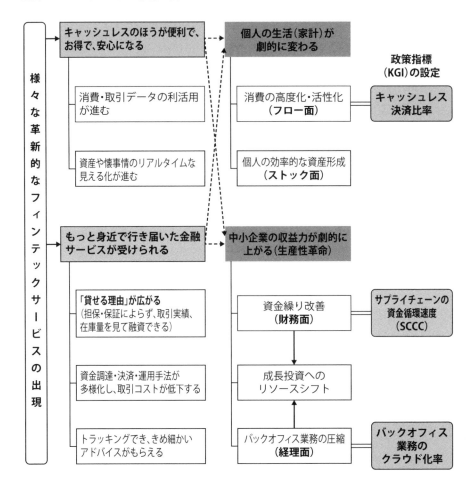

第9章 FinTechの課題と対応の方向性について

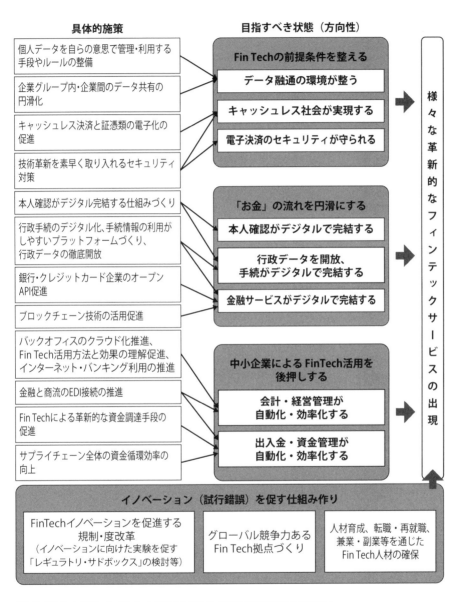

(出所)「FinTech ビジョン（FinTech の課題と今後の方向性に関する検討会合報告）」

3 ブロックチェーンに関する検討

　第1節で述べた FinTech を支える中核的な技術の中でも、ブロックチェーン技術は、仮想通貨であるビットコイン（Bitcoin）を実現させるために生まれた技術であり、いくつかの暗号技術をベースとして、ビットコイン等の価値記録の取引を第三者機関不在で（中央管理者を必要とせずに）実現する分散型のシステムである。ブロックチェーン技術を用いた仮想通貨は、新たな決済手段、送金手段として用いられている例がみられる。

　実際に、ブロックチェーン技術による分散型の送金、決済システムへの転換に向けた取り組みが銀行、証券等、さまざまなセクターで行われている。これらの動きは、すでに金融システムが整備されている国においては既存のシステム負担からの転換という課題、新興国等においては新たな社会インフラ構築の動きとして捉えられる。

　ブロックチェーン技術は、従来の集中管理型のシステムに比べて、改ざんがきわめて困難であり、実質ゼロ・ダウンタイムのシステムを安価に構築できるという特性を持つものとして、幅広い分野への応用が期待されている。たとえば、認証、商流管理、公共等、金融以外の分野にも活用例や想定ユース・ケースが広がっている。

　経済産業省では、国内外のブロックチェーン関連企業および有識者へのヒアリング等を通じた検討を 2015 年度に実施、2016 年 4 月に結果を「ブロックチェーン技術を利用したサービスに関する国内外動向調査報告書」として取りまとめ、公表した。本報告書では、技術の特徴や課題とトレンドについて整理し、社会へのインパクトをまとめ、中長期課題を示すとともに政策に求められる対応についても言及している。

　2016 年度においても、ブロックチェーン技術の評価に関する国内外動向調査や有識者による検討会を実施し、既存のサーバー・クライアント型システムとブロックチェーンを活用したシステムを比較することができる評価軸を作成、2017 年 3 月にブロックチェーン技術を活用したシステムの評価軸整備等に係る調査報告書として公表した。

おわりに

　前述の通り、経済産業省では、2017年5月8日にFinTechに関する初めての総合的な報告・提言である「FinTechビジョン」を取りまとめ公表した。

　その後、2017年6月9日に閣議決定された未来投資戦略2017の中で、FinTechビジョンで提示した3つの政策指標（KGI）（**図表9-2**）が政策指標（KPI）として定められた。具体的には、「今後10年間に、キャッシュレス決済比率を倍増し、4割程度とすることを目指す。」「今後5年間に、IT化に対応しながらクラウドサービス等を活用してバックオフィス業務（財務・会計領域等）を効率化する中小企業等の割合を現状の4倍程度とし、4割程度とすることを目指す。」「2020年度までに、日本のサプライチェーン単位での資金循環効率（サプライチェーンキャッシュコンバージョンサイクル：SCCC）を5％改善することを目指す。」といったことが、今後政府全体で取り組んでいく政策目標（KPI）とされている。

　今後は、ブロックチェーン技術の幅広い分野への適用可能性の検証等を含め、本ビジョンで包括的に示した政策対応の方向性に沿って取り組みを推進したい。

第Ⅲ部

産業インフラとしての
ブロックチェーンの可能性

ブロックチェーン技術には
どんな応用可能性があるのか：
第Ⅲ部へのガイド

柳川範之

　ブロックチェーンについては、ビットコインのような仮想通貨だけではなく、さまざまな方面への応用可能性が検討され、一部では実用化も始まっている。ただし、他分野への応用にあたっては、仮想通貨の場合とは異なった検討課題や克服すべき課題も少なくない。第Ⅲ部では、このような多様な広がりを持ち始めたブロックチェーンに焦点をあて、その可能性と将来像について検討することにしよう。

1 ブロックチェーンのどこが新しいのか?： 応用からの視点

　ブロックチェーンの特徴については、すでに第Ⅰ部や第Ⅱ部である程度語られているし、その技術的な特性および革新性についても、かなり説明がなされている。しかし、その技術を応用して、ビジネスや社会生活にいかに役立てるかという見地からみた場合には、また違った特徴が浮かび上がってくる。

　たとえば「分散型台帳」（Distributed Ledger）と日本語に訳されているように、情報が特定の主体に集中せず、分散して各コンピューターやサーバーに記録される点は、ブロックチェーンの大きな特徴だ。それは間違いではないが、「分散」が単に、データの安全性や低コストを実現させるのに役立つだけだとすれば、利用する側からすれば、「分散」かどうかは、あまり大きなポイントにはみえないだろう。結局のところ、安全性や低コストが大きく改善するのかどうかだけが、重要だからである。それはちょうど

145

第Ⅲ部　産業インフラとしてのブロックチェーンの可能性

8Kのテレビを実現させる技術がどれだけ革新的でも、テレビの購入を検討している人からすれば、どんな技術かはあまりポイントではなく、どの程度きれいな画像がいくらで見られるかが重要なのと似ている。

もちろん、後で述べるスマートコントラクトが本格化してきた場合には、「分散」が大きなポイントとなってくるし、どのような応用を考えるかで、重要となるポイントが異なってくることも確かだろう。また、今までにないサービスが現れた際には、思いがけない特徴が、ブロックチェーンの優位性をもたらす可能性も否定できない。

しかし、特にブロックチェーンの場合には、その技術的特性が今までと異なったものであるために、そちらのほうにばかり焦点が当たりがちで、応用する際にどのような際立った特徴やメリットを示すかが二の次になって語られることが多かった。言い換えると、今後、ブロックチェーンを実際のビジネスに応用する場合には、どのような本質的な変化あるいは新しいことができるのかを突き詰めて考えることに意義がある。

ポイントは、改ざんされない記録が残せること

そこで、応用する側から考えて、どのような点が新しいのかを考えると、ブロックチェーンの大きな特徴は

① 改ざんされない記録が残せる
② 皆がそれを確認することができる

という点にあるといえる。

分散的に処理されていることや、暗号技術が使われていることは、これら2点を実現させる上で大きな要素を占めており、またこれらがどの程度の安全性、確実性をもって実現できるかを検討する上でも重要である。しかし、ここではこれらの点が、どのような技術によってより確実に実現できるかではなく、これらの点が低コストで確実に行われるようになると、

どのように世界が変わるかを検討していくことにしよう。なぜなら、それが、ブロックチェーンが将来どのように経済や社会を変革できるかを考えることになるからだ。

　改ざんされない情報が記録として残せるという点は、きわめて基本的なことで単純なことのようにみえる。しかし、今まではこの単純なことを行うのが実は非常に難しく、そうであるがゆえに、さまざまな経済問題が引き起こされたり、あるいはそれを防ぐための制度的な工夫などが行われてきたりした。そう考えると、もしこれをブロックチェーン技術が高い精度で実現することができるならば[1]、それは経済活動に大きな影響を与えるのは間違いない。

　特にネット上のデータ処理の場合には、物理的にモノが動かないために、データの複製や情報の二重記録等が容易で、正確な記録を残すのが実は容易ではなかった。そのために今までは、二重記録、二重取引を防ぐために強固な中央集権的なデータ管理システムを大きなコストをかけて構築するか、そのような正確な記録づくりを諦める必要があった。それには大きなコストがかかるため、巨大システムを、コストをかけて構築するか、そのような正確な記録づくりを諦める必要があった。

　改ざんされない正確な記録が残り、それを皆が閲覧できることになると、少なくとも過去に起こったことについては、嘘をつくことがかなり難しくなる。なぜならば、記録と照らし合わせられると、嘘であることが公にわかってしまうからだ。経済学的な言い方をすれば、情報の非対称性が大きく減ることになる。過去の記録がかなりの部分正確に残っていて、それを誰でも見ることができるならば、少なくともその情報については、情報の非対称性が相当軽減するといえる。

---

1 ただし、正確な記録が、実態を100%反映しているといえるかは、現実的には難しい問題であり、記録が「法的な現実」といえるかという法的な問題を生じさせる。この点については第14章で議論されている。

第Ⅲ部　産業インフラとしてのブロックチェーンの可能性

情報の非対称性を減らす

　ミクロ経済学の基本テキストに書かれている通り、情報の非対称性の問題は多くの経済取引において、非効率性を発生させる源泉となっている。そして、その解消あるいは軽減のために、組織や契約上の工夫が行われたり、ビジネス戦略が工夫されたり、規制や制度が作られたりしている。言い換えると、根幹の情報の非対称性が大きく変われば、組織も戦略も規制や制度も大きく変わる可能性があるということだ。

　たとえば、金融仲介機関そのものの存在意義も、通常、情報の非対称性によって説明されている。個人や企業に貸し付けをする際に、投資される側と投資する側とでは、持っている情報に非対称性があり、どの程度の将来性や資金力があるか、投資する側には十分な情報がない。そのため、銀行等の金融機関が情報を集めて、より安心できる投資先に投資をするというのが、金融仲介機関の基本的な役割だ。

　ところが、資金調達をしたい個人や企業の活動履歴や借り入れ履歴が、記録されて残るとすれば、その情報を皆が利用して貸し付けができるようになる。つまり、情報の非対称性が履歴によって軽減すれば、銀行などの仲介機関を通さない貸し出しがしやすくなる。このような動きは、たとえば、評判を利用するなどして、個人が直接個人に貸すいわゆる CtoC レンディングというかたちで、すでに起き始めている。それは IT を使うことによって、金融仲介機関を経なくても、ある程度の情報を得ることができるようになってきた結果だ。この点が、もしブロックチェーンを使うことで、より正しい情報が獲得できるならば、仲介機関を使わない動きが促進されることになるだろう。

　もちろん、その一方では、すべての情報が見ず知らずの第三者に見られてしまうことは、プライバシーの問題などを生じさせる。そのため、何をどこまで記録するのか、そして、どのような情報がどこまで公開されるのかについては、より詳細な検討が必要であろう。言い換えると、この点に関する工夫の仕方がブロックチェーン技術を応用して発展させる際の大き

148

なカギを握っているといえるだろう。この点については、第10章で検討されている、証券取引にどのようなかたちでブロックチェーン技術を用いるかを考える際にも詳しく検討されている。

確認しておくべき大事な点は、ブロックチェーン技術を用いるからといって、すべての情報を公開する必要はないということだ。第16章で詳しく説明されているエストニア政府が用いているように、基本的な個別情報は非公開のかたちで記録しておき、その記録が改ざんされているかどうかだけを、ブロックチェーンによってチェックするというやり方もありうる。したがって、「皆がそれを確認できる」という特性は、あくまでもポイントは「できる」という点にあって、「確認しなければならない」わけではない。

取引記録を残すビジネスモデル

記録、特に取引記録を正確に残しておくことは、通常では考えられない大きなメリットがある。これはリアルな取引でもネットの取引でもいえることだが、特にネットの取引においてメリットがあると考えられる。

その具体的取り組みの一つが、第10章で説明されている証券取引への応用であり、また第11章で説明されているダイヤモンド取引であろう。前者は、すでに記録がブロックチェーン以外の仕組みで行われているものであり、後者は、今までには記録がなされていなかったものである。そこでまず、ダイヤモンドの取引記録から検討しよう。

第11章で詳しく説明されているように、ダイヤモンドは偽物をつかまされる可能性があり、また盗難品を買ってしまうリスクなどもあるため、どのような経緯を経て今手元にあるのかを知りたい代表的な商品だ。しかし、今までは、どのような取引履歴を経た商品か、記録しておくことは、現実的にはなかなか難しかった。各取引は、それぞれ分散的に行われており、現金取引だと誰から誰の手にダイヤモンドが渡ったのかは記録されない。銀行振込で売買が行われたとしても、銀行が記録しているのは資金の

149

移動だけで、なんのためにそのお金が使われたのかは、銀行には残らない。

そのため、ダイヤモンドではたとえば鑑定書を付けて販売するなどの工夫が今までにもなされてはきた。しかし、鑑定書が偽装される可能性があることなど、完璧な保証は難しかった。また、取引を完全に中央集権的に記録しようとすると大きなコストがかかった。それに対してエバーレッジャー社は、ブロックチェーンを使うことで、この問題を解消することに成功している。低コストで取引記録が残せるようになったことで、今までにない価値をダイヤモンドにつけることができるようになった。経済学的にいえば、品質に関する情報の非対称性が低下し、より正しいかたちで市場取引が行われるようになったのである。

もちろん、この点についてもプライバシーとの兼ね合いの問題は存在する。そのため、エバーレッジャー社は、現在では、Permissioned型と呼ばれる参加者が限定されるブロックチェーンをうまく組み合わせて、プライバシーと正しい記録維持とのバランスを図っているようである。

したがって、ダイヤモンドだけではなく、取引履歴が商品の品質保証や利用者の安心感につながるような商品については、エバーレッジャー社の取り組みを参考にしたビジネスモデルが考えられるだろう。そのほかにも、思いがけない記録をとっておくことで、それが将来のビジネスモデルの成立を支えることも考えられそうである。

次に、現状でも不完全ながら履歴を把握しているものがある。たとえば、登記制度をとっている不動産については、かなり詳細な履歴が登記というかたちで記録されるようになっている。それでも二重登記の問題が生じたりと、しばしばその履歴が改ざんされたり、不完全だったりと問題になる。その点を考えれば、現状登記のシステムが制度的にとられているものについては、それを、ブロックチェーンを使って書き換えていくことによって、より低コストで確実な記録が可能になるかもしれない。もちろん、ここではブロックチェーンがそのような使い勝手がよく、しかも高い安全性と低コストを両立できるものだと主張しているわけではない。将来的にそのよ

うな発展の方向性が考えられるということである。

　登記に比べると第10章で検討されている証券取引、特に取引が成立したあとの実際の所有権の移転手続きについては、かなり確実な記録が現状とられている。それをどこまでブロックチェーンで置き換え、より低コストで実行できるかを実験しているのが、東京証券取引所の取り組みである。詳しくは、第10章で説明されているが、技術的にはさまざまな選択肢があり、また乗り越えるべき課題も多々あるので、このような実験によって何がどこまで実行できるのか、どのような問題点があるのかを具体的に明らかにしていくのは重要な作業であろう。

　実験の成果で考えるとブロックチェーンがある程度の実用可能性があり、今後このような取引においてブロックチェーンを活用していく可能性が開かれていることがわかったといえるだろう。

　このように、ブロックチェーン技術が進展すれば、

① 今までコストをかけて記録していた取引履歴がより安価かつ確実に記録できる可能性があること、
② そして不十分なかたちで記録されてきたものについても、より完全なかたちで取引履歴が残せるようになることが明らかになった。
③ さらには、今まではコストがかかるなどの理由で、履歴が記録されてこなかった取引についても記録がとられ、安心感を利用者が得られるようになること

が期待できる。その結果、

④ 今まで成立しなかった、あるいは予想もされなかったビジネスの成立を促し、新しいビジネスを成り立たせる可能性がある。
⑤ また、情報の非対称性の構造が変化することにより、今までのビジネスモデルの構造が変化し、競争力の構造が変化する可能性がある。

第Ⅲ部　産業インフラとしてのブロックチェーンの可能性

行政や政府における応用

　このような構造変化は、ビジネスの世界だけに生じるわけではない。履歴が残る構造は、行政や政治の仕組みも大きく変えうる。本来、記録をきちんと残しておく必要があるのは、民間のビジネスよりも行政のさまざまな活動や行政上の手続きにおいて発生する。なぜならば、行政が行う活動のかなりの部分は、何らかの証明をすることにあてられているからだ。たとえば、住民票や戸籍などは記録し証明書を発行する典型的なものであるが、そのほか納税の証明やあるいは生活保護や社会保障の支出なども、個々人の所得などについてのデータにもとづいて行われている。これらの点を考えれば、行政の活動においても、取引や活動を改ざんされないかたちで正確に記録しておくことには大きな意義があることがわかる。もしもブロックチェーンによって、それが低コストで正確に行われるようになるならば、それは大きなインパクトを持つことになるだろう。

　ただし、その際に問題になるのは、やはりプライバシーとの関係であろう。特に行政や政治との関連でいえば、政府が、個人の情報を濫用するのではないかという心配や、政府だから持っているプライバシー情報が漏れてしまう可能性に対する懸念などがしばしば表明される。そのため、どこまでブロックチェーンを用いるべきかは慎重に検討すべきだろう。

　しかし、第16章で説明されているエストニア政府の取り組みは、抜本的に異なった思想にもとづいてプライバシーに関する情報管理がなされており、今後の政府とプライバシーの考え方を検討する際に重要な含意を持つ。

　取引や情報処理の記録が改ざんされることなく残るということは、言い換えれば政府がそのデータにアクセスした記録も残ることを意味する。特に、管理者のいないブロックチェーンの場合には、そのブロックチェーンに対しては、たとえ政府でさえも書き換えや隠蔽ができない構造を作り出す。そのため、政府が個人的な情報について濫用した場合には、それがブロックチェーン上で明らかになってしまう。この構造を利用すれば、誰か

152

が意図しないかたちでプライバシー情報を使った場合には、その記録が残り、それが直ちに当事者に伝わるようなシステムを作ることを可能にする。そうすれば、プライバシーの問題は政府も含め、勝手な利用が事実上できなくなる。

よって、理想的な構造としては、個人のそれぞれのプライベートな情報はそれが誰によってどのように使われているかについてブロックチェーンで記録されていくようにすれば、誰がそれを利用したのか、当人に意図しないかたちで使われたのかがわかるだろう。このようにすれば、プライバシーの管理をブロックチェーンを用いて行うことができる。これが、エストニアが現在活用している手法であり、発想であろう。

もちろん、日本で同様なことがすぐにできるとは考えにくいが、このような発想にもとづいたプライバシー管理の可能性を検討し、分析しておくことは必要なことだろう。

2 スマートコントラクトが変える ブロックチェーンの世界

今まで述べてきたブロックチェーンの構造、改ざんできない記録を残せるという点は、それ自体とても重要ではある。とはいえ、全銀システムのような大がかりなシステムを作ってコストをかければ不可能なことではない。つまり、抽象的に考えると、その変化は、より低コストでできるようになった、という点にとどまる。もちろん、低コストでできるようになること自体も、実務的には大きなビジネスチャンスである。また、その低コスト化が、大きなビジネス上の革新をもたらす可能性もある。

しかし、実態としては、まだ大きな革新をもたらす芽が現実のビジネスモデルとして立ち現れていない点もあるため、第15章で主張されているように、シリコンバレーにおける盛り上がりは現状大きなものではないのだろう。低コスト化が、相当ドラスティックなものでないかぎり、あるいは革新的なビジネスモデルを生み出すと確信できるものでないかぎり、爆

第Ⅲ部　産業インフラとしてのブロックチェーンの可能性

発的な収益の伸びが具体的にイメージできないからである。

　たとえばウーバー（Uber）のように、今までシリコンバレーが生み出してきた成功企業に比べると、まだ、その具体的なビジネスモデルに乏しいということなのかもしれない。日本ではブロックチェーンに比較的大きな注目が集まっているが、日本とシリコンバレーとでは、その革新性に関する評価に大きな差がみられるのは興味深い。

　その点から考えると、より本質的な革新をブロッチェーンが持ちうるのは、スマートコントラクトが実用化された段階だろう。スマートコントラクトは第12章でも説明されているように、IoTとの親和性が高く、IoTが本格化した段階でさらに大きな力を発揮しうる。また、後で述べるように、理論的に考えても、組織構造や政府や国家のあり方などを大きく変える可能性を持っており、その革新的な影響の範囲は大きいと考えられる。まだ、現実的なビジネスモデルが立ち上がるまでには、少し時間がかかると思われるが、その変化の方向性を検討しておくことはブロックチェーンの今後を考える上で有用であろう。

スマートコントラクトとは？

　スマートコントラクトについても、「人工知能」などと同じく現段階ではそれが何を指すのかという定義がやや曖昧で、肥大化して使われる傾向のある用語となっている。その言葉の響きから、「賢い」（スマートな）契約が可能になると誤解されている面もある。しかし、現状では、人工知能の活動のように人間以上に賢い契約を締結してくれるという意味合いはない。より現実的な定義は、「プログラムにもとづいて自動的に実行される契約」ということになるだろう。以下では、このスマートコントラクトが、どのように金融や経済活動に影響を与えうるかについて、概略を説明することにしよう。

スマートコントラクトの定義

スマートコントラクトの初歩的なレベルでの実現例としてよくあげられるのは、自動販売機である。自動販売機は、お金を投入すると商品が自動的に出てくる。そこでは、たとえば売買契約書が交わされることはなく、また人と人との間でお金と商品との交換が合意されているわけではない。その意味では、きわめて単純なかたちではあるが、機械によって自動的に契約が実行されているとみることができよう。

上記の「プログラムにもとづいて自動的に実行される契約」というカジュアルな定義をもう少し硬い書き方をすれば、

「契約を保存し、有効性を担保し、履行するためのプログラムないしコード」

ということになる。ただし、このようなプログラムそのものが、どの程度法的契約として意味を持ちうるかについては、法制度との関連で一概には言いがたい。この点は重要な課題であり、第14章で議論されている課題であるが、ここでは法的実効力を持ちうる契約になっていることを前提に議論を進めることにしよう。

ブロックチェーンは、このスマートコントラクトを高度化させる上で重要な役割を果たす。その大きなポイントは、やはり、改ざんされないデータと記録が残るという点にある。そのデータと記録にもとづいて契約の実行が行われれば間違いがないし、また誰もがそのデータを把握できるという点でも、恣意的な契約の履行などが困難になるという点でメリットがある。

もちろん、コンピューター上で情報を処理することのスピードと計算可能量が格段に上昇しているという事実がそれを支えている点も見逃せない。事前に取り決められた実行内容を確定するのに何時間もかかったのでは意味がないし、そのために中央にある大型コンピューターにアクセスする必要があるならば、実質的な意味を持たない。

第Ⅲ部　産業インフラとしてのブロックチェーンの可能性

　よって、このスマートコントラクトを考える場合には、分散的な情報処理がかなりの程度意味を持ってくることになる。もちろん、そのデータ自体は他のコンピューターにも分散的に記録されるから、かなり「全体的な」コンピューターのリソースを使うことになる。しかし、起こったイベントとそれにもとづく契約の実行は、きわめてローカルに瞬時に行われることになる。

　この点は、IoTが本格化して、ローカルな多様な情報が使えるようになった場合には、大きな威力を発揮することになる。安心して記録された情報を使える点は、IoTにとっても大きな強みだ。

　IoTのセンサーによって、得られた情報にもとづいて自動的に契約を履行するという形は、現状でもかなり具体的なイメージを描くことはできる。たとえば、自動車に取り付けられたセンサーにもとづいて、保険料を変更する。あるいは、センサーが把握した洗剤の減少にもとづいて、洗剤の発注と購入代金の引き落としが自動的に行われる。このような場合には、やはりセンサーで記録された情報が正しく記録され、かつそれにもとづいてダイレクトに契約が実行されたほうが良い。そのため、ブロックチェーン技術が威力を発揮することになろう。

　あるいは、センサーにもとづいて、決済が自動的に行えるようになると、やはり正確な記録がコストをかけずに残ることが必要になり、ブロックチェーンとスマートコントラクトの組み合わせが重要になってくる。

　ただし、当然のことながら、ブロックチェーンがそこまで信頼のおけるものになるかどうか、また、スマートコントラクトと現実の法律や契約との整合性をどのようなかたちで保てばよいのかという問題は残されている。

仲介サービスの自動化

　このようなスマートコントラクトの普及は、企業活動を大きく変えるだろうといわれている。いくつかの方向性が考えられるが、ここではスマートコントラクトによるマッチング・ビジネスの自動化について考えてみよ

う。

　たとえば、エアビーアンドビー（AirBnB）やウーバー（Uber）などに代表されるようなシェアリングビジネスの基本は自社で資産を持つのではなく、貸し出す部屋や車を持っている人とそれを利用したい人とを結びつけるマッチング・ビジネスである。これらの企業が提供するサイトやアプリを利用しないかぎり、どこにどんな空き部屋があるか、あるいはどこにどんな利用者がいるか簡単にわからないため、そのような情報を提供してくれるサイトに、手数料を払ってでも利用しているのが現状である。

　それに対して、そのような情報を各利用者のコンピューターが直接つながり、情報のやりとりができれば、マッチングを直接個人間、あるいは端末間で処理することが期待される。そして、それに加えて、契約や決済もスマートコントラクトによって、コンピューター上ですべて処理することができるならば、マッチングだけではなく仲介業務のかなりの部分が、コンピューター間あるいはネット上で取引が行われてしまう可能性も指摘されている。

　通常、このような機械による自動マッチングについては、取引相手に対する不安や契約履行上の不安などが指摘される。それへの対処策として、マッチングサイトでは、直接責任を負うというかたちではなく、たとえば評価などをサイトやアプリに表示するなどの手段を通じて、取引の安全性を高める工夫をしている。それに対して、仲介業者によっては、取引に対してある程度の責任を負ったり、あるいはさまざまな工夫をしているところがあり、それが各仲介事業者の腕の見せどころになっている。

　しかし、スマートコントラクトは、このような契約や取引に対する安心の提供を、今までのように仲介事業者が提供するのではなく、技術や書かれているコードやプログラムによって、行うことになる。この方向性が進むと、仲介事業者そのものの存在が不要になり、コードやプログラム自体が、仲介事業者を代替する可能性が指摘されている。

　その際には、そのような有意義なコードを開発・提供する主体（それは、企業体かもしれないし、場合によっては個人かもしれない）が、高い手数

第Ⅲ部　産業インフラとしてのブロックチェーンの可能性

料を取るというかたちで、仲介事業者として残る可能性はある。しかし、ビットコインの例が示しているように（ビットコインは、その利用に手数料を取るという形では世に出ていかなかった）、コードが普及するためには、通常は、それ自体が誰でも自由に使えるオープンソースである必要があり、利用に料金を取るという仕組みにはなじみにくい。したがって、誰もが使える形で、供給される可能性が高いだろう。

　これは、コードの開発が、オープンソースであるとともに、参入が比較的自由な開発競争が行われるためである。高い手数料を取っていると、手数料がより安いシステムにとって代わられてしまう。

　もちろん、このようにスマートコントラクトがマッチングサイトや仲介機関を代替していくためには、越える必要があるハードルが多々あり、今すぐそれが実現できるわけではない。しかし、実態としては、この方向で変わっていくことが予想される。

　仲介サービスという点でいけば、たとえば現状のECサイトなども影響を受けることになるだろう。ただし、どこまで自動化を人々が選択するかについては、やや注意深い検討が必要だ。たとえば、部屋を借りる場合、駅からの距離等客観的な条件だけで決定できるならば、自動的に検索して決定できるだろうが、写真で気に入った雰囲気の部屋を選びたいとなると、自動的な選択は困難になる。ECサイトにしても、商品が決まっていて、一番安いところから購入というのであれば、自動化が容易だが、たとえば生産者の顔や思いを考慮してとなると、とたんに単純なスマートコントラクトでの実行が困難になる。

　この点は、AIが進化したときにどこまで人間の仕事が残るのかという点と似ているものがある。人間の購入であるがゆえに、スマートコントラクトで満足できず、仲介機関を通じた購入が優位性を発揮できる面は存在するだろう。

　また、ブロックチェーンを利用したスマートコントラクトが普及してく

ると、単に仲介機関や仲介サービスが必要なくなるだけではなく、そもそも企業組織や政府なども必要なくなるのではないか、という議論もされるようになってきた。

議論の根拠としては、スマートコントラクトが進展し、すべての契約を自動実行することができるようになれば、組織がなくても、契約を実行させる仕組みさえあれば、組織と同様のことができるのではないか。また政府についても、あらかじめ決められたスマートコントラクトにもとづいて自動実行させれば、人が関与しない政府ができるのではないか、あるいはそこまでいかなくとももっとサイバー空間を利用した政府が可能になるのではないかという発想である。

これらの議論においては、企業組織がなぜ必要なのかという、経済学における根本的な問題と関係が深い。その詳細は、第13章で検討されることになる。

第Ⅲ部　産業インフラとしてのブロックチェーンの可能性

第 10 章
証券取引の実証実験と
スマートコントラクト：成果と課題

山藤敦史

はじめに

　ブロックチェーン技術は仮想通貨を支える技術として知られているが、通貨以外の権利移転にも適用できるのではないかという議論が盛んに行われてきた。その中で有望といわれる分野の一つが証券市場である。仮想通貨と同様に個人同士で株式や債券を移転し合うことができれば、証券取引所、証券会社といった仲介者が不要となり、低コストで効率的な取引が可能になるといわれている。

　これについて既存のインフラ運営者も多くの検証を重ねている。公表されている事例だけでも、米国の取引所（NASDAQ）がブロックチェーン技術を未上場株市場の機能の一部に適用している例や、豪州の取引所（ASX）が次世代決済システムの選択肢としてブロックチェーン活用を検討しているという例、米国の振替機関（DTCC）が店頭デリバティブの適用に実証実験を重ねているという例があげられる。日本でも、日本取引所グループ（JPX）が証券市場全般への適用可能性について技術的な検証を行ってきた。本稿では実際の技術検証の概要を説明するとともに、特にスマートコントラクト部分における成果と課題について解説する[1]。

　なお、こうした検証に用いられる企業向けのブロックチェーン規格は、

---

1 以下の記述のうち、意見にかかる部分は筆者の個人的見解であり、所属する組織の公式見解ではない。

単位時間あたりの処理性能（スループット）を高めたり、情報秘匿機能を加えているため、オリジナルのビットコイン・ブロックチェーンとはいくつかの点で技術的差異がみられる。オリジナルとの区別のため「分散台帳技術（DLT：Distributed Ledger Technology）」が用いられる場合も多いため、本稿ではブロックチェーン／分散台帳技術（DLT）という表現を用いることとする。

1 ミニ証券インフラを 3ヵ月で二つ作る

　日本取引所グループではブロックチェーン／DLTの技術的可能性について2015年夏頃より机上での検証を行い、2016年4～6月の期間において、二つの実証実験を行った。簡単にいえば、物理的なミニ証券インフラを作り上げ、現時点での可能性と限界を探るのが実験の目的であった。使われた技術は、イーサリアム（Ethereum）をベースとした企業向け規格のもの、およびハイパーレッジャーファブリック（Hyperledger fabric）であった。それぞれの実験は、前者が野村総合研究所とカレンシーポート株式会社、後者が日本IBMの協力を得て行い、二つの実証実験ともに国内の六つの金融機関が参加するコンソーシアム型の体制で進められた。実証実験という事実を割り引いて考えたとしても、きわめてカバレッジの広い要件を短期間で完成まで持ち込んだのは、関係者の熱意と技術力の賜物である。

　証券市場として一般的にイメージされるのは、株式を売ったり買ったりする「取引」だと思われるが、実際には**図表10-1**にあるように多くの機能の集合体となっている。投資家の注文を処理して取引を成立させ、それを清算・決済するという処理が日々行われているほか、新規上場や増資があった場合に証券の発行を記録したり、日々の取引の結果としての保有者名簿を管理したり、配当や株式分割等の証券情報の変更管理を行っている。これらを、多くの金融機関（証券取引所・清算機関・振替機関・証券会社・銀行等）が、それぞれのシステムを保有し、情報のやりとりをしな

図表10-1　証券市場の基本機能

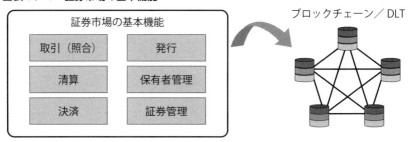

（出所）筆者作成

がら処理しているため多くの非効率性が残されている。

　こうした一連の処理がブロックチェーン／DLT型のインフラで構築できるか検証を行うことに挑戦し、その結果、簡易版ではあるが実装に成功した。複数のサーバに分散したデータを、実験に参加した複数の金融機関が書き換え、整合性をほぼリアルタイムでとっていくことを可能としている。また、後述のスマートコントラクトで多くの処理の自動化を達成している。非効率性を解消し、よりシンプルで堅牢なインフラを構築することへの貢献が期待される。

　一方で、処理性能の不足、データ秘匿技術が実装できる規格の少なさといった技術的課題も残されており、さらなる技術的発展が求められることも明らかとなった。

　上記の実証実験の詳細については、2016年8月にワーキングペーパーとして発表している[2]。検証結果についてポジティブな面だけでなく、ネガティブな面についても完全公開したレポートとして世界でもめずらしい取り組みであった。実験全体については公開レポートをご覧いただきたいが、本稿ではこのうちスマートコントラクト処理について詳細に解説していきたい。

---

[2] JPX Working Paper Vol.15 金融市場インフラに対する分散型台帳技術の適用可能性について

図表 10-2　ブロックチェーン／DLT 型インフラの概念図

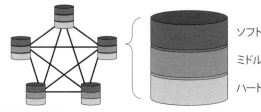

- ソフトウェア（スマートコントラクト）
- ミドルウェア（DLT コア）
- ハードウェア（ハード・ネットワーク）

（出所）筆者作成

2 スマートコントラクト≒アプリケーション

　図表10-2はブロックチェーン／DLT型インフラの概念図だが、分散ノードが接続されたP2P型ネットワークとなっている。各々のノードはハードウェアの層の上に、いわゆるミドルウェアに相当するDLTコアと、ソフトウェアに相当するスマートコントラクトが展開されている。合意形成処理、データ保存といった共通処理はDLTコアで行うが、個々の業務処理はスマートコントラクトで実装する。

　スマートコントラクトに対して抱いているイメージは人によって異なり、議論がかみ合わないことが多い。一般的には、自動的な電子契約を実行する仕組みのことをいうが、実感がわかない。実証実験に参加している金融機関の間で、スマートコントラクトとは要するに何なのかという議論になった際に、「これは資産や証券に紐づけることができるアプリケーションだ」という整理が、実務家の腹に落ちた説明であった。それはつまり、こういうことだ。最近、Hyperledger、Cordaのように仮想通貨と切り離してブロックチェーン／DLTのみを提供する規格が増えてきている。これらの規格は、bitcoinやEthereumのように仮想通貨経済圏の魅力で競争することができないため、現時点では合意形成処理やその記録といった基本機能で競争している。しかし、ブロックチェーン／DLTで何ができるのかを決定づけるのは基本機能ではなく、スマートコントラクトである。多少、基本機能が劣っていても、多くのサービス（証券取引、銀行送金、土地登記、

第Ⅲ部　産業インフラとしてのブロックチェーンの可能性

知財管理等）がスマートコントラクトにより提供されている規格の方がユーザーにとっては魅力的だろう。ちょうど、スマートフォンにおいて、基本機能に加えてどれだけ豊富なアプリ群を持っているかで競争が行われてきた状況に似ている。

　証券市場インフラをユースケースとする場合は、複雑な商品性や処理を記述するため複数のスマートコントラクトが必須である。証券市場インフラやそこに接続する金融機関は、各自のシステムを効率的に作り上げているが局所最適になりがちであり、俯瞰して見た証券エコシステム全体としては多くの非効率性を残している。そのため、ブロックチェーン／DLTにより構築されたネットワークに参加するインフラ運営者・金融機関間での、スマートコントラクトによる処理の自動化は、圧倒的な効率化をもたらす可能性がある。一方で、証券市場の実務フローの中にはブロックチェーン／DLTが苦手とする処理も多く、また、障害時対応といった運営上の課題も多い。以降で可能性と課題について詳細に論考していく。

3 摩擦のない（frictionless）世界へ

　実証実験の中で注意したのは、既存業務フローをブロックチェーン／DLTで実現するのではなく、仮に何の制約もなく業務フローを考えられるとしたらブロックチェーン／DLT上でどのような効率化が実現できるかという視点であった。

　たとえば株式市場では売買単位という考え方があり、かつては1株、10株、100株、1000株と企業毎にさまざまなバリエーションが存在していた。現在、東京証券取引所は売買単位の統一を進めているが、数年単位のプロジェクトとなっている。そもそも売買単位という概念が導入された背景には、経済合理性からみた株主権の制限、物理的券面が存在する時代の少額取引の制約および小口株主の管理コストが企業側の負担になるといった事情がある。一方で、これは投資に必要な金額を引き上げることになり、株

図表10-3　ブロックチェーン／DLTによる金融インフラの効率化

ブロックチェーン／DLTによる金融インフラの効率化
（例：売買単位の細分化、配当・議決権行使処理の自動化）

新たな金融サービスの創造
（例：超少額投資、保有期間に応じた配当・議決権）

（出所）筆者作成

式投資を個人から遠ざける原因の一つであるともいわれている。

そこで、実証実験においては、まず売買単位の概念を取り払った。さらに、企業が行う配当支払いや株式分割といったコーポレートアクションを、スマートコントラクトにより自動処理ができるようにし、投資家単位で株式持ち分に応じた配当金や分割処理をワンアクションで実行できるようにした。なお、今回の実証実験では実装していないが、議決権行使もスマートコントラクトで処理することにより、複雑な株主管理の大部分を自動処理することが可能となる。こうなると少額株主が発生することによる管理コスト負担の懸念も解消し、投資金額を引き下げることで投資がより身近になる。

また、実証実験の中では、ある日の株主に対して配当や議決権が付与されるという現状の制度に対して、たとえば保有期間が3ヵ月であればそれに応じた配当や議決権を付与するということも可能なのではないかという意見も出た。こうした議論は一例であり、新たな技術を用いることにより、既存の業務フローの存在意義を再考し、摩擦を取り除いて効率化を図る。さらには、新たな金融サービスを創造していくというのがブロックチェーン／DLT適用の効果である（**図表10-3**）。

第Ⅲ部　産業インフラとしてのブロックチェーンの可能性

4 技術的な挑戦： 技術者への期待

(1) 予想外のボトルネック

　ブロックチェーン／DLTの証券市場への本格的な適用を考えた場合には、スループット性能の向上が必要である。ビットコインは約7tps（transactions per second）というスループット性能だが、証券インフラとして利用する場合、ユースケースによっては数千tps程度は必要であり、さらなる性能向上が求められる。このため、スループット性能は実証実験でも重要な検証項目と位置づけていたが、事前に想定していた要因（1回の認証に要する時間、ブロックサイズ、認証ノードの地理的分散等）ではなく、スマートコントラクトの実行時の処理時間がボトルネックとなった。

　ブロックチェーン／DLTは複数のノードによる分散処理が可能であると思われがちだが、分散されたノード間で単一の合意形成をとる仕組みなので、合意形成やスマートコントラクトは各ノードにおいて、1ビットずつ順番にデータを総受信することで実行される（それによって分散ノードで同一の処理順序と処理結果が合意される）。このため、スマートコントラクト自体のスループット性能を超えることはないが、現状では処理速度が既定の規格を超えてしまうために契約の自動執行に支障が生じる。世の中には高いスループット性能を謳っている規格もあるが、実際の業務を想定した複雑なスマートコントラクトを用いた性能試験を行う必要がある。ただし、スループット性能の向上は、技術の向上と実装上の工夫で、そう遠くない将来解決する可能性があると考えている。

(2) 分散型アーキテクチャーの弱み

　証券市場の処理の自動化という観点でいうと、スマートコントラクトに期待する部分は大きい。しかし、証券市場の複雑な処理のうちいくつかは

166

第 10 章　証券取引の実証実験とスマートコントラクト

図表 10-4　スマートコントラクトが苦手な処理の例

スマートコントラクトが苦手な処理の例
- タイムトリガーイベント
- 外部フィードに基づいた処理
- 乱数発生を伴う処理
インプットが非決定的な処理は注意が必要

（出所）筆者作成

課題を抱えている。

　まずスマートコントラクトは分散ネットワーク上の各ノードに展開されており、同じスマートコントラクトを実行すれば同じアウトプットが得られるということを期待している。しかし、たとえばデリバティブの証拠金計算のために、毎日指定の時刻になったらスマートコントラクトを実行しようとした場合、各ノードが持っている内部時刻がわずかながら異なることにより、証拠金計算用スマートコントラクトが実行されるタイミングが異なる。この結果、デリバティブの満期までの残存期間の微小な差異により理論価格が異なるという可能性が出てくる。

　また、イールドカーブのような外部データをインプットとして金利系商品のプライシングを行うスマートコントラクトがあった場合、各ノードが別々に外部データを取得しにいけば、わずかに異なるイールドカーブの数値を取得してしまい、プライシングの結果が異なる可能性がある。

　こうした処理は、証券市場ではレアケースではなく比較的頻繁に発生する。いずれも解決策がないわけではないが、アプリケーションの開発者は、スマートコントラクトには苦手な処理があるということを理解しておく必要がある（図表 10-4）。

(3) 汎用高級言語か専用言語か

　スマートコントラクトで複雑な処理が行えるようにするために、汎用性が高いプログラミング言語を使う誘惑に駆られるが、これはアプリケー

167

第Ⅲ部　産業インフラとしてのブロックチェーンの可能性

図表 10-5　ブロックチェーン／ DLT 規格の対応原語

規格名称	対応言語・開発環境
Hyperledger fabric	Go（汎用）
Ethereum	Solidity（専用）
DA Platform	DAML（専用）

（出所）各社ホームページなどの公表情報にもとづき調査

ション障害のリスクとトレードオフの関係にある。ブロックチェーン／
DLT の可用性はあくまでネットワークやハード障害に対する耐性であり、
アプリケーション障害への耐性は既存システムと変わりがないため、ス
マートコントラクトにどこまで複雑な処理を求めるか、そのための言語選
択をどうすべきかは重要な論点である。

　なお、いくつかのブロックチェーン／ DLT 規格では専用言語を提供して
いる場合があるが、複雑性を排除してアプリケーション障害の可能性を下
げられるというメリットがある一方で、汎用的なプログラミング言語のよ
うな開発者コミュニティがないため、技術者の確保や既存資産の移植が難
しいという課題がある。

5 本気で使うために 考えるべきこと

(1) 問題が発生した際にどうするか

　基盤技術としてのブロックチェーン／ DLT は多くの開発者やユーザーに
検証されていくことにより成熟していくが、上位層のスマートコントラク
トはユースケースに応じて都度開発されるものなので、常にアプリケー
ション障害の可能性を持つ。これは既存システムとまったく同じ問題なの
で、通常のシステム開発と同様にアプリケーションの品質管理が必要である。
　もう一つは、いざ障害が発生した場合にリカバリーするためのルール作

成の問題がある。万全を尽くしたが残念ながら障害が発生した場合に、その影響を限定し迅速にリカバリーするため、あらかじめルールが定められていることが望ましい。どこまで厳格なルールを定めるかはユースケース次第と思われるが、たとえば証券市場のようにインフラ停止による影響が大きなユースケースであれば、意思決定に何週間もかけることは許されないであろう。即時に意思決定できる仕組みや、対応シナリオを事前に用意しておく必要がある。

　一般論でいえば、パブリック型ブロックチェーンで多い民主的なガバナンス構造を持っているほど、品質管理の確認が曖昧になり、障害時対応のスピードは遅くなる。一方で、あまりに厳格な品質管理はイノベーションを抑制する可能性もあるため、ユースケースに応じて適切なガバナンス構造が選択される必要がある。ブロックチェーン／DLTは新しい技術であるため、実装上の課題についての議論は始まったばかりである。本稿では主にスマートコントラクトについての課題を議論したが、実装にあたって検討すべき点は多い[3]。今後も実務家や専門家も交えて議論が深まっていくことが期待される。

(2) 複層化と連携

　ブロックチェーン／DLTは、複数のトランザクションを含むブロックが、暗号学的ハッシュ関数で連結されたデータ構造を持っている。この連結された一つのチェーンを1単位としてみた際に、チェーンの複層化には大きなメリットがある。たとえば複数の株式を一つのチェーンで処理するよりも、

---

3 DTCC, "Embracing Disruption", January 2016.
http://hub.digitalasset.com/hubfs/Industry%20Reports/dtcc-embracing-disruption.pdf?t=1503249088618
ESMA, "The Distributed Ledger Technology Applied to Securities Markets", June 2016.
https://www.esma.europa.eu/sites/default/files/library/2016-773_dp_dlt.pdf
松尾真一郎他、「ブロックチェーンは本当に世界を変えるのか（全14回）」、ITpro, 2016年7月〜翌2月。
http://itpro.nikkeibp.co.jp/atcl/column/16/062400138/062400001/?itp_leaf_index

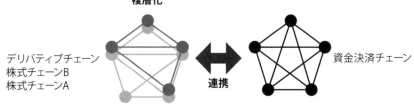

図表10-6 ブロックチェーン／DLTの複層化

(出所) 筆者作成

図表10-6のようにいくつかのグループに分類し、複数のチェーンを用いて並列処理すれば、スマートコントラクトのシリアル実行というボトルネックを緩和することができる。あるいは株式市場と債券市場のように利用者グループが異なる場合に、限定した利用者だけでスマートコントラクトを実行することで、合意形成や情報共有範囲を限定する事も考えられる。また、本番用とテスト用という複層化をすることで、物理ノードを増やすことなく、スマートコントラクトのテスト環境を用意するといった利用法もある。

また、チェーン間の連携の問題も考えなくてはいけない。たとえば証券決済と資金決済のチェーンが分かれている場合に、厳密なDVP（証券資金同時決済）を実現するためには、ファイナリティ（≒トランザクションのコンセンサス）のタイミングを合わせる必要がある。現在、世界中でブロックチェーン／DLT規格が提案されており、おそらく国・団体・企業が採用する規格はそれぞれ異なると予想される。この新技術の本質的な価値である分散構造が損なわれることなく発展していくためには、自由なイノベーションを阻害しないよう注意しながら、チェーン間の連携の仕組みを考える必要がある。

6 今後の展望：技術は社会のために

ブロックチェーン／DLTは金融分野に限らずさまざまなユースケースが

提案されており、インターネットに匹敵するパラダイムシフトを起こす可能性もあるともいわれている。しかし、大きな可能性を秘めているとともに、多くの課題があることもわかりつつあり、ビジネス上の要件（処理性能や情報秘匿）を取り込む形で、多くの新しい規格が提案されて来ている。

これは一見正しい進化のようにみえるが、複数技術要素の組み合わせであるブロックチェーン／DLTにおいては、各技術のトレードオフ関係に注意しなくてはいけない。一つの例が、最近多くの規格で採用されつつあるPartitioned ledgerというコンセプトである。これは指定ノード間でのみ合意形成・データ共有する事により、処理速度向上や情報秘匿性を実現する提案だが、その代わり、全ノードで情報共有する事で障害時のリカバリーを容易にするといった利点は薄れてきている。

こうした変化に対して、ブロックチェーン／DLTの革新性を損なうものとの批判もあり、筆者も行き過ぎたビジネス要件の取り込みがイノベーションを阻害するのではないかとの懸念を否定できない。しかし一方で、ブロックチェーン／DLTの進化の方向性は決して一つではないということも感じる。

筆者が所属する金融業界では、異なる業態の複数の企業間で情報のバケツリレーが行われており、非効率な部分が多く存在している。改革の必要性が長く議論されながら、競合する企業間で複雑に絡み合っているシステムの再構築は容易ではなかった。ブロックチェーン／DLTによる情報共有や、スマートコントラクトによる処理自動化は、こうした課題に再び注目を集めるきっかけとなっている。

技術とは本来、人々の生活を豊かにするために活用されるべきであり、技術を使うことそのものが目的ではない。主にスマートコントラクトがもたらす圧倒的な効率性の実現という進化の方向性は、ビットコインが提示した革新性とは少し異なるかもしれないが、別のかたちで世界にポジティブな変化を起こす可能性がある。いずれの方向性にしても、社会をより良いものにしたいという信念を持って進めていくべきだと考える。

第Ⅲ部　産業インフラとしてのブロックチェーンの可能性

第 11 章
エバーレッジャー社、ダイヤモンド市場への挑戦

Calogero Scibetta（カロジェロ・シベッタ）

　ブロックチェーン技術は金融取引以外にも、さまざまな事業に応用することができる。一般的には仮想通貨を生み出す技術として知られているが、通貨を生み出すという点よりも、通貨取引を記録する帳簿を作成する点に潜在的な力があると考えている。エバーレッジャー社は、分散型台帳の技術－より一般的にはブロックチェーンとして知られている－を使ってダイヤモンド取引のためのプラットフォームを提供する事業を始めた。それは、仮想通貨とはまったく関係のないものだ。

　なぜ、ダイヤモンド取引なのか。それは、ダイヤモンドの価値にとって所有履歴が重要であることと深く関係している。取引履歴はダイヤモンドの価値の一部を構成しており、重量や透明度といった物理的な価値と切り離せないものだ。どこで採掘され、どのようなプロセスで加工され、誰に所有されてきたかは、いわばその商品の「ライフ（生命）」であり、固有の価値といえる。

　本章では、エバーレッジャー社の事業について紹介する。はじめに、ダイヤモンド取引になぜ、ブロックチェーン技術が適しているのかについて述べ、次に、エバーレッジャー社の設立の経緯、事業の革新性について説明し、最後に今後の事業展開について触れることとしたい。

1 ダイヤモンド産業の特殊性

　ダイヤモンド産業には、他の一般的な商品にはみられないいくつかの特

図表 11-1　ダイヤモンドのバリューチェーン（2013年）

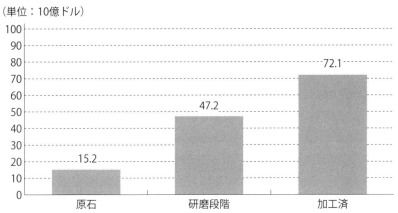

（出所）The Global Diamond Report 2013; Bain & Company

徴がある。なかでも決定的に違うのは、所有履歴がその商品の価値を形成しているという点である。どのような人々の手を経てきたのかという取引履歴がダイヤモンドの価値の一部を形成しており、それは重量や透明度といった物理的な価値と切り離せない。もし、購入履歴が失われたり、あるいは、改ざんされたりするようなことになれば、ダイヤモンドの価値は大きく損なわれる。

　現在、ダイヤモンドの原石は年間1億2700万カラット採掘されている（2015年）。その市場規模は採掘の段階では152億ドルであるが、研磨・加工を施された段階では721億ドルまで拡大する（2013年）。採掘されたダイヤモンドの原石が、カットや研磨、製造段階、そして販売へと多くの段階を経る間に、その付加価値が増していく（図表11-1）。こうしたバリューチェーンの履歴を管理していくことがいかに重要であるかがわかる。

　二つ目の特徴は、ダイヤモンドは小型であるために密かに持ち運びが可能で、価値の変動が少ないことから、犯罪取引に使われるリスクが大きいという点である。ダイヤモンド市場は世界的に最も大きなブラックマーケットになっており、資金洗浄やテロ資金の調達など不正な取引に利用さ

れている。このような非合法活動を取り締まるため、鑑定書によるダイヤモンドの追跡などの努力がなされているが、所有履歴の消失や書類の改ざんは後を絶たず、違法取引を隠すため書類が偽造されることもある。

　実際に、盗難や偽造による損失は看過できる額ではない。2015 年 4 月にロンドンの宝石商が強盗に入られ、70 個を超えるセイフティボックスが盗難に遭った。その被害総額は 2 億ポンドに上るといわれている。なぜ、こんなことが起こるのか。ダイヤモンドと紐づけて所有履歴が管理されていれば、こうした事件も起こらないはずが、実際には管理が不十分で、盗難品を市場で売りさばくことができるためだ。また、最近では GIA という世界最大の鑑定所のデータベースがハッキングの被害にあうなど、サイバー攻撃の被害も増えている。

　さらに、ダイヤモンド取引の主要国の中には、紛争地帯で治安が不安定であったり、あるいはこのような犯罪防止のための法律が十分に整備されていない場合が多いのも特徴の一つだろう。主な産出国の一つである中央アフリカは紛争地であることもあり、2016 年だけで、14 万カラットのダイヤモンドが同国から法外に持ち出されている。

　これらの特徴は、保険会社による多額の保険金支払いにもつながっている。毎年 500 億ドルという多額のお金がダイヤモンドの保険金として支払われ、その負担は最終的には保険料に跳ね返る。しかも、盗難や偽物に対応するために、保険会社は保険金以外にも毎年多額の費用の支出を強いられている。

2 ダイヤモンドとブロックチェーンの出会い

　さて、エバーレッジャーの創業者であるケンプ氏は、大学で会計学を学んだ後、RFID（Radio Frequency Identification）開発に技術者として携わった経験を持つ人物だ。ビットコインが注目され始めた頃、技術についての話を聞く機会があり、それがケンプ氏にとって大きな転機となった。ブロックチェーン技術は、新しい通貨を生み出す技術として捉えるのではな

く、通貨と帳簿の二つの技術に分離して捉えたほうがより自然であり、ブロックチェーンの帳簿技術、つまりDLT（Distributed Ledger Technology：分散型台帳技術）を使ってダイヤモンドの履歴情報を管理することは可能だと考えたのである。ダイヤモンドの所有履歴の管理という社会的なニーズと、ネットワーク上でつながるコンピューターの間のすべての取引を管理することができるブロックチェーンの帳簿としての技術が結びついた瞬間だといえる。それは2013年のことである。

　その2年後にエバーレッジャー社はスタートアップ企業としてロンドンで創業した。創業時のメンバーは、ケンプ氏のほか、機械学習のエキスパート、データサイエンティスト、保険会社、ダイヤモンド、金融サービスの専門家など多彩な顔ぶれである。創業当時からBarclays Accelerator Programというベンチャー企業を対象としたプログラムの支援を受け、今では、Allianz、AVIVA、Barclays、BBVA、オーストラリア・Commonwealth Bankなどの大手企業と協同で事業を実施している。

　我々が開発したシステムは、デジタルでグローバルなダイヤモンド取引のための台帳である。世界の主要な鑑定所と連携を結んでおり、それは米国、イスラエル、インド、ベルギーの国々に及ぶ。こうした国々にダイヤモンドの取引履歴の管理に関する世界共通のプラットフォームを提供する上で、ブロックチェーンの技術が最も適していることは明らかだ。その理由は第一に、記録の改ざん不可であること、第二に、データを分散して安全に管理することが可能であること、第三に、スピーディーな情報共有であること、第四に、規模が大きくても運用可能であることである。

　これら四つのメリットを生かすことで、これまでの紙媒体での所有履歴の管理の欠陥を克服し、透明性の高い市場を形成することができる。すなわち、記録された所有履歴のデータを変更不可能な形で保存し、すべてのダイヤモンドの原産地、所有者の変遷、（実施された場合の）加工処理の履歴を明らかにすることができる。ITテクノロジーによってこれまでの不透明なダイヤモンド市場を透明性の高いものに変えることの経済的、社会的な意義ははかりしれない。

第Ⅲ部　産業インフラとしてのブロックチェーンの可能性

3 事業の革新性

(1) 元帳システム

　以下では、エバーレッジャー社が提供しているブロックチェーンを使ったプラットフォームについて紹介しよう。エバーレッジャー（Everledger）と呼ばれるシステムは一つひとつのダイヤモンドのデジタル「パスポート」を確立するための仕組みである。ダイヤモンドの出所、移転、取引を固有の暗号化された符号とともに記録することで、ダイヤモンドのトレーダーや保険会社に宝石の取引履歴を監視させ、盗難や係争となった取引時点などがすぐに発見できるように手助けしている。

　具体的には、三つの段階に分かれている。第一段階は、各ダイヤモンドに e-ID（電子的アイデンティティ）を付け、その属性をデジタル化し、信頼できるブロックチェーン元帳に、ダイヤモンドの縁に刻まれたシリアル番号を刻印する。これまでの鑑定書で記録されているデータは基本的なものであるが、それに加えて、周囲の長さやカットの角度など 40 個に及ぶダイヤモンドの特徴を示すメタデータを凝縮し暗号化し管理している。いわば、デジタル化された指紋ともいえるものだ。その情報は Permissioned なブロックチェーン上の取引関係者間で共有されている。

　第二段階は、ダイヤモンドにデジタル「パスポート」を割り当て、個々のダイヤモンドが採掘された鉱山から、その後の取引履歴をブロックチェーン上で記録するものだ。これらの取引履歴に関する機密情報も、Permissioned のプライベートなブロックチェーンで管理している。ダイヤモンドの取引に際して、データベースへのアクセスが許された顧客はこれまでの購入の履歴を保持することができ、また、採掘から販売までの経緯の情報が提供され、偽物かどうか調べたりすることができるようになっている。

　そして第三段階は、違法行為や不正な行動を検出し防御するシステムだ。前述の第一、第二段階の情報を外部に API を公開することで警察や保

険会社はデータを参照することができ、宝石の保険金詐欺への対策を実施している。この元帳は業界、各国政府、消費者市場、国境警備および法執行機関がダイヤモンドについての真実を検証できる唯一の資料として使用可能なものである。ダイヤモンドはクロスボーダーで取引されるため、今後各国の保険会社や鑑定所と情報連携をしていく上でもブロックチェーンは合理的といえる。

　これらに加えて、市場での売り買いでのファイナンスを提供し、奢侈品を効率的に保証するための自動契約を結べる、いわゆる「スマートコントラクト」がシステムに追加されている。このシステムを使えば、ダイヤモンドの販売・輸送の条件を自動的に作成することも可能である。スマートコントラクトを追跡することで、ビジネス関係や合意内容を確認することもできる。

⑵ ビジネスモデル

　こうした社会的な公益性の高い事業は、果たしてビジネスとして経営が成り立つか疑問に思われる人もいるかもしれない。ブラックマーケットであるために本来は負担しなくもてよい費用を支払わされている企業や個人は多い。ビジネスモデルとして非合法な活動を許していることにより不当に高い費用を負担している企業をどう巻き込むかが重要な鍵となる。エバーレッジャー社は、銀行、保険会社、そして鑑定所との間で、WIN－WIN関係を構築するサービスを提供し、収入を得ている。主な収入源は次の二つだ。

　一つは、企業や保険会社が、ダイヤモンドの鑑定情報を知るために我々のプラットフォームのデータベースにアクセスする際に支払う使用料収入である。これまでは、ダイヤモンドの鑑定は鑑定所が行うことになっており、その鑑定料は研磨されたダイヤの場合、1個につき80ドルだが、高価なものについては価格の1％相当分を通常支払う。保険会社や銀行が鑑定所に支払う鑑定料よりも、我々のデータベースの使用料を安く設定するこ

第Ⅲ部　産業インフラとしてのブロックチェーンの可能性

とでビジネスが成り立つ。鑑定所とは協力関係を結んで、情報の共有化を行っているが、この点で、我々は、鑑定所に競争を挑む関係にある。

　もう一つは、所有履歴を保管しているプライベートのデータベースにアクセスするための使用料である。たとえば、保険会社が、偽物のダイヤモンドかどうか、あるいは、保険金の請求を受けて損失を確定するときには、所有履歴の情報が必要となる。また、銀行がローンを提供するときにも、その担保価値がいくらか知る必要があり、そうした場合にも、データベースにアクセスするニーズが発生する。

(3) スケーラビリティの問題

　今ではプラットフォーム上で管理されているダイヤモンドの数は約98万個に上る。1日数千個のペースでダイヤモンドの登録件数が増加しており、データ容量は日々増大している。特に、問い合わせなどデータへのアクセスがピークになるのはクリスマスの時である。多方面から取引履歴など多くの問い合わせがある。さらに、最近では、2016年4月には、ダイヤモンドの鑑定を行っているアントワープにあるJeweltree Foundationとも連携し、当財団に蓄積されたダイヤモンドに関するデータをエバーレッジャーのプラットフォームを使って管理することで同意した。

　こうしたニーズに対応するためには大量の規模に対応できるブロックチェーン技術が求められており、現在、多くの企業がその開発にしのぎを削っている。イーサリアムの創業者のヴィタリク・ブテリンは、「スケーラビリティは深刻な問題である。現在のブロックチェーンでは、決裁システムや金融市場のメインストリームのシステムを動かすのに必要な処理能力の総量とは、数ケタ違っている」（2016年1月ブログ記事より）と言っている。

　こうした問題を解決するため、エバーレッジャー社ではHyperledgerを使用することとした。なぜなら、HyperledgerがPermissionedのブロックチェーンであるため、ビットコインやイーサリアムのようなスケーラビリ

ティの問題はなく、ダイヤモンド市場に適したものであるためだ。

また、データ規模の急速な拡大を受けて、2016年の後半にIBMのブロックチェーン技術を採用することを決定した。ベンチャー企業とジャイアント企業との共同はめずらしいが、銀行並みのセキュリティの高さが求められるため、大企業と連携を組むことは必要なことだと考えている。

4 社会的な意義と今後の展望

エバーレッジャーはダイヤモンド業界の破壊者ではなく、新技術をこの業界に適応させていくことを目指している。我々が目指すダイヤモンド市場は**図表11-2**の通りだ。これまでとは次元の違うサービスを、信用、透明性、処理方法、堅牢性において提供しようとしている。

我々のシステムを使うことで、ダイヤモンド市場の①公証と取引の刻印、②所有者と財産所有権の移転、③所有の履歴、④保証の仕組み（倫理的な取引）の透明性を高めることができる。特に、四つ目の倫理的な取引が可能となることの社会的な意義は大きいと考えている。

また、我々がブロックチェーンを使って開発したプラットフォームは、ダイヤモンド以外の大きな問題の解決に役立てることができるはずだ。所有履歴が明らかになったほうが価値が高まる商品はほかにも多々ある。

たとえば、サファイヤやルビーといったダイヤモンド以外の宝石は言うまでもないが、絵画、ワイン、時計、骨董品も同様だ。こうした商品は高額の価値を狙った闇市場での取引が後を絶たない。それはモノに限らず、

図表11-2　エバーレッジャーが目指すダイヤモンド市場

信用：複数のバージョンからシングルソースへ
透明性：複数のシステムから生じる不透明性から完全な透明性へ
処理方法：バッチ処理から24時間／7日の処理へ
堅牢性：脆弱な複数のシステムからハッキング耐性の強いシステムへ

（出所）筆者作成

第III部　産業インフラとしてのブロックチェーンの可能性

生きているものも対象となる。毎年、3万3000頭の象が密猟者によって殺戮されており、このままでは11年後に象が絶滅してしまうという問題もある。象やサイなどはいわば「血が通うダイヤモンド」ともいえるものである。ブロックチェーンを使った購入履歴の管理は、こうした課題の解決にも応用できると考えている。

第 12 章

IoTを活用したブロックチェーンの発展可能性

加藤善大

インターネットは個人のコミュニケーションから企業間の商取引、あるいは政府まで、あらゆる情報をネット上のバーチャルな世界に取り込み発展してきた。このバーチャルな世界に、さまざまなモノ（電子タグ、センサー、スマートフォン、家電、製造機器、車や船舶など）を接続することで、これまで取得できなかった現実世界のリアルな情報を蓄積して分析したり、その結果をもとにモノに指示を送り制御する、さらにはモノ同士を直接連携させることで価値あるサービスを提供しようという動きが加速している。それがIoT（Internet of Things）だ。一説によると2020年には500億個ものデバイスがインターネットに接続されるといわれている[1]。

他方、ブロックチェーンは金融を中心として応用が模索されているが、そのブロックチェーンをIoTにも適用することで、既存のビジネスの付加価値の向上や、新しいサービスを実現する動きが始まっている。本稿ではブロックチェーンのIoTへの適用のメリットについて述べ、それを活用したビジネス例を紹介する[2]。そしてIoTへの適用における課題と、ブロックチェーンとIoTの将来の方向性について考察する。

---

[1] Gartner予測：約250億個、Cisco予測：約500億個。

[2] 以下の記述のうち、意見にかかる部分は筆者の個人的見解であり、所属する組織の公式見解ではない。

1 ブロックチェーンを IoTに適用するメリットは何か

なぜブロックチェーンを IoT に適用するのか。一つはデバイスをブロックチェーンにつなげることで組織・個人などのデバイスの管理者の枠を超えて、安心してデバイス同士が連携することができ、現実世界のリアルな情報を記録できるようになる点にある（**図表12-1**）。そうすることで、新しいサービスを提供できる可能性があるからだ。これはブロックチェーンの「障害に強い」「改ざん困難な分散台帳」という基本的な特徴や、参加者が対等に連携する Peer-to-Peer の構造によって実現できるものだ。

もう一つは、スマートコントラクト（当事者間の私的な契約をプログラムとして記述し、ブロックチェーン上で自動的に執行する仕組み）と自動決済を適用することで、モノと連動したサービスの自動化／自律化が可能

図表12-1　**IoTとブロックチェーンのイメージ**

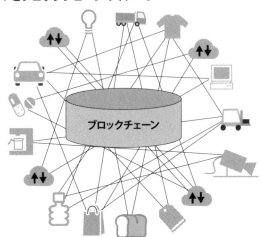

個人・企業の垣根を越えてモノとサービスが
オープンに連携できる共通プラットフォーム

（出所）IBM Device Democracy の図を参考に筆者作成
http://www-935.ibm.com/services/multimedia/GBE03620USEN.pdf

第12章　IoTを活用したブロックチェーンの発展可能性

となる点である。以下、これら2点について詳しくみていこう。

(1) 信頼性高くモノの情報を 蓄積・共有できるプラットフォーム

　センサーからの温度や湿度などの情報、設備機器の稼働状況などのさまざまな情報を記録する上で、ブロックチェーンの分散型で障害に強く、改ざん困難な仕組みが活用できる。特に改ざん困難な性質は情報の信頼性・正確性を向上させる。車に取り付けられたGPSや走行距離、急ブレーキの記録をもとに自動車保険額を決定するなど、履歴情報の信頼性が重要となるケースで有用だ。正確な情報が得られれば、不正の可能性をリスクとして上乗せしていた分を低減できるだろう。現実世界の正確な情報は、保険などの金融の分野にかぎらず、サプライチェーンや医療、農業、流通や製造などあらゆる場面での活用が考えられる。

　さらに、ブロックチェーンに記録された情報は参加者間で安全に共有できるため、異なる業態でセンサーの情報を横断的に分析するなどの活用ができ、サプライチェーンや都市といった規模で全体最適のための情報源としても期待できる。

　デバイスが直接ブロックチェーンの参加者となることは「なりすましの問題」を防止できる点でセキュリティ上の大きなメリットだ。公衆の場であるインターネットでは、偽のデバイスがあたかも本物のように振る舞い、嘘の情報を配信することは不可能ではない。しかしブロックチェーンの電子署名技術にもとづいた情報のやりとりの仕組みによって、その情報源が確実に想定した相手からのものであると確認できる。

　センサーを通して現実世界の情報をブロックチェーンに蓄積して安全に共有できることに加え、信頼性高くモノ同士が連携できるようになることで、サービスの効率化や新しいビジネスの創造が期待できる。

183

(2) 現実世界と連動してサービスを自動化

スマートコントラクトに決済を絡めることで、現実世界に連動したさまざまなサービスを自動化できる。たとえば民泊の場合、ドアの前に立ち、スマートウォッチでチェックインするとスマートコントラクトが執行され、デポジットが引き落とされて、部屋の鍵が開く。安全に権利（この場合は使用権）を引き渡すことはブロックチェーンの得意とするところだ。通常の決済だけでなく、マイクロペイメント（小型の取引を、高速に、無視できるほど安価な手数料で実現する技術）が実現すれば、秒単位で電源タップを貸すなど、これまで考えられなかったような細かい単位でモノと連動した取引を行うことができるようになる。

デバイス間の連携や自動化、それに絡めた決済は現在の IoT でも技術的に不可能ではない。では、なぜブロックチェーンなのか。その理由は現在の IoT のデバイス管理の縦割りの構造の課題にある。デバイスは通常その開発メーカーや、特定の企業（典型的にはクラウドサービス事業者）に管理される。その枠の外に出て自由に他のデバイスやサービスと連携することは難しく、ビジネスの広がりが制限される。これに対し、ブロックチェーンはデバイス同士が企業の枠を超えてフラットに連携できるプラットフォームであり、新しいサービスを創造できる可能性がある。

さらに応用が進むとデバイスが自律的に自分自身を管理し、人の管理が不要となる世界を実現できる可能性がある。たとえばコインランドリーに設置された洗濯機が、洗剤の不足を予測して自動的に注文する。故障を検知した際には、保険契約を確認してメンテナンスを依頼する。依頼先の入札を行うこともあるかもしれない。洗剤代、メンテナンス料金、日々の水道・電気料金は利用料から賄われる。設置者は一人ではなく、クラウドファウンディング（インターネット上で一般市民に事業投資を募る仕組み）によって行われるかもしれない。その場合、儲けが出れば配当が得られるだろう。これらすべてが特定の企業によらず、ブロックチェーン上に定義されたスマートコントラクトで運用されるわけだから、手間がかからず運

第12章　IoTを活用したブロックチェーンの発展可能性

用費も下がる。フィクションのようだが、すでにコンセプト検証[3] がされており、技術的に実現可能となってきている。

(3) すべてをビルトイン

　上記で述べてきた、障害への強さ、情報の共有と蓄積、デバイス間の連携、セキュリティ、自動化や決済などの個別の要素はブロックチェーンでなくとも実現できるものだが、これらすべてを組み合わせて、整合性をもって動くように設計・実装し、運用し続けるには多大な労力を要する。ブロックチェーンはこれらの要素がバランスよく、シームレスに統合され、一つのプラットフォーム上で動作させられることから、従来と比較してサービスを比較的容易に実装できる可能性がある。

2 現実世界とつながり始めたブロックチェーン

　ブロックチェーンのIoTへの活用事例はまだそれほど多くない。後述するIoTへの適用時の課題や世界的に開発者が不足していることが理由と考えられるが、すでにブロックチェーン・IoT双方の利点を活かしてビジネスをスタートしている事例もある。ここでは実用例に加え、テスト段階のものや特徴的な実証実験を紹介する。

(1) 現実世界のモノとデジタルな記録との 対応関係を強化

　ブロックチェーンのメリットに資産や権利の移転を記録して管理することに適している点があるが、必ずしも現実世界の資産（モノ）とブロックチェーン上のデジタルな記録が一致するとは限らない。これに対し、モノ

---

3 IBM社、Samsung社によりこのような洗濯機の概念実証が実施された（本文中のスマートコントラクトの応用例は概念実証のシナリオをもとに一部筆者改変）。

第Ⅲ部　産業インフラとしてのブロックチェーンの可能性

とブロックチェーン上の情報を確実に対応づけるための仕組みを提供するサービスが始まっている（米国 Chronicled 社、米国 SMATRAC 社など）。

米国 Chronicled 社はブロックチェーンとの連携機能を搭載した小型の電子タグを発売している。電子タグには暗号処理機能があり、耐タンパー性（暗号化により機密情報を外部から読み取りにくくしたり、無理に分解・解析しようとすると回路・データが破壊されて読み取りできなくなること）を有するため簡単にコピーできない。電子タグは限定品のスニーカーなど、偽物が出回りやすい商品に組み込まれ、消費者はスマートフォンで電子タグと通信し、ブロックチェーン上に記録された情報を照会することで、その商品が偽物でないことを簡単に確認できる。

さらに同社は、電子タグの情報をイーサリアム（Ethereum[4]）ブロックチェーンに記録しており、その情報を登録するための仕組みをオープンソースで提供することで、誰でも現実世界のモノをブロックチェーンに記録して対応づけやすくしている。

同社はこのようなモノの自己証明は高級品向けのみならず、通信相手が信用できるかを確認する必要がある M2M（Machine to Machine：デバイス同士が直接通信し、連携してサービスを提供するコンセプト）においても重要になるとしている。

(2) 商取引の自動化への応用

オーストラリアの Commonwealth Bank、米国 Wells Fargo 銀行、米国ブリアンコットン社らは、米国 Skuchain 社の協力のもと、米国から中国への綿花の輸出において、IoT とブロックチェーンを活用した貿易取引の実証実験を行っている。

貿易取引では輸出者、輸入者とそれぞれの銀行間で、信用状をはじめとしたビジネス文書をバケツリレー方式で何度もやりとりするため、電子通

---

4 Unpermissioned 型ブロックチェーンではビットコインに次ぎ、世界第 2 位の通貨発行額を誇る（2017 年 2 月現在）。柔軟なスマートコントラクトを動かすことができる。

知を使っても数日の対応期間を要し、膨大な手間もかかるという。これに対して、ブロックチェーンを用いて関係者間でビジネス文書を共有し、さらにスマートコントラクトを締結し、実行することで、取引業務の時間やコストを著しく削減する試みが始まっている（例：英国バークレイズ銀行とイスラエルのウェーブ社など[5]）。

これに加えて Skuchain 社らは、船舶の位置情報をトラッキングし、着港と同時に自動的に支払いを執行するなど、より進んだ自動化の検証を行っている。位置情報をトラッキングすることで契約に外れる船舶の迂回や遅れなどをリアルタイムで検知することができ、価格交渉を行うなどの応用も考えられるという。同社は手続きの自動化による効率化と、正確な状況把握により、資本の小さな事業者でも少ない負担で貿易できる世界を目指している。

(3) 個人が生産者かつ消費者となるエコシステムへの応用

IoT とブロックチェーンを活用して、個人が生産者としてサービスを提供し、かつ消費者となるような循環型の小型経済圏を形成する動きがある。ブロックチェーン上にスマートコントラクトを乗せてビジネスのインフラとすることで、管理の手間を削減し、低コストで自動化できる強みを活かしたかたちだ。

ドイツの電力会社 RWE 社とブロックチェーン・テクノロジー企業の Slock.it 社は Share&Charge（旧 Blockcharge）の実用前のベータテストを開始した。これは個人宅や、会社に設置した電気自動車向けの給電ステーションを、空いている間に貸すサービスである。給電ステーションの設置者は提供する電力量に対して独自の手数料を設定でき、そこで得た手数料を別の給電ステーションで使うことができる。Share&Charge 側は設置者が販売した電力量に手数料を課すことで利益を得る。このようにして、個

---

5 ウェーブ社によると最大 20 日かかる取引時間が数時間になることもあるという。

人の給電ステーションを他者が利用できるようにすることで、給電場所が増えて電気自動車ユーザーの利便性が向上し、それと同時に設置者が収入を得られることで設置数増加が期待できる。

これらの取引はEthereumブロックチェーンのスマートコントラクトで動作し、ユーロ建てのトークン（独自に設定できる通貨や権利などの情報単位）で管理されるという。本サービスは利用者がブロックチェーンについて知らなくとも簡単に利用できる点においても画期的だ。

また、米国LO3 Energy社と米国Consensus Systems（ConsenSys）社のジョイントベンチャーであるTransActive Gridはニューヨーク市においてソーラーパネルで発電した余剰電力をスマートコントラクト上の電力マーケットで隣人に販売するという、マイクログリッド（小規模な地域で電力の発電と消費を行う仕組み）の実証実験を行っている。自動検針や電力

図表12-2　ブロックチェーンとIoTに関する取り組み事例

企業名	取組内容
IDEO coLAB（米国）	IDEO coLABはNASDAQ Linq、Filament社（米国）と連携し、マイクログリッドにおける再生可能エネルギーの証券化に関する実証実験を行った（2016年7月）。サンフランシスコのソーラーパネルの発電量をFilament社の無線デバイスで計測し、そのデータをNASDAQ Linqを通して証券化し、ブロックチェーンに自動発行している。
Slock.it（ドイツ）	Slock.it社はブロックチェーンに接続されたスマートロックを販売している（2015年）。スマートロックを使用するには、所有者が設定した保証金を入金する。解錠している間は保証金から減額され、使用が終わると残額が返金される。決済や解錠の制御はスマートコントラクトで実行され、特定の管理システムが存在しない。
Nayuta（日本）	Nayuta社はブロックチェーンで使用権を管理できる電源タップのプロトタイプを開発した（2015年12月）。電源タップの所有者は事前に利用権（トークン）を利用者に送付する。利用者はこのトークンをスマートフォンで電源タップに送付することで使用を開始できる。Nayuta社は2017年2月に、一般的な決済だけでなくIoTでも注目されるマイクロペイメントの検証も行っている。

（出所）筆者調べ

第 12 章　IoT を活用したブロックチェーンの発展可能性

マーケットはスマートコントラクトで自動化され、放っておいても適切に電力が売買される自動化を実現している。

　両者の事例からは、個人が（実際には給電ステーションやソーラー発電設備・スマートメーターが）サービスを生産・提供し、その対価を得て、さらに消費に循環できる小型の経済圏を、人の手間をかけずに自動的・効率的に実現している点に気づかされる。今後もブロックチェーンというインフラを活かして、このようなサービスが増加していくのではないだろうか（その他の取組み事例は**図表 12-2**）。

3 ブロックチェーンの IoTへの適用における課題

　このように、ブロックチェーンに IoT を適用した実用例や実用間近の応用例が出始めている。一方で、必ずしもすべての IoT にブロックチェーンを適用できるわけではない。第一に、ロボット・アームの角度やドローンの姿勢制御などの機械制御をするものではない。モノとモノ・ヒト・サービスの間をつなげるものだ。たとえば、ある地点までの配送をドローンに「依頼」するなど、比較的大きな粒度で、ヒトやモノの間を緩やかにつなぐことに長けていると考えたほうがよい。元来、ブロックチェーンは IoT 向けに考えられた技術ではないため、その仕組みをよく理解して活用すべきだ。ここでは特に IoT で課題となる点をあげる。

図表 12-3

ブロックチェーンの IoT への適用における課題
● IoT に要求されるスケーラビリティ（データ量・取引量・コントラクト実行速度とその拡張性）
● 人が使うサービスに応用した場合に必要となる応答性の低さ
● 現実世界の機微なデータの共有に関するプライバシーの確保・管理の問題
● モノをブロックチェーンに接続するコストと得られるメリットのバランス

（出所）筆者作成

第Ⅲ部　産業インフラとしてのブロックチェーンの可能性

① スケーラビリティ

　多数のセンサーや機器が接続された場合、秒間 100 万点というような商取引とは比較にならない膨大な情報が発生する。これを現在のブロックチェーン技術で処理・記録することは難しい。IoT 向けのブロックチェーン[6] の開発も進んでいるが、まだ発展段階だ。現時点では、取り扱う情報を有用なものに絞る、ブロックチェーン外にデータを保存しながらその真正性を確認する仕組み[7] を導入するなどの対応が必要となる。既存の技術との組み合わせも視野に入れ、必要な要件を満たせるようにバランスよくシステム全体を設計すべきだ。

　IoT への適用では、同時にスマートコントラクトにも高いスループット（同時処理できる能力）が求められる。基本的にブロックチェーンは、その参加者（コンピューター）が「皆、同じコントラクトを実行する」仕組みのため、1 台のコンピューターの性能上限が、コントラクトの最大性能ということになる。いくつか解決策があるが、信頼性の低下や管理が複雑になるなどのトレードオフがある[8]。

② 応答性

　一般的に Unpermissioned 型ブロックチェーン（誰でも参加できるタイプのブロックチェーン）で採用される合意アルゴリズムは取引の確定が確率的であり、待てば待つほどその確定度が高くなる特徴[9] がある。しかし実際に IoT を使ってサービスを提供するとなると、その確定を「待てない」

---

[6] IOTA（https://iotatoken.com/）という IoT 向けのブロックチェーンが開発されている。取引を高速に実行でき、デバイス間の決済をごく低価格で実現できる特徴がある。

[7] 記録する情報の要約のみをブロックチェーンで管理することで、その情報の改ざん有無を検知できる仕組み（エストニア Guardtime 社の KSI：Keyless Signature Infrastructure、米国 Factom 社の Factom など）。

[8] 特に Ethereum のようなスマートコントラクトを全順序（すべてを決まった順番で実行すること）とするブロックチェーンでは同時並行的にコントラクトを実行できないため、性能の向上が難しい。対して、一つのブロックチェーンの性能が低くても、ブロックチェーンを複数に分離して足し合わせることで、擬似的に性能を向上させる解決策もあるが、信頼性が低下したり、情報が分散し、管理が複雑になるなどのトレードオフがある。

第12章　IoTを活用したブロックチェーンの発展可能性

活用シーンがある。たとえば車で料金ゲートをくぐる、自販機からジュースを購入するなど、目の前の利用者にすぐにサービスを提供する場合だ。二重支払いが発生するリスクをとって取引の確定を待たずしてサービスを提供したり、担保をとる（事前にデポジットした金額を後から引き落とす）などリスクと利便性のバランスを考えて使う工夫が必要だ。Permissioned型ブロックチェーン（信頼され・許可された者のみで構成され、一般的には特定の組織・団体に限定して利用するブロックチェーン）では参加者が信用できるため、取引を即時確定できるアルゴリズムも採用できる。反面、利用範囲を限定しているため、サービスの広がりが狭まるデメリットもある。

③ プライバシー

IoTでは現実世界のリアルな情報を取得できることから、プライバシーの問題がより大きくなる。センサーの情報をブロックチェーンで広範囲に共有することで思いもよらない優れた活用方法が出てくる可能性があるが、情報がパーソナルデータ[10]であったり、自社の生産状況がうかがえるような情報の場合、ブロックチェーン上での情報公開をためらうかもしれない。プライバシーへの大方の要件に応えるには、情報の利活用シーンのきめ細かな検討とそれに応えるための技術開発が必要だが、こちらも真剣な検討が始まった段階だ。プライバシーに対する姿勢は個人や企業の状況に依存するところがあり、情報の利活用のガイドラインもあわせて検討していく必要がある。

ここまで述べた課題以外にも、セキュリティ、コスト、標準、外部との接続性をはじめとして多くの課題がある。これらはいずれ解決されていく

---

9 ビットコインの場合、約60分で取引が安全に確定されたとみなしているが、習慣的なものであり、安全性の基準は利用者の判断に委ねられている。

10 スマートフォン、自動車の位置情報、電灯の使用時間やウェアラブル・デバイスで取得される心拍などの情報。個人の行動を特定・推測しやすい。医療や見守りなどで有効活用できると同時に、不在を確認して空き巣に入るなどの悪用にもつながる。

第Ⅲ部　産業インフラとしてのブロックチェーンの可能性

と考えられるが、時間がかかるだろう。

　現在のブロックチェーン（特にUnpermissioned型ブロックチェーン）は管理者がいない場でも安心して利用できる世界規模の分散型台帳を実現する代わりに、ある程度取引が低速でその確定が遅い（確定が確率的にしか判断できない）ことを許容している。技術は物理法則の中で成り立っているため、必ずしもすべての要件に応えることはできず、トレードオフが発生する。多数のデバイスが接続し、データ量も多くなるIoTではその課題が表面化しやすいため、特徴をしっかり理解した上で活用されるべきだ。

4 IoTと ブロックチェーンの向かう先

(1) あらゆるサービスの効率化・自動化を促進し、 スマート社会を目指す

　これまで述べたようにIoTとブロックチェーンの連携により、モノとモノ、モノとバーチャルな世界を連動させたさまざまなサービスの自動化が進むだろう。究極的にはモノ（デバイス）が高度な判断をし、決済権限をもって自律的に経済活動を行う可能性すらある。サービスの提供と消費が同時、かつ細かな単位で実現されることでシェアリングエコノミーの促進にもつながる。製造、流通、小売、金融、医療、農業など、あらゆる"モノ"を取り扱う産業でモノと情報の共有を促進し、産業間のサービス連携を加速することが期待される。サービスの生産から消費、それに伴う決済において仲介者が排除され、当事者同士が直接取引しやすくなることで効率化も期待できる。結果として、各産業で生産する商品やサービスの信頼や価値を向上させることが考えられる。

　ブロックチェーンには異なる組織間で安全に情報を共有しやすい特徴があるが、IoTとの連携では情報に加えてモノを共同利用できる性質が加わる[11]。給電ステーションのような設備だけでなく、原理的にはセンサーひとつからでも可能だ。企業や社会で重複所有されている設備や機器を共同

第 12 章　IoT を活用したブロックチェーンの発展可能性

利用できるようになることによって、ムダの大幅な削減にもつながる可能性がある。これまでも共同利用は行われてきたが、ブロックチェーンという信頼をベースとした技術と IoT により、このような応用が従来よりも容易となる。

(2) 個人が企業と対等に連携できる時代へ

　ブロックチェーンで新しいサービスを開始して運用するコストは、クラウドのそれと比べて相対的に低くなる可能性がある[12]。ビジネスロジックやデータの管理、そして決済まで含めて単一の技術要素でサービスを実装できるからだ。これにより、新しいビジネスを起こしやすくなることも期待できる。しかも単一障害点がなく、停止する心配が低い点もインフラとして魅力であり、現実世界と連動する IoT では特に重要な要素といえる。

　加えて、ブロックチェーンは情報とプログラム（コントラクト）が公開されている[13]ため、他社のサービスを活用しやすくなり、それぞれが連携してお互いの強みを活かすことも容易だ（このような連携を API エコノミー[14] という）。異業種の連携が加速するだけでなく、個人がブロックチェーンで開発した有用なサービスを行政が使うこともあるもしれない。国内だけでなく、国外の人が開発したサービスでさえありうる。有用なコ

---

11 スマートコントラクトで使用権を制御することができる。また、スマートコントラクトでなくとも、マルチシグ（規定数の署名によって取引を執行する機能）を使い権利を取引して、その結果でデバイスを制御することも可能。

12 特に新規サービスを開始する場合には、当然ながらブロックチェーンの特徴が活きるビジネスを考えてブロックチェーンの流儀に則った実装を行うため、それ以外の方法を使うよりも低コストになる。一方で既存のサービスの置き換えでは、既存の仕組みすべてがブロックチェーンに合うとは限らず、ブロックチェーン以外の周辺システムの再構築や連携等を含めると必ずしも低コストになるとは限らない。

13 特に Unpermissioned 型のブロックチェーンでは、一般的にコントラクトが公開される（公開できる）。ビジネスで必要とされる細かな権限の制御は Permissioned 型のブロックチェーンで先行しているが、徐々に Unpermissioned 型でも取り入れられていくと思われる。

14 他社の提供するサービスをインターネット上で呼び出して利用すること。他社の強みを利用して双方のビジネスを拡大するメリットがある。

193

第Ⅲ部　産業インフラとしてのブロックチェーンの可能性

ントラクトを組み合わせて、さらに高度なサービスを提供することもあるだろう。企業間の多様な連携は、ブロックチェーンのような透明性が高い仕組みでなければ実現できないことだ。ビジネスやサービスを開始するハードルの低さと、コントラクトの連携、そして分散・共有というコンセプトを持つブロックチェーンは、オープンにイノベーションを促進する新たなインフラとして期待できる。

　なお、従来のクラウドサービスを利用する際にはその事業者に不正がないことを信用し、自分の情報を託すしかない。ブロックチェーンは、情報とプログラム（コントラクト）の透明性が高く、情報の改ざんも困難なため、サービス事業者に必要な信用力は従来よりも小さくなるだろう。個人と企業、ベンチャーと大企業の信用の差が小さくなり、従来よりも個人が主体となりビジネスやサービスを提供する時代がやってくるかもしれない。

(3) 複数のブロックチェーンやクラウドと、どのように連携していくか

　サービスの自動化やオープンイノベーションの促進は多様な参加者が一つのブロックチェーン上で多様なビジネスやサービスを展開した場合に最大化される。この場合のブロックチェーンは不特定多数の参加者が利用できる Unpermissioned 型ブロックチェーンが最適だ。しかし、スケーラビリティなどの技術面の課題やプライバシー、統制、管理、インフラの継続性などの運用面の課題から、世界中のあらゆる取引・スマートコントラクトを一つの Unpermissioned 型ブロックチェーンに包含することは今後も難しい。

　また、ビジネスやサービスの種類によってはブロックチェーンを適用することが適切ではないこともすでに述べた。たとえば、製造現場・プラントなどで発生する膨大なデータをリアルタイムで分析し制御を行う場合などは、既存の IoT アーキテクチャー[15] がコストや管理統制面で適切であり、これは今後も変わらないと考える。

　そうなると、理想的にはすべてのビジネスやサービスを一つのブロック

チェーンに収容したいところだが、現実的には企業単体や、産業別に企業が集まって、各社の目的別に多数のブロックチェーンを運用して、その中で最適化を目指すのではないだろうか。そしてクラウドサービスと連携するハイブリッドな構造（アーキテクチャ）になっていくと考えられる。IoTデバイスも、ブロックチェーンに直接接続するものと、一度クラウドを通して間接的にブロックチェーンにつながるものの二つのパターンが混在してくる。

　水平統合を志向するブロックチェーンと垂直統合を志向するクラウドのハイブリッドな組み合わせは、コンセプト上では最適ともいえるが、モノや情報の共有効果を最大化していくためには、デバイス・クラウド・ブロックチェーンの相互接続性、つまり標準化が鍵となる。デバイスとブロックチェーン、ブロックチェーン間、ブロックチェーンとクラウドのさまざまな連携が必要だ。ISO ではブロックチェーンの標準化の検討が始まろうとしており [16]、業界では IoT のための共通プロトコルを目指したコンソーシアム [17] の設立が発表された。

　標準化の動きには期待したいところだが、これらはまだ始まったばかりだ。並行して各種ブロックチェーンの技術開発は猛烈な勢いで進んでおり、しばらく混沌とした状況が続くため、標準化を待っていては取り残されてしまう。その中で、企業はサービスの価値を最大化するためにブロッ

---

15 各種センサーや製造機器から発生する大量の情報を、クラウドに吸い上げ、集計・分析する仕組み。集計・分析した結果をもとに生産計画の立案、製造品質の評価や原因分析、あるいは製造機器に直接指示を送ったりする。現場で発生するデータ量が多すぎることや、製造機器への指示をリアルタイム（例：10ms 以下の応答を保証）で行いたいことから、クラウドの手前にエッジ（フォグ）という中間処理を行うコンピューターを設置する場合がある。

16 ISO（国際標準化機構）において、ブロックチェーンの相互接続性やデータ交換（TC307）、加工・流通過程（TC308）、組織ガバナンス（TC309）などの専門委員会で標準化の議論が開始される予定。

17 2017 年 1 月に IT、製造業、セキュリティ、ブロックチェーン技術企業らが集まり、IoTのためのコンソーシアムを設立すると発表した。米国 Cisco Systems 社、ドイツ Bosch社、台湾 Foxconn Technology 社、オランダ Gemalto 社、米国 Consensus Systems（ConsenSys）社、米国 Chronicled 社などが参加。

第Ⅲ部　産業インフラとしてのブロックチェーンの可能性

クチェーンを活用できないか、その際に本当にブロックチェーンが最適かを考え、スピーディにかつ自ら試していくことが必要だろう。

　ブロックチェーンはこれまでの情報管理のコンセプトとはある意味で真逆の思想をもった技術だ。モノや情報を隠蔽・専有することで安全性や価値を高めるのではなく、公開・共有することで安全性を確保し、価値を創造する技術ともいえる。このような技術をビジネスに適用しようとすると、既存の商取引やビジネスモデルが果たして最適なのかを一から振り返ることになる。これをチャンスと捉え、真剣に検討することで新しいサービスやビジネスが生まれていくだろう。しかし、ブロックチェーンは参加者が少なければメリットが減ってしまうため、オープンに活動し、社会全体でブロックチェーンのノウハウを共有して発展させていくことが肝要ではないか。

第 **13** 章
経済学的にみたスマートコントラクト：不完備契約との関係について

柳川範之

1 スマートコントラクトは組織を変えるのか?：経済学における契約と組織

スマートコントラクトと組織

　ブロックチェーンを利用したスマートコントラクトが普及してくると、単に仲介機関や仲介サービスが必要なくなるだけではなく、そもそも企業組織や政府等も必要なくなるのではないか、という議論がされるようになってきた。第 16 章で説明されているような The DAO 事件が生じた実証実験は、DAO（Decentralized Autonomous Organization）というスマートコントラクトによって自律的に動く組織を、ブロックチェーンによって作り出そうとするものであった。

　第 16 章で説明されているように、結果としては、そもそもの実験目的とはまったく違うところで問題が生じ、現状のブロックチェーンが抱える問題点をあぶり出すことになった。だが、スマートコントラクトがより精緻なかたちで機能するようになれば、組織や政府が必要なくなるのではないか、あるいは少なくとも今までとは、かなり異なったかたちになるのではないかという主張はしばしばなされている。

　議論の根拠となっているのは、スマートコントラクトが進展し、すべての契約を自動実行することができるようになれば、組織がなくても、契約

第Ⅲ部　産業インフラとしてのブロックチェーンの可能性

を実行させる仕組みさえあれば、組織と同様のことができるのではないか。また政府についても、あらかじめ決められたスマートコントラクトにもとづいて自動実行させれば、人が関与しない政府ができるのではないか、あるいはそこまでいかなくとももっとサイバー空間を利用した政府が可能になるのではないかという発想である。

経済学における企業組織

これらの議論は、企業組織がなぜ必要なのかという、経済学における根本的な問題と関係が深い。経済学の基礎は、市場メカニズムの意義とその役割を検討することにあるが、現実経済をみれば、企業の役割は大きく、市場取引ではなく、企業内取引や企業内で行われているさまざまな活動のほうが多い。なぜ、すべてが市場取引ではなく、大きな企業組織が存在して、その中で取引や活動が行われるのかは、重要な問題だ。いわゆる多数の主体が参加する市場経済とまでいかなくても、当事者間できちんとした契約が結ばれるならば、企業組織がなくてもすべてが契約で結びついた活動が行われればよいのではないか、というのがこの問いかけに対する極端な見方だ。

しかし、将来対処すべきすべての事象について、契約で取り決めてそれをすべてきちんと履行させることはできない。つまり契約が不完備になるので、そのために企業組織が必要となるというのが、通常されている経済学の理解だ。

経済学からみたスマートコントラクト

言い換えると、ブロックチェーンとスマートコントラクトによって、契約の履行コストが大幅に低下するならば、それは組織の必要性を大幅に低下させる。結果として通常の組織ではなく、すべてが契約にもとづいて実行されるDAOのようなものが機能しうるという論拠に結びつく。

198

この点については、このあと本章で詳しく議論するが、たしかにスマートコントラクトは、通常、経済学において、契約が不完備になる原因として捉えてきたものについて、かなりコストを低下させることが可能になる。しかし、実は完備契約を履行させるには、スマートコントラクトだけでは難しい面があり、企業組織が行ってきたことをすべてスマートコントラクトに実行させることはなかなか難しい。

人々の認知能力に限界があることを考えれば、将来起こりうることをすべて見通すことは現実には不可能であろう。そして、その起こりうる可能性を前提に、あるべき行動や対応を詳細に決めておくことには限界がある。この点からも、スマートコントラクトによって、組織を完全になくすことには限界があるといえる。

ただし、組織の棲み分けを考えていく余地は十分にある。将来の可能性についての予測可能性が高い業務内容については、事前に取り決めたコードによって、自動的に運営がなされる DAO で行われ、そうでなく予測可能性が低い分野については、自動化されていない組織で業務がなされるというような棲み分けである。そうすれば、組織運営全体は大きく効率化され、生産性の向上に役立つ。

また、ブロックチェーンで記録されたデータ、IoT で把握されたパラメータ、そしてスマートコントラクトで実行された経済行為、これらが正確に記録されたとして、それが本当の意味で立証可能性を高めるかという点も、厳密にはこれらが立証行為に役立ちうるかという法的な問題であり、法律がスマートコントラクトに対して、どのような対応をとるかが、重要なことを意味している。

これは、言い換えると、法的な対応が、その国の企業組織のあり方を左右するということであり、結果的にはその国の企業の競争力を大きく左右しかねないことを意味している。

以下では、これらの点について、もう少し詳細に説明をしていくことにしよう。

第Ⅲ部　産業インフラとしてのブロックチェーンの可能性

2 契約と組織の視点からみた
スマートコントラクト

企業組織はなぜ必要なのか

　企業は、現代社会においては当たり前のように存在し、当たり前のように多くの人がそこで働いているため、存在するのが当然と考えがちだ。しかし、改めて、なぜ組織が存在するのか、その役割は何かと問われると答えることは難しく、経済学においても、重要な問題であり続けてきた。そして、第Ⅲ部へのガイドでも議論したように、スマートコントラクトによって、この問題が、改めて重要な意味を持ち始めている。

　スマートコントラクトが進展してくれば、組織はいらなくなるのではないか。すべてスマートコントラクトで済むのではないかという問いに答えるためには、経済学における、企業組織が存在しなくても、すべて個別の取引契約で行えばよいのではないか、なぜ取引契約だけでなく組織内の活動が必要なのかという議論を、きちんと把握する必要がある。

　ここでいう個別の取引契約というのは、スポット的に安いところから買うという単純な取引だけではなく、長期的・継続的に取引を続けているような取引も含む。そう考えると、たとえば、同じ部品会社と長年、取引を続けているような関係は、なぜ部品会社と、たとえば合併して同じ会社にしないのか、本当に別々の会社で継続的に取引をするほうがよいのかという現実的な課題も、本質的には同じ問いであることがわかる。つまり M&A のあり方などとも密接に関係した重要な問いかけなのだ。

　そして、今、スマートコントラクトが進展することによって、この問題がより重要な課題として浮かび上がってきているというわけである。それは、どこまでを契約で規定される取引で行えば十分か、という点と密接に関係しているからである。どこでもいいから一番安い店から製品を購入するといった単純なスポット取引だけを考える場合には、あまり契約のあり方を考える必要はないかもしれない。しかし、複雑な市場取引あるいは長

200

期的な取引関係を考えた場合、取引の裏側には当然詳細な契約が書かれることになる。

　ただし、ここで注意が必要なのは、経済学では、必ずしも明示的に契約書に書かれたものだけを「契約」と呼んでいるわけではないという点である。上記の議論にもあるように、長期的取引においては、必ずしも明示的に契約書が交わされていないケースも少なくない。しかし、当事者間の「暗黙の契約」の下に長期的取引関係が築かれている場合が多く、経済学では、このような暗黙の契約についても広義の「契約」とよんでいるのでやや注意が必要である。

コースの理解

　組織内の活動がなぜ必要なのかという問いに対しては、企業組織がなくてもすべてが契約で結びついた活動が行われればよいのではないか、そもそも当事者間できちんとした契約が結ばれるならば組織はいらない、というのが一つの極端な回答だろう。

　これに対して、ノーベル経済学賞を受賞したロナルド・コースは、現実経済においては、さまざまな取引コストがあり、それを低減させる仕組みとして企業組織が存在すると主張した。この点を、契約に置き換えて、現代の契約理論のコンテキストで考えると、

「将来対処すべきすべての事象について、契約で取り決めてそれをすべてきちんと履行させることができないので、企業組織が必要となる」

という理解になる。つまり、契約をきちんと締結したり履行させたりすることにコストがかかるために、企業組織が存在することになる。

第Ⅲ部　産業インフラとしてのブロックチェーンの可能性

契約の不完備性と組織

　将来起こりうるすべての可能性を考慮に入れて、それぞれに対してとるべき対応や行動を契約で取り決めて、かつそれを実行していくことには現実には限界がある。これを経済学では、「契約の不完備性」とよんでいる。

　契約が不完備である場合には、組織が必要となる。組織内での意思決定や命令システムによって、不完備な部分を補うことになるからである。言い換えると、契約ですべてを処理することができなかったり、あるいはそれに対してコストがかかるために、企業組織が有効な役割を果たすことになる。

　この点を少しわかりやすく述べれば、事前の取り決めですべて済むのであれば、契約によるつながりと実行だけで済み、企業組織はいらないか、単なる契約の束で済む。しかし、現実には、事前の取り決めですべてが済まないために、そこから生じる問題を解消したり、軽減したりする工夫として組織が存在する、というのが、契約理論が明らかにしている、契約と組織との関係である。

契約の不完備性が生じる理由

　そこで以下では、この契約の不完備性がどこから生じているのか、そして、それはスマートコントラクトの進展によって、どのような改善が見込まれるのかについて、簡単に検討してみよう。

　契約の不完備性が生じる原因には、いくつかのものが考えられるが、代表的なものは立証不可能性である。どのようなことが起きたのか、本当に取り決めたことが行われたのかどうか、これらを実際に立証しようとすると不可能か、大きなコストがかかることが少なくない。その場合には、そもそも契約を交わしてもうまく実行されない。また立証することができても、うまく契約通りの履行を強制させるメカニズムがない場合もある。この場合にも詳細な契約を締結することはできても、それを実行させるメカ

202

ニズムが不十分だという意味で、契約は不完備なものとなる。これらの不完備性については、スマートコントラクトでかなり状況が改善すると考えられる。

　もう一つ不完備性が生じる代表的な原因としては、将来起こりうるすべての可能性を人々が十分には予想したり認識したりすることができない。あるいは認識できたとしても、そのすべてを契約というかたちで合意しておくことには大きなコストがかかる場合である。このような場合にも、将来に対して規定しておくべき詳細な契約がうまく締結されていないという意味で、契約は不完備になる。

　この二番目の方向性での契約の不完備性については、スマートコントラクトをもってしても、解消はなかなか難しい。事情は人間の認知能力の限界とも関係してくるため、それを補うような技術などが現れないかぎりは、たとえスマートコントラクトが威力を発揮するようになっても、完全に解消することは難しいだろう。つまり、詳細な契約内容を取り決めて、それをコードやプログラムに落とし込んでいく作業は、人間が交渉を通じて行う必要があり、そこに人工知能をある程度関与させるにしても、完備契約を実現させることが難しいことになる。

3 スマートコントラクトに対する含意

　以上の点を、スマートコントラクトやDAOのコンテキストに置き換えて考えると以下のようになる。ブロックチェーンとスマートコントラクトによって、契約の履行コストが大幅に低下するならば、それは組織の必要性を大幅に低下させる。結果として通常の組織ではなく、すべてが契約にもとづいて実行されるDAOのようなものが機能しうるという論拠に結びつく。

　そして、たしかにスマートコントラクトは、通常、経済学において、契約が不完備になる原因として捉えてきたものについて、かなりコストを低

203

第Ⅲ部　産業インフラとしてのブロックチェーンの可能性

下させることが可能になる。しかし、完備契約を履行させるには、スマートコントラクトだけでは難しい面があり、企業組織が行ってきたことをすべてスマートコントラクトに実行させることはなかなか難しい。

履行コストの低下

　スマートコントラクトが、大きく低下させると期待されているのは、契約の履行コストの部分である。通常の契約の場合には、約束した契約をきちんと履行させることが意外に難しいことが少なくない。しかしスマートコントラクトの場合には、以下の二つの理由でそれがかなり確実に低コストで行われる。一つは、コンピューターによって確実に自動実行されるため、プログラムにミスがないかぎり、履行が確実だという点である。そして、もう一つは、確実なデータがブロックチェーンによって残されるので、経済学でいうところの立証可能性、つまり裁判所を含めた第三者が検証できる可能性が高いことである。

　ただし、プログラムにミスやバグがないかぎりというのは、やや重要な条件であり、もしもそこに問題があった場合には、自動的に実行される行為に問題が生じることになる。その場合、たとえばそれが当初から締結された契約だったと捉えて、それでも契約上は正しく履行されたと考えてよいかどうかは、法的にスマートコントラクトをどう捉えるかの問題であり、第14章で検討されている現行法や既存の紙ベースの契約との整合性のとり方の問題であろう。

　また、ブロックチェーンで記録されたデータ、IoTで把握されたパラメータ、そしてスマートコントラクトで実行された経済行為、これらが正確に記録されたとして、それが本当の意味で立証可能性を高めるかという点も、厳密にはこれらが立証行為に役立ちうるかという法的な問題であり、法律がスマートコントラクトに対して、どのような対応をとるかが、重要なことを意味している。

　これは最初にも述べたように、法的な対応が、その国の企業組織のあり

方を左右するということであり、結果的にはその国の企業の競争力を大きく左右しかねないことを意味している。したがって、直接的には競争力と無関係にみえる、この点についても今後はきちんとした議論が必要であろう。

スマートコントラクトの限界

　さらにいえば、立証可能性が高まったとしても、それだけでは完備契約が可能になるとは言い切れない。それは現実の契約においては、それ以外の要因によって完備契約が実現できていない部分が多いからだ。その大きな理由は、将来起こりうる、すべての事象について、当事者間で予想をし、交渉をして契約を締結していくことはきわめて困難であり、またコストがかかるからである。

　そして先に述べたように、残念ながら、スマートコントラクトでは、そのような事態の解決にはあまり役立たない。それは、事前に取り決められて、コードやプログラムに落とし込まれた内容を自動的に実行する仕組みにすぎないからである。

　つまり、そもそも当事者間が合意した内容を正確にコードに落とし込めているかという問題がなく、コードが完璧であったとしても、そもそもの合意内容に不備があったり、十分な検討がなされていなければ、スマートコントラクトでは対処のしようがない。

　人々の認知能力に限界があることを考えれば、将来起こりうることをすべて見通すことは現実には不可能であろう。そして、その起こりうる可能性を前提に、あるべき行動や対応を詳細に決めておくことには限界がある。この点からも、スマートコントラクトによって、組織を完全になくすことには限界があるといえる。

　事前にすべての可能性を考慮してコードを書いておくことには限界があることを考えると、すべてを DAO のようにプログラム上の自動処理で置き換えることは難しいと考えられる。事前のコードにもとづかない、裁量

第Ⅲ部　産業インフラとしてのブロックチェーンの可能性

的判断や人間による意思決定が必要になるため、自動処理ではない組織の必要性は残るだろう。

組織の棲み分けの可能性と課題

ただし、最初にも述べたように、組織の棲み分けを考えていく余地は十分にある。将来の可能性についての予測可能性が高い業務内容については、事前に取り決めたコードによって、自動的に運営がなされる DAO で行われ、そうでなく予測可能性が低い分野については、自動化されていない組織で業務がなされるというような棲み分けである。そうすれば、組織運営全体は大きく効率化され、生産性の向上に役立つ。

その際、重要なことは 2 点である。一つは現状の組織運営をこのような形で再分類、再編成する必要が出てくる。人工知能が発達した場合の、人工知能と人間の棲み分けの際にも同様の問題が生じるが、いずれにしても今後必要なことは、技術革新に応じた組織の再編成であるといえる。

もう一つの点は、法制度の整備である。上記のようなコードによる自動運営が契約の履行コストを本当に下げられるかどうかは、既存の紙による契約を前提につくられてきた法律といかに整合性を持たせられるかにかかっている。さもないと、かえって履行コストが高まってしまったり、苦労して作ったコードやプログラムの意味が法的には担保されないことにもなりかねない。そうなれば、上記のような効率化や生産性向上が実現できないことになる。つまり、技術革新に法制度が合わせられないと、組織が生産性を向上させる方向に変化させることができず、国全体の生産性低下や企業の海外流出を招きかねない。したがって、法制度面での改革が、今後大きな課題になってくる可能性が高いだろう。

第 **14** 章

スマートコントラクトの法的側面について

増島雅和

はじめに

　ブロックチェーン技術を代表とする、取引参加者が取引帳簿を共有する分散型帳簿（台帳）技術は、帳簿記録のディスラプティブ・イノベーションであるとして、その応用範囲の広さが取り沙汰されている。本稿では、分散型帳簿技術の実務応用の一つとして注目されている契約への応用（スマートコントラクト）について、その意味するところを説明した上で、分散型帳簿技術を用いたスマートコントラクトにつき検討を要するいくつかの法律上の問題点につき解説する。

1 スマートコントラクトとは

「スマートコントラクト」という用語は、論者によって異なる意味・ニュアンスによって用いられており、一義的な意味を持つ用語ではない。近時比較的受け入れられている言説によると、スマートコントラクトは現在大きく以下の二つの意味が混在しているとされている[1]。

---

1 Josh Stark "Making Sense of Blockchain Smart Contracts" http://www.coindesk.com/making-sense-smart-contracts/, Christopher D. Clark et al. "Smart Contract Templates": foundations, design landscape and research directions, https://arxiv.org/abs/1608.00771

- 契約を保存し、有効性を担保し、履行するためのプログラムないしコード（いわゆるスマートコントラクトコード）。これは分散型帳簿技術によって実装されるものとそうではないものが存在する。この意味で用いられるスマートコントラクトとは、法的な意味での契約（複数の法人格間の意思の合致、すなわちリーガルコントラクト）にとどまらず、社内の異なる部門や同一部門内でのデータベースの処理手順の実行プロセスの制御に関するものも含まれる。
- 法的な意味での契約を補完または代替する、スマートコントラクトコードを実装する技術の応用（いわゆるスマートリーガルコントラクト）。これは、法と経済学の観点から、契約理論が求める契約として成立しうるためにスマートコントラクトはどのようにデザインされるべきか、という論点や、伝統的な法学の観点から、ある技術とデザインによって実装されたスマートリーガルコントラクトの成立可能性や有効性、執行可能性などが論点となる。

　本稿で議論の対象とするのは、後者の意味、すなわち複数の法人格間、財産の帰属関係（帳簿関係）を異にする当事者間における、財産の移転に関する合意の成立やその執行についてのものである。後者の意味でのスマートコントラクトを「分散型帳簿技術」を用いて実装するということの意義と、これに伴ういくつかの法律上の検討事項について解説しようとするものである。

　なお、スマートコントラクトという概念自体は、分散型帳簿技術の登場よりも古くから存在する。Nick Szabo は、つとに 1990 年代の後半から、コンピューター・サイエンスないし暗号学の観点から、契約を記述するメディアの前提を「紙」あるいは、紙による出力を前提とした電磁的記録から、コンピューター、とりわけネットワークを前提としたバーチャルマシンである「機械」に移行することによって、契約理論における中心的検討の一つである取引費用について、紙ベースの契約を念頭に置いた場合の議論とは異なる前提のもとでの議論が可能となることを指摘していた。Szabo の主要な議論は今から約 20 年前のものであり、技術の前提が現在とは大

きく異なる。しかし、彼は、契約をマシンリーダブルなものとして成立させることができるとすれば、これにより契約手続きコストのみならず執行コストが劇的に削減されうること、暗号技術が、契約制度の成立のための必要条件である検証可能性や、当事者間の合意のみによって多様で柔軟な法律関係を創設することができるという私的自治の原則に関連して、重要な役割を果たすことにつき鋭く指摘しており、スマートコントラクトを実装する技術的な基盤として分散型帳簿技術が登場した今日、彼の説くところには改めて注目すべき点が少なくない[2]。

2 「スマートコントラクトを分散型帳簿技術によって実装する」ということの意味

(1) 分散型帳簿技術の帳簿としての特性

「スマートコントラクトを分散型帳簿技術によって実装する」というのが具体的に何を意味しているかは、分散型帳簿の意義を正しく理解しないかぎり、正確に理解することができないだろう。なぜなら、そもそも機械はコードに従って動くのであり、それによって帳簿（データベース）が書き換えられること自体は、何も特段目新しいものではないとも思えるからである。そこで、まずは分散型帳簿について、これまでの帳簿のアーキテクチャーと対比するかたちでその意義を説明する。

　資金やその他の資産は、多くの場合帳簿により管理されており、帳簿への記録をもってその資産の保有者やその保有量、移転の有無やタイミングなどが確定される仕組みが採用されている。これまで我々は、これらの帳簿の管理・運用につき、一定の信頼できる管理者の存在を前提として、その管理者の信頼を担保するために、さまざまなガバナンスのフレームワー

---

2 Nick Szabo "Formalizing and Securing Relationship on Public Networks" http://first-monday.org/ojs/index.php/fm/article/view/548/469-publisher=First

第Ⅲ部　産業インフラとしてのブロックチェーンの可能性

クを整備し、執行してきた。こうしたアーキテクチャーは、利害関係が対立する経済主体間において、資産の保有関係を対世的に確定する帳簿の記録管理を実現するためには、取引に参加する経済主体が信頼に値する特定の第三者に、帳簿の記録管理を委ねる必要があり、ただし、その「特定の第三者」が負託に応えたかたちで業簿の記録管理を実施していることを確保するため、その活動に対してガバナンス枠組みを設け、活動を検証可能な状態に置くことが必要であるとの発想にもとづくものである。

　これに対し、もし帳簿が取引に参加する経済主体間で共有され、完全性（すなわち、これらの経済主体はもちろんいかなる者もこの帳簿を改ざんすることができず、また帳簿の記録の整合性が維持されている状態）を保った帳簿がリアルタイムで同期されることがコンピューターシステムによって確保されるとすればどうであろうか。

　まず、帳簿を管理する信頼のおける「特定の第三者」は必須ではなくなる。すると、①まず経済主体間で取引が行われ、②取引の結果生ずる帳簿の更新を帳簿管理者に申請し、③帳簿管理者はその申請が真正なものであるかを確認し、④帳簿管理者が帳簿の更新を行う、というこれまでの取引のステップが必然のものではなくなる。

　その上で、どのような帳簿の管理体制とすればよいか、改めて検討することが可能になる。まず、帳簿が経済主体間で共有され、帳簿の完全性がシステムによりリアルタイムで確保されているということは、これまで別々の事象として構成されていた「取引」と「帳簿の更新」とを一体的に行うことが可能になることを意味する。

「取引」と「帳簿の更新」を一体的に行うことができるというアーキテクチャーは、特定の第三者による単一の帳簿の管理というこれまでのアーキテクチャーとの対比において、潜在的に以下の利点があるものと指摘されている[3]。

---

3 D. Mills, K. Wang, B. Malone et al., "Distributed ledger technology in payments, clearing, and settlement," Federal Reserve Board Finance and Economics Discussion Series, No. 2016-095, December 2016, p17.

① 取引当事者のほかに帳簿管理者の存在を想定しなくてよいことにより、取引の複雑性を減少することができる。

② 取引当事者が帳簿の更新を行うことができることにより、取引処理のスピードを上げることができ、資産の効率的な活用に資する。

③ 複数の帳簿記録インフラ間の帳簿の突合の必要性が減る。

④ 取引の帳簿記録の透明性の向上を図ることができる。

⑤ 分散型のデータ管理によりネットワークの強靭性を改善することができる。

⑥ プロセスが削減され、第三者に一元的に帳簿を管理させる必要がなくなることにより、オペレーショナルリスクを低減することができる。

「分散型帳簿技術によるスマートコントラクトの実装」に関する法的な議論は、第一に、以上のような帳簿管理のアーキテクチャーの革新が技術的に可能となったということを前提としている。

(2) プログラマブルなデータベース

　分散型帳簿技術のもう一つの特徴として、それ自身がプログラマブルであることがあげられる。この特徴を帳簿記録としての性質に引き直して表現すると、帳簿記録の更新の条件を、帳簿を実装している分散型帳簿技術自身において記述し、条件の成就によりプログラムに従って帳簿を更新することができるということになる。

　帳簿が特定の資産の帰属とその保有量を表示するものであるとすれば、帳簿の状態をAからBに変更すること、および、その変更のための条件を記述するプログラムコードは、契約書における条項と機能的に異なるところはない。

　しかも、分散型帳簿技術によって実装されたプログラムコードは、執行面において契約書と際立って異なる特徴を獲得する。すなわち、契約書は

第Ⅲ部　産業インフラとしてのブロックチェーンの可能性

「何を合意したか」を明確にする機能を持つものの、それ自身は合意した内容を執行する機能を持たない。契約書は、裁判所をはじめとする紛争処理機関において債務名義を獲得することによって、国の執行機関の手を借りて強制的に執行されるというアーキテクチャーが採用されているのである。

　これに対して、分散型帳簿技術によって実装されたプログラムコードは、プログラムそれ自身によって分散型帳簿の記録を更新してしまう。分散型帳簿が特定の資産の帰属と保有量を表示しているのであれば、プログラムの実行自体が資産移転の執行を意味することになる。すなわち、契約書と異なり、紛争処理機関による債務名義の獲得も、国の執行機関による強制執行も経由することなく、取引を強制的に執行することができる。

　しかも、分散型帳簿技術には暗号署名とあいまってシステムとしての完全性が備わっているから、契約書と異なり偽造することもできなければ改ざんすることもできない。

　このように、分散型帳簿技術の帳簿としての特性をもとに、暗号技術を基礎とした完全制と分散型帳簿技術のプログラマブルであるという側面に着目し、これにより帳簿記録の更新の条件の記述、およびその条件成就の際の更新実行が自動的に行われるという特性を加味すると、「分散型帳簿技術はスマートコントラクトを実装することができる」と言うことができる。

3 法的な検討にあたっての視座

　伝統的な「契約書」が自然言語により実装されており、合意内容の記録と内容に従った執行が分離されていたのに対し、分散型帳簿技術により実装されたスマートコントラクトは、コンピューター言語により記述され、合意内容の記録と内容に従った執行は一体的に処理されることになる。

　このことは、取引にまつわるコスト構造を大きく変革する可能性がある。すなわち、取引にまつわるコストは、合意形成とその内容を記述するコストと、合意内容を合意通りに実行するために必要なコストに大きく分ける

212

ことができる。そして、個々の取引を超えた取引システムを維持するためのさまざまなガバナンス（署名が本人によりなされていることや、記述が変更されていないことを確保するための仕組みや、そのことを検証するための仕組みを含む）にまつわるコストが、その周辺に存在する（これらのコストの一部は外部化されている）。

スマートコントラクトは、こうした取引にまつわるコストのうち、合意内容を合意通りに実行するために必要なコストを大幅に低減するとともに、取引システムを支える内部・外部的なガバナンスのコストをも低減する可能性がある。特に、伝統的な契約システムとの大きな相違である自動執行可能という特徴は、契約システムを維持するための基盤の変革を示唆するものであり、とりわけ伝統的な契約システムの大きな欠陥である「泣き寝入り」状態を改善するものとして、社会イノベーションとして大きな潜在的価値を持つものと評価することができそうである。

本稿はスマートコントラクトの法的側面を分析するものであるから、こうしたスマートコントラクトの採用により生じる便益や効率性の改善といったメリットベースでの議論を前面に押し出した検討は行わない。こうした議論は、経済学、なかんずく法と経済学のフレームワークこそがよくなしうる議論と思われるからである。本稿では、こうしたスマートコントラクトに関するメリットベースの議論を十分に理解した上で、伝統的な法学の観点から、スマートコントラクトが既存の法体系の中に適切に位置づけられるために解決しなければならない課題について、いくつかの論点を整理するものである。

4 契約の成立

契約の成立のためには当事者間における意思の合致が必要であるのが大原則である。一部の要式契約については、その成立のために必要な一定の方式による法律行為である必要があり、たとえば書面によることを要請する契約については、それが電磁的方法によるものについて書面にて行った

第Ⅲ部　産業インフラとしてのブロックチェーンの可能性

ものとみなすことが法律上規定されていないかぎり、純粋なスマートコントラクトとして契約を締結することはできないことになる[4]。

こうしたものに該当しない不要式契約については、口頭による意思の合致があれば足りるとされており、真の合意内容がコードのかたちで記述されているのであれば、その内容に拘束されない理由はない。

契約の成立の側面でのスマートコントラクトの問題は、コードという自然言語とは異なるマシン語で記述されたものに対してどのように当事者が合意するのか、より実践的には当事者の合意内容を誰がマシン語によって過不足なく落とし込めるのか（弁護士としての能力とプログラマーとしての能力の双方が必要であることになる）、契約交渉は具体的にどのように行うのか、といった点にある。また、仮に当事者間で現にそのようなことが実現したとして、当事者間で紛争が生じた場合に、裁判所その他の紛争の仲裁人が真の合意内容を認識・発見することができるのかという点が論点となりうる。特に、スマートコントラクトは契約メディアをネットワークコンピューター上に置くことそのものが目的なのではなく、これによる取引費用の削減（ないし取引費用を削減できるような新しい社会構造の実現）を目的とするものであるため、裁判所を含む契約に関わる当事者が、スマートコントラクトによる契約の成立ないし合致した意思内容の確定につき同一の認知に至ることができなければ、所期の目的を達することは難しい。これも広い意味での契約の成立に関する問題と捉えることができる。

5 契約書の成立の真正

スマートリーガルコントラクトにおいて、契約の締結は、コンピューターによって電磁的に行われ、当事者が合意した契約内容は、マシン語に

---

[4] たとえば、贈与は書面によらないものは撤回することができる（民法第550条）から、スマートコントラクトでは法的安定性に欠けることになる。なお、保証契約は書面によらなければ効力を要しないものとされているが（民法第446条第2項）、電磁的記録によってなされた場合には、書面によってなされたものとみなされる（民法第446条第3項）。

第 14 章　スマートコントラクトの法的側面について

よってスマートコントラクトコードとして記述される。仮に、契約の成立や契約内容等が争われた場合には、コードが、紙媒体での契約の場合の契約書に相当するものとして裁判所に証拠として提出されることになるが、その際には、コードの成立の真正（形式的証拠力）が問題となりうる。

　日本において、文書は、その成立の真正、すなわち作成者と作成名義人の同一性を証明しなければ、形式的証拠力（文書の内容として特定人の意思が表現されていること）が認められず（民事訴訟法第 228 条第 1 項）、当該文書の証拠価値（証明力）も認められない。私文書については本人もしくは代理人の署名があるか、または記名押印がある場合には、成立の真正が推定されることになる（同条第 4 項）。すなわち訴訟・非訟手続きにおいて、本人もしくは代理人の署名があるか、または記名押印がある文書については、相手方から反証がないかぎりは成立の真正は証明されたものとして取り扱われることになる。文書の成立の真正は、筆跡または印影の対照によっても証明することができるとされている結果（同法第 229 条第 1 項）、署名されまたは記名押印された文書は、裁判実務において文書の成立の真正の証明が容易になっている。

　これに対し、電子署名及び認証業務に関する法律（以下「電子署名法」という）第 3 条は、電磁的記録であって情報を表すために作成されたものは、当該電磁的記録に記録された情報について本人による電子署名[5] が行われているときは、真正に成立したものと推定することを定めている。ただし、この推定が働くためには、電子署名について、それを行うために必要な符号および物件を適正に管理することにより、本人だけが行うことができることとなるものであることが必要とされている。

　この点、電子署名法は、利用者による電子署名に用いられる公開鍵等が利用者の所有に係るものであることを証明する電子証明書を発行する認証

---

5 ここにいう「電子署名」とは、電磁的記録に記録することができる情報について行われる措置であって、（a）当該情報が当該措置を行った者の作成に係るものであることを示すためのものであること、及び、（b）当該情報について改変が行われていないかどうかを確認することができるものであること、のいずれにも該当するものをいうとされている（電子署名法第 2 条第 1 項）。

第Ⅲ部　産業インフラとしてのブロックチェーンの可能性

サービスのうち、その方式に応じて本人だけが行うことができるものとして主務省令で定める基準[6]に適合する電子署名について電子証明書を発行する認証サービスを「特定認証業務」と定め（同法第2条第3項）、特定認証業務を行おうとする者は、主務大臣の認定を受けることができることを定めている（同法第4条第1項）。なお、この認定を受けるためには、認証局の設備に関する基準、本人確認の方法に関する基準を満たさなければならないほか、重要事項の説明や業務手順の詳細を定めてこれを遵守することなど、業務の方法に関して実に18もの審査項目をクリアする必要がある（同法施行規則第6条）。

　上記の電子署名法の規律の下では、認定を受けていない認証サービス事業者が提供する電子署名サービスの利用者は、自身が行った電子署名について、「これを行うために必要な符号および物件を適正に管理することにより、本人だけが行うことができることとなるものであること」を立証しなければ、電子署名が行われた電磁的記録に記録された情報の成立の真正が認められず、証拠価値（証明力）が認められない可能性があることになる。

　もっとも、文書の成立を故意または重大な過失によって争うと、過料に処せられることになっていることもあり（民事訴訟法第230条第1項）、裁判実務において、文書の成立が争われる場面はそれほど多くはない。

　以上を踏まえスマートコントラクトについてみた場合、契約書に相当するものとして裁判所に証拠として提出するスマートコントラクトコードの成立の真正を確保しようとすると、電子署名法に定める要件に適合した認証局の存在が必要となる。認証局として公的な認定を受けるためには厳格な要件を満たさなければならないため、スマートコントラクトが形式的証拠力を獲得するためのコストは、一般の紙による契約に比べて大きくなる。同様の問題は電子署名全般についていえることであり、印章が誰でもきわめて容易に入手可能な現在、電子署名の認証局サービスへのアクセスにつ

---

6 ここにいう主務省令で定める基準としては、現状、RSA、DSA および ECDSA の 3 方式のみが指定されている（電子署名及び認証業務に関する法律にもとづく特定認証業務の認定に係る指針第 3 条）。

216

きこのような高い障害を設ける法デザインが果たして正当性を持ちうるのかという点は、もっと議論されてよいのではないかと考える。

なお、契約書の成立の真正に関する推定の利益を享受することができるメリットをスマートコントラクトでどこまで追求するかは、個社ベースでは、スマートコントラクトにより享受することができる他のコスト削減等に対する期待利益と、書面による契約によって享受することができる安価な推定効獲得によって契約書の成立の真正を争われなくなる期待利益とを比較して判断されることになるであろう。また、電子署名一般の制度改善とは別に、分散型帳簿技術を用いたスマートコントラクトの契約書の成立の真正性につき考慮した法体系を要するかどうかは、スマートコントラクトが社会に普及することによる期待利益が、そうでない場合に比べて大きいと認められるかどうか、またそのような政府に対する説得活動が、政府が掲げる目標との関係で取り組むに値するものとの評価を獲得しうるかどうか、という点にかかっているものと思われる[7]。

6 「執行可能性」に関するもののうち 資産の帰属や得喪に関する論点について

スマートコントラクトについては、しばしば自動執行ということがいわれるが、法的な検討をするに際してはその意味するところをある程度正確に整理する必要がある。

執行可能性に関連する論点としては、①特に分散型帳簿技術の特性に関連して偽造および変造に関する論点、②複数の資産を取り扱うことができ

---

[7] 分散型帳簿技術を用いることにより、特定の認証局は不要であるという整理をすることも理屈上は可能であるが、何をもって分散型帳簿技術とよぶのかということに関連して、法技術的にはそれぞれの分散型帳簿技術について、電子署名法に規定された厳格な要件を充足する認証局を不要とすることができるか審査し認定するというプロセスは必要かもしれない。また、後述の通り、分散型帳簿技術を採用したとしても認証ノードという特別なノードを想定することは可能であり、そのようなアーキテクチャーを採用する分散型帳簿技術について、認証ノードの保有者が確保しなければならない要件を法令で定めるという法デザインも理論的にはありうる。

217

第Ⅲ部 産業インフラとしてのブロックチェーンの可能性

る分散型帳簿技術に関連して資産の得喪に関する論点、③民法が採用する契約論との整合性に関する論点があるが、本稿では紙幅との関係上、②を中心に説明する。分散型帳簿技術と最も密接に関連する論点と思われるからである。

(1) 帳簿の記載と資産の帰属の関係

貨幣については、所有と占有が同一主体に帰属する。また、仮想通貨についても、同様の解釈方向を指向する見解が有力に見られる[8]。

こうした見解が確保したいと考えている通貨や仮想通貨の所有と占有の関係を、分散型帳簿技術の文脈に引きつけて説明すれば、帳簿記録そのものが通貨や仮想通貨を誰がどのくらいの量を保有しているかを表しているということを言っていると考えられる。こうした見解が支持されるのは、所有と占有が一致した状態が維持されることをもって、究極に高度の流通性が確保されることになるからである。

ところが、帳簿の記載と実体法上の権利の帰属状態について、上記にいわれるほど強固な一体性を確保している資産はほとんど存在しない。

たとえば、動産であれば間接占有によって所有と占有は分かれて帰属することとなっており、一部の有価証券を含む無記名債権もこれと同様の扱いを受ける（民法第86条第3項）。

株券が発行されていない株式については、株主名簿における名義書き換えが第三者対抗要件となっており（会社法第130条第1項）、社債、株式等の振替に関する法律が適用される株式については、振替口座簿による振替記録がこれにとって代わっている（社債、株式等の振替に関する法律第152条）。

不動産について、登記は不動産に関する物権（所有権、抵当権等）の得喪と変更に関する対抗要件としての意味のみを持つ（民法第177条）。動産及び債権の譲渡の対抗要件に関する民法の特例等に関する法律により登

---

8 例えば東京地裁2015年8月5日判決など。

記を受けた物権や債権についても、物権及び金銭を目的とする指名債権について、その譲渡の登記につき第三者対抗要件としてこれを認める（同法第3条および第4条）。

これに対し、知的財産権については、登録が権利の発生要件であり、その移転も登録が完了しないと効力を生じない法制をとるものがある（たとえば特許権について特許法第66条第1項、第98条）。もっとも、冒認出願[9]などにより特許権そのものが無効になることはありえ（特許法第123条第1項第6号）、この点に一定の限界が存在する。

翻って考えると、分散型帳簿技術の文脈において、法定通貨についての所有と占有の関係を考える際に想定しているのは預金通貨であろう。すなわち、分散型帳簿技術との関係で語られる「法定通貨」は、紙幣や貨幣ではなく、銀行預金残高として預金者が排他的に支配しているところの預金通貨である。預金通貨が帳簿の記録通りに帰属しているとの一般的な認識は、免許制により厳格に運営されている銀行制度や、帳簿に対する信頼が揺らぐ瞬間であるところの銀行の破綻に対し用意されている、秩序ある破綻を政府と民間、中央銀行が分担して遂行するための銀行破綻処理制度、預金保険制度をはじめとするさまざまなセーフティーネットによって担保されているにすぎないとも評価できる。

(2) 執行可能性に関する議論との関係

帳簿の記載と資産の帰属の関係に関する論点は、スマートコントラクトの執行可能性の問題と関連しているものと考えられる。すなわち、現行法においては、多くの資産において、資産の帰属が帳簿の記載と一致することが法律により担保されていない。帳簿上で、ある者がある資産を保有していることが記載されていたとしても、真に権利を有する者が、帳簿通りに資産が帰属していないことを証明することにより、帳簿に記載された資

---

9 特許を受ける権利を持たない者による特許出願。

産の帰属関係を否定することができることを前提に、さまざまな資産帳簿制度が構築されている。もっとも、帳簿の記載と資産の帰属関係がまったく一致していなければ、誰もそのような帳簿制度を信頼せず、制度自体が立ち行かない。そこで、多くの帳簿制度は、資産の移転等による帰属関係に何らかの変更が加わるイベントに着目し、当事者間における権利移転等の効力は当事者間の問題と整理しつつ、帳簿の書き換えにその権利移転等に関する第三者対抗力までを保障する。これにより、当事者が合意した取引による資産の権利移転等につき第三者対抗力を獲得したいという個人のインセンティブに働きかけて、帳簿の記載内容が真実の権利関係を表示する状態を確保しようという法デザインを採用している。

これに対し、分散型帳簿技術が表示する帳簿は、帳簿の書き換えにつき可塑性を持たせない仕様となっているのが通常である。これが実体法上における資産の権利変動と帳簿の記載との間の齟齬を生む原因となる可能性がある。

第一に、たとえば契約が取り消された場合の遡及効（民法第121条）について、実体法が想定しているような「権利変動をなかったことにする」ことを分散型帳簿においてどのように表現するかという問題がある。これによって、ある資産の譲渡取引について、取引実行から1ヵ月後に契約取消がなされた場合に、取引実行から取消がなされるまでの1ヵ月間におけるその資産の帰属に関する分散型帳簿の記録は、実体法が想定している権利の帰属と齟齬が生じることになる[10]。

---

10 取消によって原権利者は当該資産を取り戻すことになるが、取り戻し後の権利関係を分散型帳簿に記載することは可能である。これは取消を理由として資産を権利者に移転するかたちで帳簿に記載すればよい。登記簿において行われている処理は、取引が取り消された場合には、取消を原因として移転登記が抹消される扱いとなっているが、これも移転登記の事実そのものの痕跡をすべて消去してしまうわけではない。分散型帳簿による取消処理も、実質的にはこれと同じであるということもできないわけではないとも思われる。要は原権利者に対する資産の再移転が、取消を原因とするものであることさえわかれば、取消を原因とする原権利者に対する資産の返還については、取引の実行日から資産の再移転までの日は原所有者の保有であるものとみなして処理する旨のロジックが組まれることによって対処可能であるように思われる。

第 14 章　スマートコントラクトの法的側面について

　第二に、たとえば二重譲渡に関する規律につき、分散型帳簿における権利者確定方式と民事法上の権利者確定方式に齟齬が生じる場合に関する問題がある。すなわち、A が分散型帳簿に記載されている不動産につき、これを B と C に二重に売却した場合、B と C のいずれが確定的に権利を取得するかはいずれに対する売買が不動産登記簿に先に登記されたかによる。この場合、民間事業者がいかに分散型帳簿によって不動産管理帳簿を管理していると主張したとしても、その帳簿における不動産の権利関係に関する記載は、法務局による登記簿の記載と同期していなければ、その不動産管理帳簿による不動産取引の管理が正しいことを前提とした仕組みには、法執行上の限界がある。すなわち、分散型帳簿の記録の変更をもって不動産の移転があったものとするとの構想は、法律による不動産の権利変動に係る第三者対抗要件制度との何らかの接続を条件としないかぎり、執行可能性に限界がある。政府が不動産の管理関係につき認証局としての役割を果たす現行制度を維持しつつ[11]、分散型帳簿による不動産管理を貫徹しようとすれば、認証局ノードというカテゴリーを持つ分散型帳簿技術を採用し、政府がこのノードを保有して、認証局ノードによる認証を得ないかぎり、分散型帳簿に記録された不動産の権利変動については第三者がこれに対抗することができないこととする必要がある。

　以上のことは、政府が登記制度を所管している動産登記や債権登記にも同様に当てはまる。

　これに対して、民間が帳簿を管理するタイプの仕組み、たとえば株主名簿や社債原簿等については、民間がこれらを分散型帳簿により管理するこ

---

11 分散型帳簿技術は、こうした認証局を必須のものとせずに信頼性のある帳簿を管理することができる仕組みなので、本来的にはそもそも政府が不動産の私法上の権利関係に関与する必要はないのではないかというのが、分散型帳簿技術が投げかけている問いではある。とはいえ、分散型帳簿技術は、認証局は必須のものではないということにとどまり、認証局を置いてはならないということまでは意味しない。現に、たとえば R3CEV が開発した Corda など、認証局ノードというカテゴリーを持つ分散型帳簿技術は出てきており、分散型帳簿の認証局ノードを政府が持ち、政府による認証に一定の法的効果を与えるという法デザインを採用することで、引き続き不動産取引における認証局として政府が関与し続けるという発想はありうる。

221

ととすれば、これを法令に規定する帳簿と見ることが可能である[12]。この場合には、法令上の帳簿と分散型帳簿の記載がずれるという問題は生じないことになる。

　第三に、たとえば動産については占有に対して公信力が認められている結果、動産の占有を信頼して取引関係に入った当事者が保護されることになる（民法第192条）。これによって、たとえば分散型帳簿に記録された動産につき、権利者Aがこれを逸失し、Bがこれを拾得してCに売却した場合、CがBの所有に帰することについて善意無過失である場合には、その動産の所有権はCが取得することになる[13]。かくして、分散型帳簿を用いて動産取引に関するスマートコントラクトの仕組みを構築しようとした場合、その動産の帳簿上の権利の帰属と実体法上の権利の帰属はずれることになる。帳簿が法律に定める権利の帰属と異なる以上は、帳簿上に権利者として表示されている者は、帳簿の記載を理由として権利主張することができないことになり、ここにスマートコントラクトの執行上の障害が発生しうる。

　もっとも、本来は動産登記制度として構築されたものではない道路運送車両法上の自動車登録簿について、同法にもとづき登録された自動車に対しては即時取得が適用されないとした裁判例も存在するところであり[14]、ある資産について社会一般に信頼できる帳簿システムが普及すれば、その帳簿システムにより権利関係を確認することなく取引関係に入ったこと自体が過失にあたると評価されることにより、即時取得による帳簿上の記載と実体法上の権利帰属のずれの問題は、一定程度解消されていく余地があるものと考えられる。

---

12 株主名簿は電磁的に作成することができるとされており（会社法第125条第2項第2号参照）、その作成にDLTを用いることを禁じるルールにはなっていない（会社法施行規則第224条参照）。

13 逸失の場合、Aは逸失から2年の間であればCに対して回復を求めることができる（民法第193条）。

14 最高裁判決昭和62年4月24日判例時報第1243巻24頁。

(3) 検討

　分散型帳簿技術を用いたスマートコントラクトは、ある資産についての帳簿を分散的に管理する技術を応用することにより、ある資産の帰属についての記録を、特定の管理者なくまた不正が起こらないかたちで、AからBに書き換えることを可能にする。これに、記録の書き換えに条件を付することができ、この条件の処理自体も分散型帳簿技術の中で吸収することができるという分散型帳簿技術の特性を用いることで、帳簿システムの内部で契約を組み上げることができるという発想によっている。

　しかしながら、分散型帳簿で処理することができるのは、あくまで帳簿の書き換えにとどまる。これがなんらかの意味で実経済における契約としての実質を伴うためには、資産に関する帳簿の記載とその資産の実体法上の権利関係を一定程度同期させる仕組みが伴わなければならない。

　実体法上、帳簿によって実体法上の権利関係が表示されるものについては、その実体法において定められている要件を満たす帳簿に分散型帳簿技術を用いることで、分散型帳簿記録が実体法上の権利関係を表示している、という状態を作り出すことが考えられる。また、実体法上において定められている要件を満たす帳簿そのものに分散型帳簿技術を用いることができなくても、たとえばAPIを利用することにより、分散型帳簿と法律上の帳簿の間で一定のデータ連携を行うことで、実質的に同様の状態を作り出すことも考えられそうである。

　もっとも、多くの帳簿制度は、帳簿の記載内容そのものが実体法上の権利帰属状態と同じであるということを法的に保障したものではなく、その意味で、帳簿の記載内容と実体法上の権利帰属は一定のずれが生じることは避けられない。分散型帳簿技術を用いたスマートコントラクトをあらゆる資産取引に展開しようという構想は、この点で一定の限界が存在することになる。

　ただし、帳簿によって実体法上の権利関係が表示されるタイプの資産について、法律は、たとえば権利変動について帳簿の書き換えに第三者対抗

第Ⅲ部　産業インフラとしてのブロックチェーンの可能性

要件を付与すること等によって、当事者間で帳簿の内容と実体法上の権利関係が合致することとなるよう行動するインセンティブを付与し、これによって帳簿の記載内容の信頼性を担保するという法デザインを採用する例が多い。帳簿上の記載と実体法上の権利関係がずれる第三者による動産の即時取得の制度についても、自動車登録簿のように、事実上その動産の所有関係を管理する帳簿の記載と異なる外観にもとづき取引に入った者に対して保護を与えない判例法を創出したり、善意取得の適用の要件である善意無過失性の判断に柔軟性を持たせたりすることで、広く社会に普及し人々の信頼の基礎となりうる帳簿につき、その記載と実体法上の権利関係を合致させるような方向を指向していることは指摘されてよい。

　分散型帳簿技術を用いたスマートコントラクトの執行可能性に関する論点のうち、帳簿の記載と実体法上の権利帰属の齟齬に淵源する議論については、以上の観点から、個々の資産ごとに検討していく必要があるだろう。

7 分散型帳簿技術を用いた スマートコントラクトの展望

　よく知られているように、分散型帳簿技術により用いられている個々の技術は「枯れた」技術である。しかしながら、個々の技術をどのような塩梅で組み合わせることで、取引社会における重要な基盤である契約に分散型帳簿技術を応用していくことができるかについては、世界的にも未だ確定的な回答は得られていない[15]。

　ただ、確定的な回答が得られていないことは、検討することが時期尚早であることを意味しない。むしろ、マーケットフィットする領域を探して世界中でさまざまな試みがなされているなかで、わが国においても、こう

---

[15] 分散型帳簿技術を用いたスマートコントラクトという領域に早くから着目し、州の経済振興の観点から法制化に意欲的であった米国バーモント州の報告書においても、現時点で法律実務に分散型帳簿技術を応用することによる社会的なコストの大きさについて言及している。http://legislature.vermont.gov/assets/Legislative-Reports/blockchain-technology-report-final.pdf

したさまざまな試行錯誤に積極的に取り組んでいく必要がある。政府としては、民間事業者が提案するさまざまな試みが、現行規制にフィットしないものであっても、一定の限定された範囲・期間のもとでその例外を認める制度の活用などを通じ、これらの試行錯誤を支援していくことが第一に必要であろう。

　さらに、本稿でみた通り、分散型帳簿技術を用いたスマートコントラクトの実効性を確保するためには、認証局の取り扱いが非常に重要である。各国政府は、不動産管理に分散型帳簿技術を用いる実証実験を行うなど、自らイノベーションの主体となって、さまざまな試行錯誤を実施しているところである。わが国においても、単に民間事業者の試みを第三者的に支援するだけでなく、政府自身が民間事業者とともに、分散型帳簿のノードを担うようなコラボレーションを行うことを検討すべきである。

　分散型帳簿とは、複数の利害関係者が同じ帳簿を共有し、それぞれの立場に応じた役割を果たすことによって、関係者全員で帳簿の整合性を確保していく仕組みであり、さまざまなかたちでの関係者間の協調をその本質としている。取引社会の基盤が効率的に運用されることは、政府が追求するべき重要な公益であり、効率性の劇的な改善をもたらしうる技術の登場を前に、政府は、民間事業者とともに試行錯誤のプロセスに積極的に参加していくことが要請されているものと考える。

第Ⅲ部　産業インフラとしてのブロックチェーンの可能性

第 15 章
シリコンバレーから見る
ブロックチェーンのポテンシャルと課題

櫛田健児

はじめに

　米国は 1990 年代以降、シリコンバレーを震源地とした度重なる破壊的なイノベーションの波で世界中のさまざまな業界を激変させてきた。その多くは情報通信（IT）によるディスラプションである。果たして、2008 年に世に出たブロックチェーン技術がシリコンバレーの破壊的なイノベーションの波に乗って今後、インターネットやスマートフォン、およびグーグルやアップルのように世界を大きく変える原動力となるだろうか。

　本章では、シリコンバレーのエコシステムがブロックチェーンの発展に寄与したことを述べた上で、米国におけるブロックチェーンの動向やそれが今後破壊的な技術となりうるかについての考察を行い、今後の発展性についての考えを提示したい。

1 技術革新とベンチャーの急成長を支える
シリコンバレーのエコシステム

破壊的な技術と米国

　米国は 1990 年代から世界経済をリードしてきた。それは経済規模の大きさだけではなく、次の三つの理由からによる。

第15章　シリコンバレーから見るブロックチェーンのポテンシャルと課題

　一つ目には、世界の技術発展の根底にあるコンピューター産業をはじめとした情報通信（IT）産業における新技術の方向性を定めたことだ。コンピューターをメインフレームからパーソナルコンピューター（PC）に置き換え、あらゆる企業活動に浸透させた。そしてコンピューティングパワーを単純な「計算機」から発展させ、さまざまなデータをもとに変数の分析をし、人間の思考を強化する「Tools for Thought」に仕立て上げ、「情報通信（IT）革命」をもたらした[1]。

　二つ目は、新たな産業と世界をリードする企業を創出した点だ。コンピューター産業は1980年代に停滞していた米国経済を牽引して成長の軌道に乗せた。また、コンピューターをツールとしたIT投資を積極的に行った業界では、生産性が向上した[2]。その中で金融は特に重要な位置づけで、90年代後半から米国の生産性向上に大きく寄与した。そしてコンピューター産業はハードウェアからソフトウェアとプラットフォームサービスを最も付加価値の高い領域に作り変えた。その結果、2016年の世界で時価総額が最も高いトップ5企業は、アップル、アルファベット（グーグルの持ち株会社）、マイクロソフト、アマゾン、そしてフェイスブックと、すべて米国のIT関連企業だった。また、これらの企業も世界で最もキャッシュを保有する企業にもなった[3]。

　そして三つ目は、新しい生産のパラダイムを作り上げたことだ。1980年代に日本の製造技術に負けた米国企業は、製造の多くをアウトソーシングしてデザインに特化し、中国などへの外注委託生産のノウハウとネットワークを構築した。たとえば、インターネット機器で世界トップシェアを維持したシスコシステムは、自社に製造機能を持たないことを強みに、こ

---

[1] Cohen, Stephen, J. Bradford DeLong, and John Zysman. *Tools for Thought: What Is New and Important About the "E-Conomy".* Berkeley, CA: Berkeley Roundtable on the International Economy, University of California at Berkeley, 2000.

[2] Jorgenson, Dale Weldeau, Mun S. Ho, and Kevin J. Stiroh. *Information Technology and the American Growth Resurgence.* Productivity ; V. 3. Cambridge, Mass. ; London: MIT, 2005.

[3] https://www.usatoday.com/story/money/markets/2016/05/20/third-cash-owned-5-us-companies/84640704/

第Ⅲ部　産業インフラとしてのブロックチェーンの可能性

うした新しい生産パラダイムを先導した[4]。アップルはシリコンバレーにあった複数の工場を閉鎖し、台湾のホンハイなどと共同で中国に製造拠点を移した。"Designed in California, Made in China" という戦略で高付加価値ビジネスをねらい、日本が強みとしていた製造のコモディティ化を加速させたのだ。

シリコンバレーと破壊的なビジネスモデル、技術

シリコンバレーの構造は、既存のビジネスモデルを破壊して新しい競争のロジックを作り出す原動力となっている。言い換えれば、シリコンバレーには、「イノベーションのジレンマ」を持たない新興のスタートアップ企業を急速にスケールアップさせるさまざまな制度や構造がある。

「イノベーションのジレンマ」は、大企業が既存の顧客とビジネスモデルを追求するのが上手になればなるほど、これらを共食いするような新しい技術を使った異なる性質の顧客とビジネスモデルを追求するのは難しいという現象である[5]。一言で米国といっても、その中には既存の大企業が占める「オールドエコノミー」と新しい「ニューエコノミー」の両方が存在していることを忘れてはならない[6]。ウォール街の金融はオールドエコノミーに近く、ニューエコノミーはシリコンバレーが発祥の地である。

まとめると、次の**図表15-1**のような制度的な特徴があげられる。

これらの要素は互いに補完し合って作動すると下記のような例となる。

まず、トップクラスの大学で新しい技術が開発され、その技術の応用にビジネスチャンスを見出した学部生、大学院生や研究員が起業することを決心する。彼らは、周りにいる大勢の経験者からアドバイスを受け、さら

---

4 Sturgeon, Timothy J. "Modular Production Networks: A New American Model of Industrial Organization." *Industrial and corporate change* 11, no. 3 (2002): 451–96.

5 Christensen, Clayton M. *The Innovator's Dilemma*. 1st HarperBusiness ed ed. New York: HarperBusiness, 2000.

6 Lazonick, William. "The New Economy Business Model and the Crisis of Us Capitalism." *Capitalism and Society* 4, no. 2 (2009).

第15章　シリコンバレーから見るブロックチェーンのポテンシャルと課題

図表15-1　シリコンバレーの制度的な特徴

1. 大企業と急成長スタートアップの共存
2. 極度に高い競争と、オープンイノベーションと機密厳守主義の両立
3. 成功したスタートアップの創設者と初期段階の社員への高いリターン
4. ベンチャーキャピタルによる資金提供とガバナンス
5. スタートアップのあらゆる成長過程における高度で深い人材市場
6. 高い労働の流動性
7. 世界トップクラスの大学
8. 政府が牽引する基礎研究と技術の方向性
9. ビジネスインフラ（スタートアップの知識に富んだ法律事務所、会計事務所など）
10. 失敗をモニタリングし評価するノウハウ
11. 法的なサポート[7]

（出所）Dasher, et al. 2016

に法律事務所や会計事務所と、会社のストックオプションを引き替えに「出世払い」契約を結び、それらの助言を受けてベンチャーキャピタル投資を募る。

　初期のチームには企業創設者のほかに、複数のスタートアップを大きく育て上げた経験を持つ人材、逆に失敗した経験を持つ人材、あるいは優秀なプログラマーが含まれる。

　投資を持ちかける相手は、かつて自身が起業した会社を大企業に数十億ドルで売却した経歴を持ち、見込みのあるスタートアップには他のベンチャーキャピタリストとシンジケートを組んで投資するベンチャーキャピタリストだ。ベンチャーキャピタリストは急成長が求められるため、短期間で10倍にも50倍にも大きくなる市場のポテンシャルを読み、自社のポートフォリオに含まれる100社のスタートアップのうち、1社か2社で

---

7 Dasher, Richard, Nobuyuki Harada, Takeo Hoshi, Kenji E. Kushida, Tetsuji Okazaki. (2015) "Institutional Foundation for Innovation-Based Economic Growth." Nippon Institute for Research Advancement (NIRA).

第Ⅲ部　産業インフラとしてのブロックチェーンの可能性

その10年のポートフォリオのパフォーマンスのすべてを叩き出す急成長が可能なスタートアップに経営資源を集中させる。そして、その他のスタートアップは終わらせるかM&Aで売却する。投資の回収はM&Aか株式公開（IPO）のみで行われる。そのため、ベンチャーキャピタリストは一生懸命、この方法を模索しているのである。

2 米国における ブロックチェーンの動向

　ブロックチェーンに関わる主なプレイヤーは、大きく分けると(1)既存の大企業、(2)スタートアップ、そして(3)政府関係機関である。

(1) 既存の大企業

　ブロックチェーンに取り組んでいる既存の大企業は、金融機関、ITシステムやツールの提供者、および大手メーカーなどである。
　大企業は自社で取り組む実験のほかに、スタートアップと組んで新しい取り組みを模索している。その方法は、主にスタートアップの顧客としてのサービス利用、共同開発、投資（直接、およびベンチャーキャピタル経由）、買収などがある。

① 独自開発とスタートアップへの投資・連携を進める金融機関
　金融機関は、主に劇的なコスト削減と取引の簡素化をねらっており、コンソーシアムを結成するなどの動きもみられる。たとえば、ゴールドマンサックスはブロックチェーンを使った外貨為替トレーディングの技術を開発中で、それに関連した特許を申請している。2016年9月に、クローズドで認証が必要な、完全に自社でコントロールできるブロックチェーンを採用する方針を発表した。目的は分散型台帳による為替取引に関わる中間プレイヤーの排除である。

230

また、金融機関は、新興のスタートアップによる破壊への警戒感から、ブロックチェーン関連のスタートアップに出資したり提携している。2015年半ばから2016年半ばにかけて、既存の大手金融機関が急速にブロックチェーン関連のスタートアップに投資をしたのがわかる（**図表15-2**）。

　たとえば、Visaは、出資先であるChainというブロックチェーンの技術を開発しているスタートアップ企業と国際間決済ネットワーク"Visa B2B Connect"を共同開発し、2016年後半に発表した。その背景には、大手銀行にとって国際間決済が収益性の高いビジネスでありながら、ほとんどのトランザクションに使われているスイフト（Swift）ネットワークが、最近、大規模なサイバーアタックや規制当局の監視対象となっているという現状がある。Visaは、このSwiftネットワークに代替するサービスプロバイダーとなることをねらっており、2017年中の商用展開を目指している。Visaのメンバーである金融機関に、彼らのビジネス顧客へ提供するサービスとして使ってもらおうというねらいがある。

　現在、B2Bの国際間送金は銀行に小切手かワイヤー送金を委託するしか

図表15-2　既存の大手金融機関による
　　　　　　ブロックチェーンのスタートアップへの投資、提携

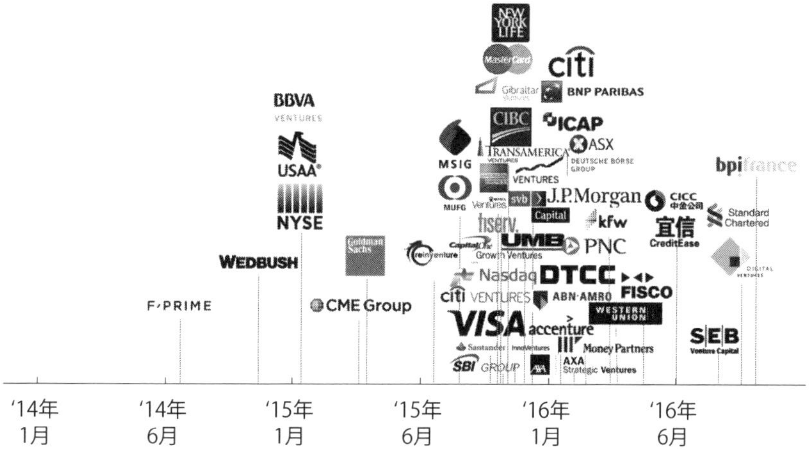

（出所）https://www.cbinsights.com/blog/financial-services-corporate-blockchain-investments/

手段がないが、Chain の Chain Core というシステムを導入すれば、Visa の
ネットワークでの資金のトランスファーに置き換わり、中間プレイヤーが
必要なくなるため、コストも軽減される。また、リアルタイムでの決済も
可能になり、決済が実行不能になった場合に対する複雑な契約も必要なく
なるとの見込みである。もちろん、Visa は新たな収益源を得ることにもな
る。

　また、金融機関がヘルスケアなどの領域に参入するためにブロック
チェーンを使ったりする動きもある。たとえば、2016 年 10 月に Capital
One は、ブロックチェーンのスタートアップである Gem と、ヘルスケア
の API プラットフォームを展開する PokitDok と組んで、新たな健康保険給
付の支払い請求サービスを作ろうとしている。給付支払い請求のトラッキ
ングや、クライアントのための分析ツールの構築に加え、患者の保険にカ
バーされないコストの見積もりなども提供する。また、B2B 決済および
キャッシュ・マネジメント（請求書、キャッシュ・マネジメントなど）を
提供する Viewpost と、言語サーチプラットフォーム（semantic search）を
アプリ向けに展開している ClearGraph は、別のプロダクト開発で組み、医
療費に対する給付支払い請求プロセスの安全性を高めながら効率化を促進
しようとしている。

　他方、JP モルガンは、ブロックチェーンを使って、オープンなネット
ワーク上であっても特定の機密情報を守ってトランザクションを可能とす
るシステムを開発中である。JP モルガン内の Quorum というプロジェクト
で、公開されているイーサリアム（Ethereum）ネットワークのコードを
使っている。Ethereum はオープンソースでパブリックのブロックチェー
ンをベースとした分散化されたコンピューティングプラットフォームで、
スマート契約を可能としている。JP モルガンのエンジニアは特定のトラン
ザクションを、自らが特定する参加者（たとえば取引先や規制当局）にの
み情報公開をする仕組みを開発している。

　JP モルガンの戦略は、開発したコードを自社内に閉じ込めるのではなく、
オープンに公開することでブロックチェーンの先端の開発を行っている技

術者を集めるというものだ。同行はエンタープライズ規模の技術力をブロックチェーンの開発にあてることを強みにしていると考えている。当初の目的はコスト削減や、より速くて安定性のあるシステムの開発だったが、Quorum の開発でブロックチェーンを使って複数のデータベースに分散化された取引履歴を一つの共有取引履歴に置き換えたり、決済の時間とコスト節約や、システムダウンの回数軽減、および、リスク管理などに広がっている。

MasterCard は 2016 年 10 月に三つのブロックチェーンの API を自社のディベロッパー向けサイトに加えた。これにより、ビジネスや金融機関が分散型台帳を使ってやりとりをすることが可能となり、新たな商業チャンスを生み出すと期待されている。銀行や金融機関のディベロッパーはブロックチェーンのコア API、スマート契約の API、および Fast Pay ネットワークへのアクセスができるようになる。これらの API は MasterCard のオープンイノベーションへの取り組みで、比較的最近までブロックチェーンに消極的だった MasterCard にとっての方向転換である。MasterCard の思惑としては、早期段階で API を解放することで第三者のディベロッパーのコミュニティーを作り上げて新たな顧客に結びつくカードネットワークの利用企業を増やすことである。

② 大企業向けのブロックチェーンに取り組む IT システムやツールの提供者

ブロックチェーンをツールとしてさまざまな大企業に提供できる既存の大手システムインテグレーター（たとえば IBM やアクセンチュア）や、新しいエコシステムの土台のためのリソース提供者（アマゾン）なども重要である。

IBM は、2016 年 12 月に新たなブロックチェーンのエコシステムを構築するための大企業向けのツールとリソースを発表し、大企業が自らのアプリケーションを簡単に作れるような仕組みを提供し始めた。2 月に IBM Blockchain を発表してから、同社はブロックチェーンのディベロッパーツールのリーダーになろうとしている。

第Ⅲ部　産業インフラとしてのブロックチェーンの可能性

また2017年には、IBMは米国政府のFood and Drug Administration（FDA）との共同研究を発表し、ブロックチェーンを使った国民の健康データに関する安全で信頼性の高い情報のやりとりができる場を提供する方向で実験を進める。

一方、アクセンチュアは、2016年9月に大企業向けのブロックチェーンのプロトタイプを発表した。許可された者のみが参加できる、中央が管理するPermissioned型のシステムである。アクセンチュアが開発したシステムは、不特定の者が参加可能なオープンシステムに比べて、信頼性をより高く、また、規制の枠組みに当てはめやすくすることを目的としている。特に重要なのは、取引の取り消し機能である。この機能については、他の仮想通貨（暗号化通貨）で起きた大規模な盗難事件を受けて、その必要性があらわになった。その盗難事件は、スマートコントラクトのプログラミングミスによる問題の弱点を突かれたものである。アクセンチュアのシステムは、問題が起きた時に対処できる機能を重要視することで、変化する規制の枠組みなどに対応している。たとえば、プライバシー保護規制で「忘れられる権利」などが導入された場合を想定しているが、ブロックチェーンのメリットを活かしたまま対応することに着手している。

アマゾンのAWS（Amazon Web Services）はもはや世界のコンピューティングプラットフォームになっているが、2016年5月よりDigital Currency Group（ブロックチェーンへ投資を行っている大手の投資家）と組んでブロックチェーンの実験を行えるプラットフォームを作り始めた。DCGの投資先企業がクライアントと安全な環境で共に実験を行える場を提供する。この実験場からスケールアップして大手金融機関も使えるような実験場にしてイノベーションを促進するという考えである。

③ コンソーシアムを結成するメーカー

そして最近はメーカーもコンソーシアムを作って産業用Internet of Things（IoT）の実験を開始している。2017年1月にはBosch、Cisco、BNY Mellon、Foxconn Technology Group、Gemaltoがブロックチェーンのス

第15章　シリコンバレーから見るブロックチェーンのポテンシャルと課題

タートアップである Consensus Systems、BitSE、Chronicled Inc、その他と
組んで新たなコンソーシアムを作った。

(2) ブロックチェーン関係のスタートアップ

　新興のブロックチェーン関連のスタートアップのうち、最も多くの資金
を調達しているのはビットコイン関係のスタートアップ企業だが、金融の

図表15-3　ブロックチェーン／ビットコインのトップ企業

Company	Deal Size ($M)	Round	Year	Select Strategic Investors
21 Inc.	$ 111	Series B	2015	Cisco Investments, Qualcomm Ventures
Coinbase	$ 75.0	Series C	2015	NTT DoCoMo Ventures, NYSE Euronext, USAA
Circle Internet Financial	$ 50.0	Series C	2015	Goldman Sachs
Ripple	$ 32.0	Series A	2015	CME Ventures, Seagate Technology, Santander InnoVentures
Chain	$ 30.0	Series B	2015	Capital One Growth Ventures, Citi Ventures, Fiserv, NASDAQ, Orange Digital Ventures Visia
Digital Asset Holdings	$ 60.0	Series A	2016 YTD	AMB AMRO, Accenture, Australian Securities Exchange, BNP Paribas, Citigroup, CME Group, Deutsche Boerse, Goldman Sachs, IBM Venture Capital, ICAP, JPMorgan Chase, PNC Financial Services, Santander InnoVentures
Blockstream	$ 55.0	Series A	2016 YTD	AXA Strategic Ventures
Bitt	$ 16.0	Series A	2016 YTD	Overstock.com

（出所）https://www.cbinsights.com/blog/largest-blockchain-deals-strategic/

235

第Ⅲ部　産業インフラとしてのブロックチェーンの可能性

図表15-4　現在、最もメジャーなブロックチェーンのスタートアップ（複数の既存の大手金融機関から投資を受けていて、投資額が多いスタートアップ）

会社	概要	投資している既存の金融機関
BitFlyer	ビットコイン取引所	Mitsubishi UFJ Capital, Mitsui Sumitomo Insurance VC
Coinbase	ビットコインの財布と取引所	BBVA Ventures, NYSE, USAA, ReInventure（WestPac）, MUFG
Chain	エンタープライズ向けブロックチェーンプラットフォーム	Visa, Fiserv, Capital One, Citi Ventures, Nasdaq
Digital Currency Group	デジタル通貨アセットマネジメント、OTC取引、スタートアップ投資	Mastercard, New York Life Investments, TransAmerica Ventures, CIBC, Western Union
Ripple	暗号化通貨ベースのペイメントシステム	CME Ventures, Santander InnoVentures, SCB Digital Ventures, Standard Chartered

（出所）CB Insights

既存大手と組んで企業向けに技術を提供しているスタートアップも伸びている（**図表15-3、15-4**）。ブロックチェーンを他の業界やビジネスモデルに応用して急成長をしているスタートアップはまだこの規模では現れていない。

3　ブロックチェーンが破壊的技術になるための課題

　ブロックチェーンが、仮想通貨（暗号化通貨）以外のさまざまな領域において本当に破壊的な技術になるためにはまだ課題が残されている。それは技術的な課題だけではなく、米国の政治的な流れ、そしてムーアの法則による既存のアーキテクチャーの情報処理能力の飛躍的な伸びによるものである。「ブロックチェーンにしかできない」こととは何か、というところに技術のポテンシャルを見出すべきである。

(1) 技術的な必要性

　ブロックチェーンを利用し、複数の会社などに分散化された台帳を使った取引には、既存の基幹システムで膨大な取引を中央集権的に行っているアーキテクチャーに比べて、より速く、コストが安いというメリットがある。だが、これは、実際にアーキテクチャーを分散型台帳に変えないとできないのだろうか。

　ムーアの法則により倍々ゲームで伸び続けるプロセシングパワーとクラウドコンピューティングが、プロセシングパワーを希少リソースから豊富なリソースに変えている。さらに、半導体の性能レベルのプロセシングパワーの向上だけではなく、膨大な数のプロセッサーを管理するソフトウェア開発もグーグルなどにより伸び続けている。プロセシングパワーは、ビットコインという用途で初めて出てきたブロックチェーンの構想から（2008年）すでに4回、倍増している（たとえば、インテルのプロセッサーに搭載されるトランジスターが2008年の約4.5億個から2016年は72億個になっている。グーグルのデータセンターも2012年のものは古すぎて全部入れ替えないと無意味なほど遅い、という世界なのである）。

　そこで、疑問が出てくる。ブロックチェーンが可能とする低コストと効率アップは、どこかの時点で、ムーアの法則によりパワーアップする既存のやり方に追いつかれてしまうのではないか、ということである。アーキテクチャーを変えなくても、多少効率が悪くても、圧倒的なプロセシングパワーの向上でまかなえる時代のほうが早くやってくる可能性も否定できないのである[8]。

---

[8] 参考までに、1997年に世界最速のスーパーコンピューターを米軍が55ミリオンドルで作り、800世帯分の省電力で核兵器の劣化などを計算したが、これは2006年に定価500ドルで発売されたソニーのプレイステーション3と同等のプロセシングパワーである。

第Ⅲ部　産業インフラとしてのブロックチェーンの可能性

(2) シリコンバレーでは下火、まだ見えぬ急成長ビジネスロジック

　最後に付け加えると、シリコンバレーでは最近、ブロックチェーン関連のスタートアップはあまり注目されていない。その理由として、上述のように、大企業がそれぞれまだ独自の開発を行っていること、また、共通プロトコルの TCP ／ IP（これにより、インターネットは「ネットワークのネットワーク」として世界のオープンプラットフォームに成長した）に相当するものがまだないことがあげられる。

　しかし、プラットフォームで不特定多数のプライベートなブロックチェーンをつなげる仕組みがまだないため、このプラットフォームを提供することで多くのビジネスを一気に得ようとする動きも見られる。たとえば、2016 年後半に、ゴールドマンサックスや JP モルガンは、金融機関からなるコンソーシアムである R3 から脱退した。これは、各社が独自に開発を行ったほうが高い見返りを期待できるとみなしたためか、技術開発が思ったほど進まなかった、という理由が考えられる。

　このように、シリコンバレーが求めるような急拡大を期待できる領域はまだ見えてこない。しかもシリコンバレーでは、大企業が早いうちから特定の技術をわれ先に「とりあえず導入実験をしなくては」という意気込みで、コーポレートベンチャーキャピタル などを使って一気にシリコンバレーに来ること自体、その技術の将来性は限られている、という見方がある[9]。つまり、その技術は対企業を通して浸透するかもしれないが、スタートアップが既存の付加価値の付け方を破壊しながら飛躍的に伸びて、トップのベンチャーキャピタリストが求める「場外ホームラン的」な膨大なリターンを得られるものではないということである。シリコンバレーは度重なる後者の飛躍で伸びてきた。

　大企業の中核 IT システムを入れ替えるような規模の、かつてのクラウドコンピューティング導入のときのような大企業での急速な伸びは期待でき

---

9 "Watch out, the Dumb Money is Chasing After Blockchain Deals," Business Insider.
https://www.cbinsights.com/blog/fred-wilson-usv-blockchain-bitcoin-trends/

第15章　シリコンバレーから見るブロックチェーンのポテンシャルと課題

ず、伸びても既存プレイヤーの IBM が主役となり、また、政府も本気で導入しなさそうな場合には、急成長が必要なベンチャーキャピタルとスタートアップは、別の方向に活路を見いだそうとする。シリコンバレーではより多くの業界や産業を、破壊的な新しいビジネスモデルや価値創造で激変させうる人工知能（AI）などのほうに注目が劇的に高まっている状況である。

4 今後の展望

どんな技術も、「その技術でしか解決できない課題」は何であり、「その技術を使うと誰が恩恵を受けるのか」ということと、「その技術を活用したビジネスは既存のさまざまなビジネスモデルを破壊しうるか」ということを念頭に入れておく必要がある。特定の技術の浸透は、その技術の特性以外のさまざまな要素にも影響される。それは対抗する技術だったり、業界の仕組みだったり、政策の枠組だったり、それを動かす政治の力学だったりする。

シリコンバレーから見ると、ブロックチェーンは複数の領域で非常に役立つ技術ではあるが、インターネットやクラウドコンピューティングのように世界のドミナントな（主流の）コンピューティングのアーキテクチャーを作り替えるようなものにはまだ見えない。

なぜなら、「ブロックチェーンが解決しうるさまざまな問題」は、まだまだ倍々ゲームで伸び続けるコンピューティングパワーと、それに乗って劇的に進化する人工知能（AI）のパフォーマンスと比べると、まだ「ブロックチェーンにしか解決できない課題」としては捉えられないものが多いからである。

この状況が続くかぎり、ブロックチェーンの多くの用途は既存のビジネスの効率化などに限られよう。ブロックチェーンに関しては、シリコンバレーの経済モデルが作り出すのを得意としている「業界横断的な破壊的イノベーションによって急成長するスタートアップ」はまだ現れていない。

239

第Ⅲ部　産業インフラとしてのブロックチェーンの可能性

シリコンバレーではブロックチェーンに対する熱も冷めているように見受けられ、新たな大型資金調達を行う壮大なビジョンを持ったスタートアップの姿は今のところ存在しない。

　もちろん、今後、それはありえないとは言い切れないが、今のところ、破壊的なビジネスモデルを展開させる急成長スタートアップが、ブロックチェーンでしか解決できない問題を、世界中に一気にインパクトを与える形で提示する状況にはなっていないのが現状である。

　たとえば、豊富なプロセシングパワーで既存のアーキテクチャーを使って、同等かそれ以上のコストパフォーマンスをどこまで得られるのかが明確ではない。また、ビジネスとしてどのプレーヤーが共通プラットフォームを提供して飛躍的に伸びるのかが見えてこない。さらに、「ブロックチェーンでないと解決できない」というユーザー企業や政府の「ペインポイント」をどうスケールしながら解決するのかという筋書きがまだ見えない。

　今後、こうした状況が変われば、シリコンバレーのロジックに乗った破壊的な技術とビジネスモデルに取り入れられるかたちでブロックチェーンの急成長は見込めるが、そうではない場合、既存の技術の代替としての成長にとどまる、という現実的な仮説が妥当である。

　破壊的なビジネスのポテンシャルになるかどうかは、シリコンバレーの独立系（大企業のVCや投資機関ではない）トップベンチャーキャピタリストが投資している比較的早期段階のブロックチェーン関係のスタートアップがどのようなビジネスを展開しようとしているのかを見ればある程度は予想がつく。既存企業の付加価値を根底から破壊して自ら新しい付加価値を創出して急成長できそうな場合は、早い段階で買収されずに猛スピードで大きくなったほうが良いというのがシリコンバレーのアントプレナーやVC投資家の力学である。現にグーグルやフェイスブック、テスラなどは独自路線で既存の産業をディスラプトしてからIPOを遂げた。

　逆に、既存の技術の代替の場合は、比較的早い段階でスタートアップが大企業に買収されたり、既存企業のビジネスモデルを脅かそうという新規

のビジネスモデルではなかったり、主にコーポレートベンチャーキャピタル（大企業が行うベンチャー投資）の投資が大多数のスタートアップを支えているパターンが多い。もちろん、既存企業のビジネスモデルを脅かすポテンシャルがあるスタートアップは もちろん、既存企業がディスラプトされる前に買収を試みる。しかし、それをはねのけて自分で大きくなるブロックチェーン系のスタートアップが現れたら、大きな破壊的なイノベーションの波が来る前兆と言えるかもしれない。この場合、既存企業はどうやったら上手に新しい技術で既存のビジネスを伸ばし、コストを抑え、新たな付加価値を模索するのが勝負どころである。

第Ⅲ部　産業インフラとしてのブロックチェーンの可能性

第 16 章

エストニア電子政府の取り組みについて

林祐司

　ブロックチェーンは、2008 年に公表された「サトシ・ナカモト論文」の中で、仮想通貨ビットコインを支える分散型台帳技術として脚光を浴びた。だが、その前年の 2007 年に、北欧バルト諸国の一つであるエストニア共和国では、独自に開発した分散型プラットフォームの仕組みによって、すでに電子政府のインフラを実用化していた。

「エストニア政府はブロックチェーンを使って自国の電子政府を作り上げた」と認知されていることもあるようだが、これには二つの誤解がある。一つは、今述べたようにエストニアの分散型プラットフォームは、あくまでも独自のものであり、いわゆるビットコインのブロックチェーンそのものではなく、その「データの改ざんを検知する仕組み」を活用しているということだ。そしてもう一つは、この分散型プラットフォームは、エストニアの電子国家戦略においては、電子政府を支える数ある技術や工夫の一部にすぎない、ということである。

　今でこそ、エストニアでは多くのイノベーション、優れたテクノロジーが続々と生まれているといった華々しい印象があるが、その裏にある意外にも地道な政府の努力はあまり知られてはいないのではないだろうか。本章では、実際にエストニアを訪問し、政府関係者や現地 IT 企業にヒアリングをした情報にもとづき、エストニアが電子国家を形成するに至った歩み、その戦略や技術的な背景、そして今後目指していく姿などを展望していきたい。

1 IT先進国エストニア

(1) 世界トップレベルの電子国家

　北欧バルト諸国の一つであるエストニア共和国は、人口約131万人、国土面積4.5万平方キロメートル（日本の約9分の1）の小国だが、いまやデジタル先進国として世界中の注目を集めている。エストニアは、1991年に旧ソ連から独立を回復するまでの約50年間、長くロシアの支配下にあり、常に「国家がいつなくなってもおかしくない」という脅威にさらされていた。そのため、国の根幹をなす国民の情報を電子的に持つことにより、たとえ国土がなくなったとしてもサイバー上で国家を維持することを可能とすべく、電子国家という発想を持つに至ったともいわれている。

　独立回復から25年が経ち、エストニアはデジタル先進国とよばれる「D5（エストニア、英国、イスラエル、ニュージーランド、韓国の5ヵ国）」の一角となるまでに至った。直近の指標を見ても、欧州委員会（European Commission）が公表するEUデジタル経済・社会ランキング1位、Freedom Houseのインターネット自由度ランキング2位と、その躍進はめざましい。

(2) 名だたるスタートアップ企業を輩出

　このように、IT先進国とよばれ、ビジネス環境が整っている国であることから、エストニアにはスタートアップ企業が多く存在する。代表的な企業としては、インターネット電話サービスのスカイプ、海外送金サービスのトランスファーワイズ、モバイルペイメントアプリのポコペイなどがある。人口一人あたりのスタートアップ企業数は欧州一だ。こうした背景には、個社の斬新な発想や優れた技術力があったのはもちろんのことだが、エストニア政府自身が、自ら率先して行政サービスのIT化に取り組み、電子政府化を強力に推進してきたということも大きな要因といえるだろう。

243

第Ⅲ部　産業インフラとしてのブロックチェーンの可能性

2 エストニア電子政府の 具体的取り組み

　国土面積に比して人口が少ないエストニアでは、公共サービスを行き渡らせるためにITの活用は必須だったといえる。独立以来進めてきたIT化の取り組みを一覧すると以下の年表のようになる（**図表16-1**）。

(1) 国民ID番号の有効活用による 各種手続きの効率化、低コスト化

　エストニアがデジタル社会普及の鍵として最も重視したのは国民のID、つまり公的機関による国民の存在の証明であった。政府は国民へID番号を付与し、2002年からIDカードの発行を開始。15歳以上のすべての国民にIDカードの所持を義務づけた（罰則規定はなし）。エストニア人口の96%

図表16-1　エストニアのICT戦略の歩み

2000	● 税金のネット申請を開始　　● モバイルパーキング開始
2001	● 電子住民登録開始　　● X-Road 運用開始
2002	● e-School（スクールマネジメントシステム）稼働 ● 電子署名導入　● 国民 ID カード発行
2003	● ID バスチケット発行　　● 電子不動産登記開始
2005	● 電子投票開始
2007	● モバイル ID 発行開始　　● X-Road に KSI を導入 ● e-Police システム稼働
2008	● e-Health システム稼働
2010	● 電子処方箋の導入
2011	● スマートグリッド運用開始
2012	● 電気自動車充電ネットワーク稼働
2013	● X-Road Europe 構想
2014	● e-Residency 開始　　● Data Embassy 構想

（出所）エストニア政府資料に加筆修正

244

第16章　エストニア電子政府の取り組みについて

を超える人がアクティブなIDカードを持っている。

　カードにはICチップが埋め込まれており、公的個人認証用と、電子署名用の二つの鍵が埋め込まれている。これらの技術要素となっている公開鍵暗号技術は、ブロックチェーンでも利用者本人の特定や、不正使用の防止などに使われている。

　このIDカードによって、行政に関わるすべての情報はデジタルで管理される。現在3000以上のe-サービスを提供しており、結婚、離婚、不動産売買以外の行政手続きはすべてオンラインで行うことができ、ほぼすべてのサービスがモバイル対応している。またIDの付与と同時に、政府は固有のメールアドレスを国民に対し発行し、行政からの通知を送ることが可能である。いわば、ダイレクトに個人に届く電子版官報だ。

　日本では本人確認の証明証として、運転免許証や健康保険証、パスポートなど多くが使われているが、エストニアでは最もプライオリティの高いオールマイティなIDとして、このカードが使われている。エストニア政府によると、こうした行政のデジタル化によって、手続きの99%がオンライン対応になり大幅な効率化が実現したといわれている。この国民IDを活用した、いくつかの分野の具体的事例を見ていこう。

(2) 教育現場での国民IDの活用：e-School

　IDカードの発行が開始された2002年、このIDを学校教育の現場で活用する試みがスタートした。これは、学校側と生徒本人および保護者の情報共有を、すべてオンライン化されたスクールマネジメントプラットフォーム上で行うというものだ。教師からの連絡事項や、子供のテストの成績、指導内容や評価はもちろん、時間割や授業の進捗状況なども、すべてこのプラットフォーム上で確認可能だ。これには紙ベースの文書削減や、教師の事務量削減といった効果のみならず、学校へのアクセスが手軽になったことで、保護者が子供の学校生活に、より能動的に関与し、教育に対する関心を高める効果もあったという。今後は、このシステムをリクルート、

第Ⅲ部 産業インフラとしてのブロックチェーンの可能性

つまり会社の採用活動に応用していこうというアイデアもあるようだ。

こうした取り組みの成果もあり、2015年度OECDの調査によると、学校制度の質、公平性、効率を評価するPISA調査の結果、エストニアは、シンガポール、日本、フィンランド、カナダと並び、最も成績の良かった国の一つとしてあげられている。

余談になるが、エストニアでは特に語学教育と、コンピュータープログラミング教育に力を入れており、学生は、高校卒業までに少なくとも3ヵ国語を勉強する。2012年からは小学校からプログラミングの授業を実施するプロジェクトも始まっているようだ。

(3) e-Police の導入により
検挙効率が50倍に改善

2005年にはe-Policeが導入され、すべての警察車両（パトカー）にモバイル端末が設置された。パトロール中の警官は、この端末を使って現場で必要とする情報に、瞬時にアクセスをすることが可能となった。たとえば不審者の職務質問をする際には、端末で対象者のIDを入力すれば、直ちにその人物の素性を知ることができる。e-Police導入以前は、手配対象者の発見件数は、1000件／月に満たなかったが、導入後の2007年には6000件／月と、50倍以上に改善しているという（**図表16-2**）。

また導入時期を境にして、交通事故死亡者数が減少しているという事実もある（**図表16-3**）。車の数は増加し、警官の数は漸減しているのにもかかわらず、交通事故者が減少した要因は、取り締まりを強化したというよりも、むしろe-Policeによって事故を未然に防ぐための取り締まりが正確かつ効率的に行われるようになったことを意味している。危険運転車などの車検情報を照会するためには、これまではいちいち運輸当局に問い合わせをし、確認作業に時間がかかっていたが、導入後はモバイル端末に車のナンバーを入れるだけで、車検がきちんと行われているか確認することが可能となった。

図表 16-2　手配対象発見件数の推移（月ベース）

（出所）エストニア政府資料をもとに筆者作成

図表 16-3　交通事故死亡者数の推移

（出所）エストニア政府資料をもとに加筆修正

(4) e-Healthの導入により病院の待ち時間3分の1に短縮、処方箋の99%が電子化

　医療の現場でも電子化は進み、2008年からe-Healthシステムが稼働し、10年からは電子カルテの運用も始まっている。エストニアに健康保険証はなく、IDカードによって健康保険の加入有無を確認することができる。e-Healthのシステムにより、患者の診療記録や、病歴などはすべてオンライン上で管理をされる。本人の同意があれば、どの医師でも閲覧が可能なため、かかりつけ医以外の医師の診察を受けた場合でも、不要な検査を繰り返して行うようなことにはならない。医師の予約についてもオンライン上で可能であり、病院での待ち時間は従来の3分の1にまで減ったといわ

第Ⅲ部　産業インフラとしてのブロックチェーンの可能性

れている。

　また電子カルテは、処方箋の電子化にもつながっている。患者が医師に
かかった後、医師は診察内容、処方箋をすぐにオンラインで入力する。ID
と紐づいているため、患者が薬局に行き、薬剤師にIDカードさえ提示すれ
ば、すぐに薬を受け取ることが可能だ。さらに患者が確かに薬を受け取っ
た、という情報は医師にもフィードバックされ、医師が処方した薬の内容
などはデータベースとして蓄積されていく。電子カルテへのアクセスは権
限のない者には禁じられており、患者は、自分のカルテにいつ、誰がアク
セスしたのかを常時確認することができるのである。

　これまで見てきたような、教育、治安、医療のほかにも、エストニアで
は国会閣議や住民登録、法人登記、税金納付から、公共交通チケット、公
営パーキング運営に至るまで、実にさまざまな分野でデジタル化を進めて
きた。具体的な効果を取り上げると以下の通りになる。

- 電子署名の導入により国民労働時間1年あたり1週間分削減（GDP 2％
に相当）
- 国会の閣議時間が5時間から30分に短縮
- 法人登記の完了まで最短18分
- 税金の電子納付率98％、確定申告完了まで最短3分
- i-Voting（電子投票）の導入によりコストが5分の2へ減少

　エストニア政府のIT関連年間予算はわずか5000万ユーロ（＝約60億
円）と、他国に比べて圧倒的に少ない（フィンランド20億ユーロ、英国
200億ユーロ）。エストニアはオープンソースを活用しながらこうした電子
化を実現したといわれており、日本の大手企業一社のIT関連費用より少な
い予算で運用されているのも、驚くべき点である。

　エストニア政府が低予算でこうした電子化を実現した背景には、各省庁
のデータベースを連携させる「X-Road」とよばれる仕組みがある。これは、

第 16 章　エストニア電子政府の取り組みについて

各省庁が別個に持つ住民登録情報やヘルスケアの情報などのデータベース同士を、それぞれ Peer-to-Peer でつなげ、情報の相互参照を可能とするデータ交換基盤を指す。ブロックチェーンの分散管理というコンセプトに通じる技術を、データベースの中央集権的な一元管理が主流であった2001 年から稼働を開始しているという点で、この取り組みは先進的だったといえる。次にこの X-Road について触れていきたい。

(5) 省庁間のデータベースを相互連携させる X-Road

X-Road の通信手段は、インターネットを利用している（**図表16-4**）。X-Road への接続は、すべてセキュリティサーバー（イメージ図の各ノードにある鍵のマーク）を経由して行われ、データは暗号化され、署名を付与して送信、全ログが記録される。また X-Road 全体のオペレーションを統括する X-Road センターのセントラルサーバーでは、ログの監視や利用者の本人確認などを司っている。実際のデータのやりとりはそれぞれのデータベース同士が通信を行っており（同図の太いライン）セントラルサーバーを経由していない。

各省庁などが、それぞれが異なる仕様のデータベースで管理している情報も、インタラクティブに交換でき、また莫大なコストをかけレガシーシステムを刷新せずとも、それを活かしたままデータ連携を可能とする。また X-Road は銀行や通信会社など、民間企業も接続を許されている。たとえば、銀行ではインターネットバンキングと連携させ、国民 ID による個人認証と合わせ、政府のデータベースに個人情報を確認するなどの手段として活用されている。

X-Road のシステムを考案・開発したのはエストニアの IT 企業であるサイバネティカ社である。そして、ログの整合性を常時監視しセキュリティ面を担保するために後述するガードタイム社のブロックチェーン技術である KSI（Keyless Signature Infrastructure）が採用されている。民間の技術を活用し、セキュリティを確保しつつ民間にもオープンにした政府基幹シス

図表16-4　X-Road イメージ図

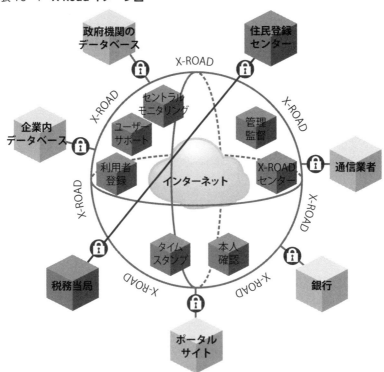

(出所) エストニア政府資料に加筆修正

テムとして注目される。

(6) 政府が保管する国民の個人情報は極力減らす

エストニア政府は、極力国民の個人情報は持たないようにしようと考えている。この考えは、政策にも色濃く反映されている。この考えは、エストニアの政府機関は国民から直接得た個人情報を2回以上聞いてはいけない、というデータワンスポリシーともいうべき政策に反映されている。たとえば住民票に個人の住所がいったん登録された場合、その個人が運転免

第16章　エストニア電子政府の取り組みについて

許証を取得する際には改めて住所を告知する必要はない。X-Road を使えば、運転免許証データベースが住民票データベースに直接住所の情報を取りにいける。また、一つのデータはあくまでも一箇所の格納場所になければならず、複数のデータベースに保管してはいけないというポリシーも定めている。この政策は、国民の利便性を向上させるとともに、政府が保管するデータ総量を減らすことにより、データの管理コストを低減する、という意図もある。

　利用者は、自分の情報が閲覧された場合には、必ずログを参照できるような仕組みになっている。そして目的外などの違法な閲覧行為には非常に大きなペナルティが科せられることとなっている。

(7) 国民以外にもIT基盤を広く世界に開放し、 スタートアップ企業を誘致

　エストニアは、こうしたデジタルプラットフォームを自国で抱え込まず、広く世界に開放する試みも始めている。2014年12月からスタートした「e-Residency」とよばれるサービスは、エストニア国民に限らず、非居住者に対しても同様のデジタルIDを発行し、電子政府のサービスの利用や、安全な本人認証ができるようにしたものだ。

　たとえば非居住者がエストニアで銀行口座を開設しようとした場合、スカイプなどの映像通信で銀行と面会することにより、国外からでもオンライン上でエストニアの銀行口座を開くことが可能となる。同様に非居住者による起業も容易に行える。政府によると2016年11月時点で131ヵ国から、当初計画の3倍以上にあたる1万5000件もの申請があり、また1000社以上ものスタートアップ企業が設立された。

　こうした方法により仮想エストニア国民を増やし、スタートアップ企業を誘致していくことは、エストニア経済の活性化へとつながる可能性が大きい。のみならず、エストニアがこうしたプラットフォームをオープンにすることで、世界中のアイデアやノウハウを借りながら、このプラットフォームのアプリケーションを充実させ、より大きな経済効果を得ること

251

第Ⅲ部　産業インフラとしてのブロックチェーンの可能性

ができるというメリットもある。

　実際に、金融取引に欠かせない個人認証の仕組みを備えているとして、e-ResidencyのID管理手法が世界の金融機関やフィンテック企業から注目を集めている。欧州の都市で、e-Residencyをすべての市民に発行し、マネー・ロンダリング防止に活用しよう、と検討している話もあるようだ。EU加盟国間のデータ連携にX-Roadを活用しようとするX-Roadヨーロッパ構想というプロジェクトも進行中だ。

3 ガードタイム社による エストニア電子政府への貢献

　政府はこうした基盤を構築するために積極的に民間企業と連携、その技術を採用している。ここでX-Roadのセキュリティ面を担保するガードタイム社を紹介しよう。

　ガードタイム社は、エストニアのセキュリティ企業として2006年に創業。本社はアムステルダムだが、旧ソビエト時代の暗号研究の中心地であったエストニアにR&D拠点を配置している。最大の取引先は米軍であり、そのほかエストニア、米国、EU、UAE、中国など多くの政府をクライアントに持つ。中国とは多数の契約があり、中国独自の暗号技術の開発を手助けしているという。米国NSA（国家安全保障局）は「今後の脅威はデータ改ざん」としており、ガードタイム社はこうした機密データの整合性を守る事業に特化している。

(1) 国家機関レベルのデータ改ざんを検知する KSIブロックチェーン

　KSI（Keyless Signature Infrastructure）は、複数の機関で大量発生するデータの改ざんを検知する、ガードタイム社独自の技術だ。KSIは自身でデータを保持しているわけではなく、外部のデータベースに格納されているデータが、いつ、どこで発生したかの要約（ハッシュ）をチェーンにす

る仕組みである。その点本書で述べられているブロックチェーンとはやや異なるが、広くブロックチェーン技術と捉えられている（第I部第2章および第III部第12章参照）。KSIは、改ざんが行われた場合、過去のどの時点、どのデータ発生箇所で改ざんされたかを1秒間隔で検出することができる。改ざん検知に特化しているからこそ、リアルタイムな検知が可能といえよう。

また台帳（データ）そのものを持たず任意のデータ発生源を取り扱うことができるため、レガシーシステムから発生するデータの改ざん検知にも適用でき、システム間でデータを秘密にしておくことが可能だ。ガードタイム社は2007年にKSIをエストニア政府のX-Roadに提供、これにより、電子政府サービスの信頼性がより盤石なものとなったといえる。

(2) ビットコインは国家のデータ管理には不適

「ビットコインのブロックチェーンやイーサリアムはガバナンスが不明瞭であり、国家のデータ管理には使えないだろう」と、ガードタイム社のCTOであるマシュー・ジョンソン氏は語っている。PKI（公開鍵基盤）も万能ではなく、PKIでもすべてを解決するのはスケーラビリティの面で困難だと言う。世の中の仕組みは秘匿性（情報を秘密にすること）と整合性（対改ざんなど）を同時に扱おうとしている点が課題だ、と説いている。

また、エストニアはロシアから幾度もサイバー攻撃を受けており、その教訓としてどれが正しい時点のデータかを知ることができ、正しい状態へ戻す対応ができることが最も重要だと述べている。情報漏洩、改ざんなど、未知の脅威に対抗する完全対策はないため、脅威が発生しうることを認めた上で効率的に対処することが重要、という意図であろう。

253

第Ⅲ部　産業インフラとしてのブロックチェーンの可能性

4 理想はインビジブルガバメント

(1) サービスを徹底的に簡素化する

　エストニアが描く、将来の電子政府像はインビジブルガバメント＝見えない政府だ。真のサービスとは、利用者も気づかないうちにすべての手続きが簡単に、意識せずとも完結すべきものだ、と考えている。パソコンの画面上でマウスをクリックする回数にまで気を配り、すべてのサービスで徹底した簡素化を実現することを目指している。たとえば2000年からスタートしている確定申告の電子化において、最短3分で完了するという事例を紹介したが、これはわずか3回のクリックで完了するようにデザインされている。

(2) 民間企業や利用者のICT基盤活用を政府が支援

　また、政府がいろいろなことに前面に立って関与することは最小限にすべきだ、とも考えている。X-Roadの運用でも、認証・セキュリティが保証されたプラットフォームはきっちりと整備するが、具体的な活用方法については民間企業や利用者の工夫を促している。あくまでも政府のスタンスは、運用していく過程で直面する問題や障害については積極的に協力をしていこう、というものである。e-Residencyを稼働する際も、国外での銀行口座開設を可能とする法改正を9ヵ月かけて可決に導いた。こうした国民の利益に資することに労力を惜しまない姿勢は、IT化の初期段階からも一貫していたといえる。

　2002年、当時まで決して高いとはいえなかった、国民のITリテラシーを向上させる施策として、政府は民間と協力しルックアットザワールドプロジェクトを立ち上げた。公民館などの公共施設において、無料でインターネットの使い方を教える、という地道な活動だ。この活動は時間に余裕のある高齢者などに口コミで広がり、開始から2年、人口の約10％にあ

254

たる 13 万人への教育を終えた時点で、ほぼすべての国民が PC やモバイル
でネット接続をするようになったという。

5 日本への示唆

「エストニアは人口 131 万人の小国だから、スムーズに政府の電子化が進
んだのだろう」と考える向きもあるかもしれない。たしかに人口 1 億人を
超える日本において、エストニアと同じようにスムーズに電子化ができる
かといえば、そう簡単にはいかないのも事実であろう。ただ、一ついえる
のは、エストニアにとって、ロシアからの独立後、国家を存続させていく
ために、デジタライゼーションを進めることが必須であり、そのためにエ
ストニアは地道ともいえる努力を怠らなかった、ということだ。

　2002 年に ID カードを導入し、政府が満足する普及率に至るまでには 6
年かかったといわれる。その間に、エストニアは国民に利便性を感じても
らえるよう、教育システムや公共交通の電子化など、さまざまな電子化を
一つずつ実現し、また国民のデジタルデバイドを解消すべく、草の根的な
IT リテラシー向上策を進めた。国民の利便性を向上させるための法改正に
は労を惜しまないなど、たゆまない地道な努力の積み重ねによって、電子
国家を実現したのである。

　さらに、国家のインフラには、利用者の信頼の裏付けとなる安全性・利
便性を技術によって確保し、官民一体でオープンなシステムを構築し、こ
れを民間企業や NGO にも開放している。こうした取り組みは、わが国が
進めているマイナンバー制度の活用方法、公共サービスのデジタル化に
とって大いに参考となるのではないだろうか。

Appendix 1.
未来年表：ブロックチェーンの未来像

加納裕三

　ブロックチェーンは、果たして、どのような形で社会に浸透していくのだろうか。ここでは、大胆に未来に起こりうることを描いてみたい。遠い将来について、このようなことも起こるかもしれないと想像しながら書いてみた。これらは、必ずしも科学的な裏付けがあるものではない。あえていえば、これまで仮想通貨およびブロックチェーンの実務家としてやってきた経験を踏まえた私の心に描くビジョンである。来るべき未来に向けて準備するためには、こうした試みも意味があると思っている。

　以下では、ブロックチェーンが社会のなかで発展していく姿を、大きく三つの時期、つまり、現在～ 2019 年、2020 ～ 2029 年、2030 ～ 2130 年に分けて提示する。

未来年表：ブロックチェーンの未来像

	仮想通貨	ブロックチェーン	政府の動き
現在（2017）— 2019			**3月　金融庁がブロックチェーンを研究** 各国をまたいだ共同研究が始まる。
	4月　ビックカメラなど大手企業でビットコイン決済の導入が加速		**4月　仮想通貨法が施行** 交換業者の登録制が導入され、登録業者には仮想通貨の分別管理、公認会計士または監査法人の監査、本人確認が義務づけられる。
		金融機関以外でもブロックチェーンの実証実験が進展 ブロックチェーンの実証実験が、不動産やインフラなどの非金融事業会社でも始まる。	
	7月　仮想通貨の消費税非課税化に伴い取引量の拡大 これまで仮想通貨の譲渡に消費税が課され、非居住者との取引が実質不可能であったが、非課税化によって国内の取引所での海外取引が活発になる。		**7月　仮想通貨の譲渡に係る消費税非課税へ**
	8月　ビットコインから「ビットコインキャッシュ」が分岐する ビットコインに SegWit が実装される（8月23日ごろ）。 マイナーによる7月21日の「投票」を受け、取引記録のデータサイズを縮小する SegWit が実装され、取引の遅延／ネットワーク手数料の高騰が緩和される。	**ブロックチェーンがハイプ・サイクルのピークを迎える** 米国でピークを迎えたブロックチェーンブームが沈静化し、徐々に他国に広がっていく。ブロックチェーンが冷静に受け入れられるようになる。	
	仮想通貨のホワイトリスト作成 指定事業者団体により、ホワイトリストの基準が明確化される。ホワイトリストとは世界に約800種類ある仮想通貨のうち安全な20種類程度の仮想通貨を一定基準により選別し、リスト化したもの。これを参考に金融庁が登録仮想通貨を決定する。	**IT企業のブロックチェーンへの参入が加速** ブロックチェーンが使われる事例が増える。	**10月　仮想通貨交換業の猶予期間が終了** 金融庁の業登録ができなかった事業者がサービスを終了する。 **11月　ISOのブロックチェーン研究会（TC307）が日本で開催** 日本の主導権のもと開催され、ブロックチェーンとDLTの違いなどが議論される。

〔　〕は確定済（いずれも2017年）の出来事

Appendix

	仮想通貨	ブロックチェーン	政府の動き
現在— 2019	**FX 事業者の仮想通貨事業への参入が加速** 仮想通貨交換業者として FX 事業者の金融庁への登録件数が増える。 **日本においてトークン革命、ICO も注目集める** ブロックチェーンを使った分散型金融プラットフォームであるカウンターパーティーとイーサリアムにおけるトークンエコノミー革命が日本で起こる。 海外での ICO を使った大規模な金額での調達成功を受け、日本でもICO の議論が活発化。 **秋、国内 100 万ユーザーを達成** ウォレットの普及とともに仮想通貨のユーザーが 100 万人に達する。メディアが大きく報道。		**ブロックチェーンの政府システムでの実証実験が始まる** 経産省、総務省などの一部システムでレギュラトリー・サンドボックスを使った実証実験が始まる。
		ブロックチェーンベンチャーの数が 1000 を超える ブロックチェーンベンチャーへの投資が加速し、世界規模で 1000 を超える。一部の有望な企業は大手 Sier に買収される。	
	女子の間でビットコイン割り勘が広がる 女性のビットコイン利用率が高まる。 **ビットコインの盗難犯罪が深刻化** サイバー攻撃により、ビットコインが不正に引き出される事態が頻発する。		**指定業者団体の作成するホワイトリストが議論となる** 新しい仮想通貨を追加するときのホワイトリストのあり方について議論が白熱。

未来年表：ブロックチェーンの未来像

仮想通貨	ブロックチェーン	政府の動き
ビットコインが投資対象に ビットコインは安定した投資機会の対象として考えられる。先物、オプションに加え複雑なデリバティブが作られ成長していく。	**ブロックチェーンが世の中のバズワードになる** ブロックチェーンの評価に賛否が分かれる。いくつかのブロックチェーンプロジェクトは廃止されるが、同時に、成功したプロジェクトが加速される。	**不動産登記が一部ブロックチェーン化する** 不動産登記簿がブロックチェーンに載ることで、不動産売買が容易になる。
イーサリアムのモバイルのためのプラットフォームであるメトロポリスがリリース		
	マルチクラウドでの BaaS（Block chain as a Service）が登場 複数のクラウドサービス上でブロックチェーンが使えるサービスが登場。	
	ブロックチェーンを使った国際送金が行われる 手数料が安価で速い送金が認知される。	
ビットコインの署名が Segwit が使えるシュノア署名に移行 ビットコインのトランザクションのほとんどが楕円曲線DSA署名からシュノア署名に移行する。これにより、トランザクション展性はほぼできなくなる（つまり改ざん困難となる）。	**音楽がブロックチェーン上で配信される** 仮想通貨を支払って、音楽を聴けるサービスが開始される。	
国際送金における仮想通貨の利用が普及 仮想通貨取引事業者による資金移動業登録（および海外における類似ライセンス取得）が進む。仮想通貨取引所間の国際的な連携が進捗し、国際送金における仮想通貨の利用がより簡便になり、利用が普及する。		

259

	仮想通貨	ブロックチェーン	政府の動き
現在―2019		**Googleのブロックチェーンプロジェクトが公開される** 非公表で進んでいたGoogle社のブロックチェーンプロジェクトが大々的に発表される。	**食のトレーサビリティーの実現** HACCP（Hazard Analysis and Critical Control Point）が法律で義務化され、食品の加工工程がブロックチェーン上に記録されるようになる。
	アップルペイ、アンドロイドペイがビットコインに対応	**スマートコントラクトでの事故が多発** バグによるハードフォークが多発し、スマートコントラクトの実用性について議論が行われる。	
	非中央集権的取引所が設立 非中央集権的な仮想通貨取引所のUXが完成しようやく利用され始める。従来型の中央集権的な取引所もより便利になり併用される。	**ブロックチェーンを選挙に活用** 投票率向上のための取り組みと技術進歩により、一部の自治体でブロックチェーンを活用した投票管理システムを採用した選挙が実施される。	**違法音楽・動画配信で逮捕者** ブロックチェーン上で配信された著作権に違反した音楽情報が消せないことが問題としてあげられる。
	仮想通貨の利用範囲の拡大 東京オリンピックにむけて、仮想通貨を利用可能な飲食店が増える。また、国際空港ターミナルに仮想通貨と現地通貨ATMが設置される。	**IoTサービスのためのブロックチェーン** 健康のモニタリングや体温計などのIoT機器が次々と登場する。データをブロックチェーン上で集約して、医療や保険料算出などに利用されるようになる。	
		共通インターフェースを持ったマルチブロックチェーンの登場 一部のブロックチェーンがつながり、本人確認などが容易になる。	
	アフリカの一部の国でビットコインが法定通貨となる アフリカの一部の国で法定通貨にビットコインが採用される。	**ロールバックによる事故** ファイナリティー（決済完了性）がないプライベートブロックチェーンでロールバックが起こり、預金残高データを失う事故が発生。	**絶対に止められないDAOが問題になる** 人々がDAO（Decentralized Autonomous Organization：分散型自律組織）は一度動き始めると止められないことに気づき始める。

未来年表：ブロックチェーンの未来像

	仮想通貨	ブロックチェーン	政府の動き
2020 — 2029		**ブロックチェーンによる電気の取引** 地理分散されたエネルギー供給源の増加により、エネルギーの家庭や企業での地産地消がなされる。一方的に行われていたエネルギーフローは双方向になり、中央集権的に行われていた電力の販売はブロックチェーンにより非中央集権的になっていく。	
	日本でビットコインの ETF〈上場投資信託〉が上場される 数百億規模のファンドが組成される。これによりビットコインの価格はさらに上昇。日本は仮想通貨先進国へ。	**ブロックチェーンでの初の死者** ビル火災が発生し、ブロックチェーンで管理されていた電子ロックがネットワークの不具合により解除されず、燃えたビルの中で取り残される。	
		IoT でマイクロペイメント（少額決済）が可能に 1 円未満の決済をブロックチェーンで実現する。秒単位で課金する新しいビジネスモデルの登場。	**ブロックチェーンで忘れられる権利が問題になる** 絶対に消せない記録が悪用され、個人情報が消せないことが問題になる。法律で規制することが議論される。
	仮想通貨の売買益の申告漏れを所得税法違反で告発 2016 年分所得の税務調査で、仮想通貨の売買益 3 億円の申告漏れを A さんが指摘され、所得税法違反で告発される。		
	グローバル Suica の実現 国内外問わず、Suica のような電子マネーサービスが使えるようになる。	**ブロックチェーン開発メーカーの集約** アマゾンの音声認識システム Aleza がパーソナルアシスタント分野を席巻するように、少数のブロックチェーンのリーダーが世界を席巻する。	
	小規模国家での通貨発行停止、仮想通貨の導入 自国通貨や、他国の基軸通貨の代わりに、仮想通貨を採用する国家が登場する。	**ブロックチェーンの標準規格が成立** 長い議論の末、標準的なブロックチェーン実装のガイドラインがまとめられる。	**宅地建物業法改正。仮想通貨での不動産売買が可能に。** 仮想通貨での宅地建物売買は事実上不可能（贈与扱いとなる）だが、支払いの対価として法定通貨以外が認められるようになる。

261

	仮想通貨	ブロックチェーン	政府の動き
2020 ― 2029	**仮想通貨が決済インフラとして定着** 仮想通貨で決済可能なクレジットカード、端末の普及により、日常において仮想通貨が利用できる環境が整う。	**民主主義のためのブロックチェーン** 政治に対する人々の信頼が減っていき、ブロックチェーンによる民主革命が議論を呼び始める。事前に定義された政治のルールにより、法律を可決するかどうかが有権者のみによって決められる。	**東京オリンピックでのブロックチェーン・仮想通貨を使ったスマートシティ政策** ブロックチェーンでチケット入場・管理し、ビットコインで支払うシステムにより、スムーズな運用がなされる。
	ビットコイン半減期 ビットコインのマイニング（採掘）が半減し、ブロック報酬が6.25BTCとなる。マイナー（採掘者）にとって手数料がより重要となり、エコシステムの均衡を保つための状態を模索する。	**小国の政府のシステムがすべてブロックチェーンに置き換わる** 複数の小国において、政府の基幹システムがブロックチェーンに置き換わる動きが出てくる。	
		認定されたプロによるDAOの運営 DAOは自主規制により運営方針についての標準が定められる。ブロックチェーン上もしくは外部で起こったことにたいしての紛争解決組織ができる。	**世界各国で仮想通貨法の整備が進む** 日本の法施行による結果が出始め、各国でも仮想通貨に特化した法律が可決される。
		ISOで相互運用性のためのインターフェースが定義される ISOでインターフェースが定義され、国際入札が盛んになる。	**ブロックチェーンに特化した情報諜報機関の設置。民事執行法の改正** ブロックチェーン上の金融取引を追いかける専用の情報諜報機関が設置される。 また行政が仮想通貨を差し押さえできるように、民事執行法が改正される。
	仮想通貨での送金が流行し始める ネットバンクでの画面からSWIFT送金がなくなる。		**マイナンバーのブロックチェーン化** マイナンバー法が改正され、ブロックチェーンに書き込まれる。これにより、本人確認はすべてブロックチェーンを参照するだけになる。

未来年表：ブロックチェーンの未来像

仮想通貨	ブロックチェーン	政府の動き
		信託法が改正 仮想通貨を信託保全するための法律が制定される。これにより仮想通貨が倒産隔離された状態で信託され、顧客保護が一層充実したものとなる。
	株・債券の一部取引がブロックチェーンへ ブロックチェーン化によりDVP（Delivery Versus Payment）が促進され、フェイルリスクが縮小される。資金が効率化される。	**企業会計基準委員会が仮想通貨に係る会計処理基準を制定** 仮想通貨の会計処理方法が会計基準により確定。他の外国通貨と同様、原則時価評価となる。
		仮想通貨の売買に係る所得税率を改正 他の金融商品と同様フラット税率とし、原則として所得税15%、住民税5%の申告分離課税となる。
	DNSがブロックチェーンになる ICANNのドメイン管理システムが劣勢になる。DNSはNameコインなどのブロックチェーン型に移行が始まる。	**年金記録がブロックチェーン化** データが失われない特性を活かし、年金記録をブロックチェーンで管理し始める。
ビットコインに代わる仮想通貨が台頭 ビットコインよりも安全で効率的な合意形成アルゴリズムが発明され、パブリックチェーンは移行される。		**仮想通貨取引所に対する規制強化** 仮想通貨取引所間の行きすぎた競争により規制が強化される。
		ブロックチェーンに初の規制 スマートコントラクトでの事故が多発し、一部の利用例について規制される。

263

Appendix

	仮想通貨	ブロックチェーン	政府の動き
		貸出記録のブロックチェーン化 ブロックチェーン上のビッグデータ分析により、中央銀行による貸出規制などがタイムリーに行われる。システマチックリスクの防止に寄与する。	**仮想通貨が金融商品取引法の管轄下に入る** 仮想通貨が金融商品として認定され、金商法の管理下に入る。それに伴って規制の強化（金商法上の規制が適用）に各社対応が求められる。
	ビットコインが、決済金額、決済件数ともに電子マネーを上回る 国を越えた使用が可能、為替手数料も不要といったメリットが一般に浸透。市場自体が拡大。		
		全銀システムがブロックチェーンへ 全銀システムがブロックチェーンへ移行。24・365運用に加え、少額決済でも瞬時に決済が行われる。RTGSの実現へ。	**デジタル JPY が発行される** 日本銀行発行のデジタル JPY が発行され、決済がスムーズになる。
2030 ― 2130	**海外送金の仮想通貨ボリュームが法定通貨を上回る** 国際送金は仮想通貨が主流に。安全性・手数料の低さが周知され、国際貿易の決済に仮想通貨が使われる。	**硬貨需要低下に伴い、造幣局 さいたま支局、広島支局が閉鎖**	
			中央銀行がブロックチェーンでつながっていく 共通化されたインターフェースにより、中央銀行システム自体がブロックチェーンで疎結合されていく。決済が短期間で行われることで滞留資金が少なくなり、資本効率が大幅に上がる。
	SHA-256 衝突 SHA-256の衝突について最初の論文が出される。	**後進国でブロックチェーンの利用が大きく発展** 後進国で仮想通貨およびブロックチェーンを用いた銀行システム、政府システムが導入される。雇用、社会保障、経済発展の面で大きく寄与する。	

未来年表：ブロックチェーンの未来像

仮想通貨	ブロックチェーン	政府の動き
最後のビットコインが採掘される 最後のビットコインが採掘される。すでに手数料収入のほうが大きくなっており、継続してビットコインは運用される。	**ブロックチェーンのみで作られた国家の誕生** 通貨、法律制定、政治、社会保障などを含む社会システムがブロックチェーン上で行われる。	**日本銀行券および硬貨を廃止。日銀が法定通貨をブロックチェーンへ移行** 法定通貨はすべて体内に内蔵されたチップで電子的に使用される。
世界共通の仮想通貨の利用率が法定通貨を超える 法定通貨と仮想通貨が状況により使い分けられる。	**法人のモジュール化** ブロックチェーンにより、法人はモジュール化され、機能ごとに特化されたサービスが行われる。各分野で飛び抜けたサービスのみが生き残れる。	**日銀がブロックチェーンで当座預金を管理し始める** 日銀の当座預金がブロックチェーンとなる。決済はすべてブロックチェーンで行われる。
		市中銀行口座の廃止 市中銀行は中央銀行の口座残高をもとに与信を行う。

Appendix 2.
「The DAO事件」
「Bitfinex事件」から得られる示唆とは

林祐司

はじめに

2014年2月、まだ日本ではそれほど浸透していなかったビットコインの名が、広く知れ渡るきっかけとなった事件が起こる。当時世界最大のビットコイン取引所運営会社であったMTGOX（マウントゴックス）社が、経営破綻した事件である。この事件の全容は未だ明らかにはなっていないが、事件から3年以上が経過した現在、はっきりしている点が一つある。それは、この事件の原因が、ビットコインやブロックチェーンの仕組みの欠陥によるものではなく、あくまで取引所の運営体制や会社経営者の資質の問題にあった、という点だ。ビットコインや、それを支えるブロックチェーンの仕組み自体の信頼性が、この事件によって揺らいだわけではない、というのが現状の大勢の見方である。

しかし、このことは裏を返せば、いくらブロックチェーン自体の仕組みが信用できるものであったとしても、そこから派生して生まれるさまざまな事業や、サービスを運営していく上では、技術の力だけでは解決できない問題がこれからも起こりうる、ということを意味している。実際にブロックチェーンに絡み、2016年6月にはイーサリアム上で実験的に組成された投資ファンドの資金が流出した、いわゆる「The DAO（ザ・ダオ）事件」、そして同年8月には、香港の仮想通貨取引所がハッキングを受けた「Bitfinex（ビットフィネックス）事件」などが、相次いで起こっている。

本コラムではこの二つの事件を例にとり、その顛末を俯瞰した上で、事件から得られる示唆や、今後ブロックチェーンが社会に浸透していく上で

議論しなければならないポイントについて考えてみたい。

1 The DAO 事件

"DAO" のコンセプトを実証するための
実験的プロジェクト

The DAO は、ドイツのブロックチェーンスタートアップ企業である Slock.it（スロックイット）がサイドプロジェクトとして組成した事業投資ファンドである（Slock.it の主業は、シェアリングエコノミー向けのブロックチェーンサービスの提供）。本書の中でも触れられているが、"DAO（Decentralized Autonomous Organization）" とは、一般に「分散型自動化組織」とよばれ、管理者がいない状況下でも自律的に活動をし続ける組織の概念自体のことを指しており、"The DAO" はそのコンセプトを実証するための、具体的な実験的プロジェクトを指す固有名詞である。

通常の事業投資ファンドであれば、資金調達や投資先の選定など、ファンドを運営する管理者や責任者が存在するが、The DAO はブロックチェーンを用いた「管理者不在の非中央集権的事業投資ファンド」の実現を目指して組成された。投資の希望者は、「DAO トークン」とよばれる独自コインを購入することで、この投資ファンドに参加し、出資することができる。集められた資金を投資する先の選定は、トークン保有者の投票によって決められる。そして事業が成功すると、その収益がトークンの保有者に還元される。最大の特徴は、こうした投資から収益還元までの一連の契約が、すべてプログラミングされた Code（コード）、つまりスマートコントラクトで自動執行される仕組みである、という点だ。

The DAO はイーサリアムをプラットフォームとして組成され、2016 年 4 月より、トークンの販売を開始。およそ 2 ヵ月でイーサリアム上の仮想通貨である「イーサ」1 億 5000 万米ドル相当を集めた。ところが 6 月 17 日、スマートコントラクトのバグをねらったハッカーにより、その内の 5000 万米ドル相当が流出するという事件が起こったのである。

Appendix

Split機能の悪用によるハッキング

ハッカーの手口は、The DAO に備わった"Split"という機能を悪用したものだ。Split とは、The DAO の運営方針に対して賛同ができない場合に、自分がプールした資金を The DAO 本体から切り離した"子DAO"を作成し、資金を移すことができる機能である（ただし参加者の承認が必要）。ハッカーはこの Split 機能を悪用し、まず子 DAO を作成した上で、自身の資金をそこに移転させた。さらに、投資先から報酬を還元させる機能のバグを突いて、The DAO 本体に集まったその他の資金を、子 DAO に繰り返し移転させていったのである。本来は、報酬還元の指示がなされた場合には、一度のみ送金を許可する機能であったが、プログラムのバグによって、これを何度も行うことが可能な状態であったのだ。Split 機能を使って移転した資金は 27 日間使用できない、という制約があり、The DAO はその間に解決策を考えなければならない事態に陥ったのである。

ハードフォークによりハッキングが「なかった」ことに

こうした事態に対し、もはや The DAO プロジェクト内だけでは対処することはできず、プラットフォームであるイーサリアム本体が解決に乗り出すこととなった。解決策について、ネット上でもさまざまな意見が飛び交ったが、概ね二つの方法に意見は集約された。

一つは、ハッカーが資金を移転した先の子 DAO のアドレスを凍結し、使用できなくするという「ソフトフォーク」という方法である。ただし、この方法をとると、移転された資金を利用することは一切できなくなり、もともとの保有者に資金を返還することは不可能となる。

もう一つの方法として、イーサリアム本体が利用者に対して提案したのは、流出した資金を The DAO に戻すため、既存のイーサリアムと互換性のない新しいイーサリアムプログラムを全ノードに配布し更新を求める「ハードフォーク」である。これは、新しいプログラムへ更新することに

268

よって、ハッキングが起こる前の状態に戻す、つまりハッキングをそもそも「なかったことにする」という措置であった。最終的には、27日が経過した2016年7月20日に、ノードの大半の賛同を得て、ハードフォークが実行された。

ハードフォークが投げかける問題提起

こうして、分散型自動投資ファンドThe DAOの実験的試みは、本来の目的を達成する前に、資金調達段階で頓挫してしまった。イーサリアムの創設者ヴィタリク・ブテリン（Vitalik Buterin）氏は、イーサリアム自体もまだ実験中のシステムであるため、ハードフォークはやむをえないものだった、と弁明している。しかし、この対応に反発する声も根強く、現状ではいまだ旧版のプログラム（イーサリアムクラシックとよばれる）上で旧イーサも継続して取引されており、同じイーサリアムで新旧二つが併存する、という不安定な状況が今も続いている。

この事件は、Codeにバグがあったことも発生の一因ではあるが、そもそもあらゆる可能性を想定し、完全なるコントラクトを準備しておくことは、現段階では困難だということを浮き彫りにした事件だったといえる。

完全な分散型自動化組織において、Codeは絶対的な法律・規則であり、絶対に変更してはならないものである。さらにいえば、本来ブロックチェーンは改ざんが困難であり、非中央集権的であるということが根本の思想であったはずだ。それを、イーサリアムのコミュニティ主導者やコア開発者、いわば"管理者"たちが先導したハードフォークによって、あっさりと変更を加えてしまったわけである。このことはDAOのコンセプトそのものに対する疑念を抱かせることにもつながったといえる。

しかし一方で、短期間の間にこの実験的取り組みに1億5000万米ドルもの資金が集まった、という点も無視してはならないだろう。それは、現実社会の企業組織のあり方を大きく変革させる可能性がある技術に対する、高い期待の表れともとることができる。既成の法制度や組織に頼らな

Appendix

い、新しい組織のかたちが生まれる可能性にチャレンジをした、画期的な取り組みだったとして、その意義を認める意見が多くあるのも事実である。

2 Bitfinex事件

仮想取引所Bitfinexへのハッキング攻撃

ここで話題を変え、Bitfinex事件へ目を向けよう。2016年8月、前述のMTGOX事件の再来ともいえる出来事が起こった。香港を拠点とする仮想通貨取引所Bitfinexがハッキングを受け、11万9756BTC（当時のレート換算で日本円にしておよそ65億円超）が盗難にあったというものだ。実は、ビットコインなどの仮想通貨取引所のハッキング被害は頻発しており、これまでにもイギリスやスイスの取引所もハッカー攻撃を受けている。今回の被害額は、前述のMTGOX事件の被害総額約500億円に次ぐ規模だといわれている。

MTGOX事件との違いは、MTGOXが最終的に破産手続きに至ったのに対し、Bitfinexは現在でも事業を続けている、という点だ。Bitfinexはハッキングを受けた数日後には、その損失額を自社にアカウントを持つすべての顧客に負担させる、という方針を発表した。ビットコインを含むすべての資産に対して、一律36.067%（自社の全保有資産に占める、今回のハッキング被害額の割合）の損失額を預金者全員から徴収し、その代わりに「BFXトークン」を付与する、というものであった。

BFXトークン発行による解決策

BFXトークンとは、保有していればBitfinexの収益から配当が支払われる、いわば社債のような性質を持つトークンであり、仮想通貨と同じようにブロックチェーンのプラットフォーム上で発行された。当初1BFX＝1USドルで発行され、市場で自由に取引したり、将来的にBitfinexの運営会社

270

である iFinex 社の株式と交換することも可能なものである。2016 年 8 月に発行したトークンは、取引開始当初から売りが先行し、価格が大幅に下落はしたものの、配当を目的とした長期保有者や、価格高騰をねらった買い筋なども一定数いたため、取引自体は行われ続けた。Bitfinex は取引所の利益の中から、定期的に BFX の買い入れ消却を行い、2017 年 3 月には、すべての BFX トークンを買い戻して、一連の対応は終結をみたのである。

ブロックチェーンを使った「社債」取引の実現

「ハッキングを受けていないユーザーにも損失を負わせるということは、当社のサービス利用規約に反するものではないか」と、今回の対応については否定的な意見もあった。一方で、MTGOX の時とは違い、Bitfinex はいち早くハッキング被害への保証を表明し、対策をとったという点で賞賛に値する、という見方もあった。いずれにしろ現在も Bitfinex が運営を続けているという事実を考えれば、利用者は今回の対応を概ね支持していたとも考えられるだろう。

　ブロックチェーン関係者の間では、「Bitfinex が損失補填をした」という事実よりもむしろ、その方法に注目が集まっていた。発行された BFX トークンは、損失補填額、つまり会社の債務をトークン化したものであり、それをブロックチェーン上で流通させたということ自体が、画期的なことではないかと考えられた。証券会社や証券取引所が、株や債券をブロックチェーン上で取引する実証実験を各所で試みているかたわらで、Bitfinex は債務をトークン化した"社債"の取引を、実験ではなく実社会の場で早々に実現してしまったわけであり、このことがブロックチェーン関係者に衝撃を与えたのである。

Appendix

3 The DAO 事件、Bitfinex 事件の教訓

利用者の保護体制を万全に

The DAO 事件、Bitfinex 事件に共通するのは、いずれもハッキングによって引き起こされた事件だったということだ。それも、ブロックチェーンの合意形成手法に対する攻撃ではなく、そこから派生した投資ファンドの仕組みや仮想通貨交換所のシステムに対するものだ。冒頭にも述べた通り、ブロックチェーンの仕組み自体には欠陥がなくても、それを応用し、事業化する過程では、こうしたハッキング事件のみならず、さまざまな問題が今後も十分起こりうることが予想される。大事なポイントは、こうした起こりうる不測の事態に、どう対処するかということではないだろうか。

Bitfinex の場合には、利用者のビットコインが盗まれるという被害に対し、まだしっかりとした利用者保護の法制度が整っておらず、独自の損失補填策をとったわけであるが、まずはこうして繰り返し起こる事件を教訓に、サービス利用者に対する保護体制や紛争解決の手段を整備しておくことが重要ではないだろうか。

人間による解釈・判断がまだ必要

The DAO 事件においても、結局のところハッキングに対し Code に完全に依存した解決は現段階では不可能であり、状況に応じた人間による解釈・判断がまだ必要である、ということが明らかになった。プログラムではなく、オフチェーンでの当事者間の話し合いによる解決方法を決めておいたり、また権限の一端を既存の権威ある管理機関などにまかせたりするなど、ガバナンスの方法については当面議論を継続していくことが求められるだろう。

サイバースペースの自治を求める人々は、権威に頼らない、まったく新

しい自動化された組織像を理想としているかもしれないが、最終ゴールを一足飛びに目指すことはやや現実離れをしているかもしれない。現実社会と新技術をどう融和していくか、今後も考えていくことが重要ではないだろうか。こうした困難やトラブルを乗り越えて、試行錯誤を繰り返していくなかで、たとえば BFX トークンのような新しいイノベーションが次々と生まれていくのかもしれない。

Appendix 3.
ブロックチェーン用語集

（NIRA 総研作成）

1 API（エーピーアイ）

ハードウェアやソフトウェアの機能を第三者が利用するための手順やデータ形式などを定めた規約のこと。開発者は API に従って機能を呼び出すだけで、一からプログラミングすることなくその機能を利用したアプリケーションを作成することができ、開発の効率化が図れる。"Application Programming Interface" の略語。

2 DAO（Decentralized Autonomous Organization）

日本語訳は「分散型自律組織」（または「分散型自動化組織」）。ビットコインとブロックチェーンに注目が集まり始めた 2013 年頃から広まったコンセプトで、中央管理者がおらず、組織の意思決定や実行などをすべてスマートコントラクトで自動的に行う組織のこと。DAC（Decentralized Autonomous Corporation）とよぶこともある。Ethereum 上で、DAO のコンセプトを実現しようとした実験的試み「The DAO」がハッキングを受けた事件が 2016 年 6 月に大きな話題となった。

3 Ether（イーサ）

Ethereum（ブロックチェーン上で分散型アプリケーションやスマートコントラクトを開発・実行することができるプラットフォーム）で使用される通貨の単位。また、Ethereum のプラットフォームでは、プログラムを実行させるためには、Gas（ガス）とよばれる、いわば「燃料」のような使用料を払う必要があり、その購入は Ether で行われる。この仕組みは、開発者にとって、より少ない Gas で実行できるような効率のよいプログラムを書くインセンティブとなっている。

4 Ethereum（イーサリアム）

NPO 団体である Ethereum Foundation によって開発された、誰もが自由に、ブロックチェーン上で分散型アプリケーションやスマートコントラクトをより簡単に開発・実行することができるオープン・ソースのプラットフォーム。中央機関による管理はなく、アプリケーションにおける取引はピア・ツー・ピアで行われるため、システムダウンや第三者による介入などのおそれがない。Ethereum では、"Ether" という単位の通貨が使用される。

5 FinTech（フィンテック）

「ファイナンス」と「テクノロジー」を掛け合わせてつくられた造語で、金融と IT（情報技術）の融合による技術革新や、それを実際に手掛ける事業者のことを指す。モバイル端末を使った決済サービス、AI を活用したビッグデータ活用や資産運用アドバイス、インターネットによる Peer to Peer レンディングなどのサービスが行われている。

6 ICO（アイシーオー）

事業者が、仮想通貨やトークンをブロックチェーン上で発行・販売することによって、投資家から資金を集める資金調達方法のこと。投資家はビットコイン等の仮想通貨で払い込みをする対価として、事業者のサービスを利用することができる仮想通貨やトークンを受け取る。また、事業者は投資家から受け取った仮想通貨を専門の取引所で現金に換金し、サービス開発等の資金にあてる。昨今、投資対象として注目を集める一方、資金洗浄等に利用される懸念から規制も検討されている。"Initial Coin Offering" の略語。

ブロックチェーン用語集

7 IoT（アイオーティ）

身の回りにあるモノにセンサーや電子デバイスを埋め込み、インターネットへの接続や相互の通信を可能にすることで、ヒトとモノ、モノとモノにおける情報やデータのやりとりをする仕組みのこと。これにより、モノの自動制御や遠隔操作を実現でき、新たなビジネスへの発展が期待されている。"Internet of Things" の略語。

8 Peer to Peer（ピア・ツー・ピア）

ネットワークに接続されたコンピューターが、中央サーバーを介さずに直接データの送受信をする方式。また、そうした方式を用いて通信するソフトウェアのこと。

9 Proof of Work（プルーフ・オブ・ワーク）

コンセンサス・アルゴリズムの一つで、より多くの作業（仕事）をした者に決定権を与える、という考え方にもとづいて、ブロックチェーンのブロックが承認されたことを証明する仕組み。その基本的なアイデアは、サトシ・ナカモトのビットコイン論文中で述べられたものである。ビットコインでは、マイナー（採掘者）とよばれる人々が、自発的に多くのCPUパワーを使用し、コンピューターによって膨大な計算を解くマイニング（採掘）競争の結果、その勝利者に報酬を与えることにより、そのブロックが承認されたことを証明する。

10 仮想通貨

不特定多数の間で代金の支払いなどに使用でき、かつ、専門の取引所を介して日本円や米国ドルなどの法定通貨と交換できる、電子的に記録・移転される通貨のこと。代表例は、ビットコイン。デジタル通貨やプログラム可能な通貨とよばれることもある。本来は、セキュリティ対策として暗号技術が用いられていることから「暗号通貨（cryptocurrency）」とよぶのが正式だが、日本では仮想通貨とよばれる。なお、「電子マネー」は法定通貨の電子記録であるため、仮想通貨とは異なる。

11 クラウド

従来は手元のコンピューターで利用していたソフトウェアやデータ、またそれらを提供・保存するためのサーバーやストレージなどを、インターネットなどのネットワークを介して利用する形態のこと。これにより、ハードウェアへの初期投資や個別のシステム構築や管理が不要となるため、コストダウンや業務の効率化が図れる。クラウドサービスの最大の提供者は Amazon Web Services（AWS）。近年、フィンテック・ベンチャーもクラウドサービスを活用し、低コストでビジネスを行っている。

12 コンセンサス・アルゴリズム

合意形成のための計算方法（手段）。中央管理者がいないパブリック型ブロックチェーンでは、台帳に記載される情報の正誤をネットワークの参加者全員で判断するが、「情報が正しい」と参加者が合意をするための方法をコンセンサス・アルゴリズムとよぶ。ビットコインで使われる Proof of Work（PoW）やハイパーレッジャーで用いられる Practical Byzantine Fault Tolerance（PBFT）など複数の方法がある。

13 スケーラビリティ

システム規模の変化（一般的に増大）に柔軟に対応できる適応力のこと。「拡張性」ともいわれる。

14 スマートコントラクト

自動的に電子契約を実行する仕組みのこと。契約に関する条件や内容はあらかじめプログラミングされることで、管理者や仲介者が介在しなくても条件が成立した際は自動的に契約が履行される。その結果、契約履行の時間やコストの削減につながる。また、ブロックチェーン技術を用いたスマートコントラクトでは、取引が公開されるため、当事者間の信頼性を保つことが可能となる。

275

Appendix

15 スループット

コンピューターやコンピューターネットワークが一定時間内に処理できるデータ量や、処理速度のこと。数値の単位は、「bps」「kbps」「Mbps」で、1秒間に何ビットのデータを送れるかを表す。

16 ダウンタイム

コンピューターシステムやネットワークサービスなどが、障害やメンテナンスによって利用できない時間のこと。

17 トークン

もともと「記念品」や「代用貨幣」などを表す英単語。ブロックチェーンでは、事業者によっても使われ方が異なるが、事業者が独自に設定できる通貨などのこと。

18 トランザクション

コンピューターにおける関連する複数の処理をまとめた、一連の不可分な情報処理のこと。

19 ノード

ネットワークにアクセスできる接続ポイントのこと。具体的には、ネットワークを構成するコンピューター、サーバー、ルーターやハブなど。

20 ハードフォーク

ハードフォークはソフトウェア用語で、互換性のないアップデートのこと。フォークには「分岐」という意味があり、ブロックチェーンの文脈では、ハードフォークが実施された後の分岐した新バージョンにおいては、旧バージョンで送信された取引は無効とみなされ、取引自体がなかったものとされることを表す。ハードフォークに対して、前の仕様と互換性のあるアップデートのことをソフトフォークとよぶ。

21 ビザンチン将軍問題

分散型システムのネットワークにおいて、参加者の中に不正を働こうとする者や、間違った情報を流そうとする者がいたとき、全体として正しい合意形成を行うことができるのか、を問う問題のこと。ビザンチン帝国の将軍たちが、敵国を攻撃するときに起こりうる問題を喩えとして用いていることから、このようによばれる。米国の数学者レスリー・ランポート博士らが考案。サトシ・ナカモトは、ビットコインを発案した論文の中で、プルーフ・オブ・ワークにより、ビットコインはこのビザンチン将軍問題を解決した、と書いている。

22 ビットコイン

取引量が最も多い仮想通貨。ビットコインの取引や管理は、中央銀行などの中央機関を介さず、参加者による Peer to Peer（ピア・ツー・ピア）によって行われる。そのため、取引に係るコストや手数料などを低く抑えられ、新たな決済システムとして注目されている。基盤技術にはブロックチェーンが活用されている。専門の取引所で円やドルなどの法定通貨と交換することができる。2014年に当時日本最大のビットコイン取引所であった「マウントゴックス」が破綻したこと受け、現在は、金融庁・財務局の登録を受けた事業者のみが仮想通貨の交換業を行っている。

23 ファイナリティ（決済完了性、支払い完了性）

決済が無条件かつ撤回不能となり、最終的に完了した状態のこと。

24 ブロック

ブロックチェーン上で、送金などの取引情報をある程度の件数にまとめた、ひとまとまりの単位のことをいう。

ブロックチェーン用語集

25　ブロックチェーン

取引の履歴情報をブロックチェーンネットワークに参加する全員が相互に分散して保管維持し、参加者がお互い合意をすることで、そのデータの正当性を保証する分散型台帳技術、またはその台帳そのものを指す。もともとは、ビットコインを支える技術として、サトシ・ナカモトによって生み出された技術で、従来の中央集権型管理システムと比べ、破壊や改ざんがきわめて困難であり、またダウンタイムのないシステムを安価に構築することができるといわれる。金融分野においては「FInTech（フィンテック）」の中核技術の一つとして期待されている。

26　分散型台帳技術／DLT

ブロックチェーンの同義語と解釈する場合もあるが、近年では、多数のネットワーク参加者の間で、台帳の不一致や改ざん、二重譲渡などを防ぐ目的で同じ内容の台帳を共有する技術全般のことを指す。ブロックチェーンはそのための技術の一つを指すことが多い（DLTのほうがより広い概念として用いられることが多い）。

27　マイクロペイメント

電子決済において数円から数百円程度の少額な支払いを行うための決済方法。新聞や雑誌の記事単位の課金など、クレジットカードでは決済額に対して決済コストが高すぎて支払うことができない場合に利用される。プリペイド型もしくはネットワーク型電子マネーとして実現されている。

28　マイニング

日本語訳は「採掘」。ビットコインにおいて、ブロックを確定させ、報酬を得るために、ネットワーク参加者が競って多くのCPUパワーを使用し、膨大な作業をして計算式を解くことを指す。鉱山などの採掘に喩えて、このようによばれる。

29　レギュラトリー・サンドボックス

政府が革新的な新事業を育成する際に、実験的ビジネス環境（特区）を設け、事業者に対して現行の規制を適用することなく、新たなアイデアやビジネスモデルを試行させ、それを検証する仕組み。その呼称は、小さな失敗を許容し、試行錯誤をさせる「砂場（サンドボックス）遊び」に由来している。金融分野のイノベーション推進を目的とした"Project Innovate"（2014年10月英国金融行為規制機構によりスタート）の施策の一つ。

索　引

＊太字で示した項目は Appendix 3「ブロックチェーン用語集」掲載項目

欧　文

API ……… アプリケーション・プログラ
　ミング・インターフェース参照
API エコノミー ……………………… 193
BCP（ビジネス・コンティンジェン
　シー・プラン：事業継続計画）……… 26
BFX トークン ………………………… 270
Bitfinex 事件 ………… 266, 270, 271, 272
BTC ……………………………… 66, 74, 75
DAC（Decentralized Autonomous
　Corporation）…… 分散型自動化会社参照
DAO（Decentralized Autonomous
　Organization）……… 分散型自動化／
　自律組織（DAO）参照
DLT …………………………………… 67
DLT（Distributed Ledger Technology）
　………………………… 分散型台帳技術参照
DVP（証券資金同時決済）……………… 170
e-Health ……………………………… 247
e-Police ……………………………… 246
e-Residency ………………… 39, 251, 252
Ether ………………………………… イーサ参照
Ethereum …… イーサリアム（Ethereum）
　参照
Everledger ……… エバーレッジャー社参照
FinTech ………………… フィンテック参照
ICO（Initial Coin Offering）……… 35, 118
IoT（Internet of Things）…… 34, 50, 181
KPI（Key Performance Indicator）…… 135
KSI（Keyless Signature Infrastructure）
　……………………………… 39, 249, 252
KYC（Know Your Customer）
　…………………………… 38, 91, 93
M2M（Machine to Machine）………… 186

P2P（Peer-to-Peer）………… 26, 66, 182
Partitioned ledger …………………… 171
Permissioned 型ブロックチェーン
　……………………… 30, 31, 176, 191
PoW（Proof of Work）……………… 27, 45
R3 コンソーシアム …………………… 72
Ripple ………………………………… 109
SegWit ………………………………… 79
Skuchain ……………………………… 187
Slock.it …………… 47, 82, 187, 188, 267
Split …………………………………… 268
The DAO（ザ・ダオ）事件
　…………… 47, 70, 266, 267, 268, 272
Unpermissioned 型ブロックチェーン
　……………………… 30, 31, 190, 194
X-Road ………………………… 39, 248, 251

あ　行

アーキテクチャー ………… 166, 209, 237
アクセラレータープログラム ………… 59
アプリケーション ………………… 46, 106
**アプリケーション・プログラミング・
　インターフェース（API）**
　……………………………… 43, 223, 233
アルトコイン …………………………… 64, 80
安全性 ……………………………… 120, 145
アンチ・マネー・ロンダリング（AML）
　……………………………………… 71
アンバンドリング …………………… 122
イーサ …………………………… 47, 80, 267
イーサリアム（Ethereum）…… 186, 267
エコシステム ………………………… 233
エストニア ………………… 39, 84, 153, 242

278

索 引

エバーレッジャー（Everledger）社
.... 41, 149, 172
オープンソース 79, 118, 158

か 行

改ざん 33, 76, 103, 146
改正資金決済法 52, 124
仮想通貨 35, 63, 74, 112, 122
　——規制 123
　——交換業 124
　——交換業者 124
　——時価総額 35
　——通貨単位 116
　——定義 124
　——取引所 35
ガードタイム社 39, 252
可用性 32, 90, 120
カラードコイン 38, 80
勘定系システム
.... 70, 101
管理者の許可 31
企業組織 198, 200
キャッシュレス決済 132, 141
金融 EDI 134, 137
金融庁 52, 122, 127
クラウド 134, 195
経済産業省 129, 140
契約 197, 208
契約の不完備性 202
合意形成 27, 68, 91, 166, 272
公開鍵暗号技術 245
コンセンサス・アルゴリズム
.... 27, 45, 91
コンソーシアム 89, 230, 234
コンソーシアム型ブロックチェーン
.... 30, 68

さ 行

サイドチェーン 46
サイバー攻撃 26, 174, 253
サトシ・ナカモト 65, 75, 76, 77
ジェネシスブロック（創世記ブロック）
.... 76
執行可能性 208, 217
実証実験 86, 101, 160
集中管理 26, 88
情報の非対称性 148
所有権 151, 179, 218
処理性能 .... スループット参照
シリコンバレー 228, 238
スイフトネットワーク 231
スケーラビリティ（拡張性）
.... 44, 178, 189, 253
スタートアップ 231, 243
スマートコントラクト
... 34, 70, 80, 154, 163, 182, 197, 207
　——定義 155, 207
　——履行／取引コスト 203, 213
スマートプロパティ 80
スマートリーガルコントラクト
.... 208, 214
住信 SBI ネット銀行 101
スループット 161, 166, 190
生産性革命 133
ゼロ・ダウンタイム 90, 140
全国銀行協会 52, 85, 96
センサー 156, 183
ソフトフォーク 268

た 行

耐タンパー性 186
ダイヤモンド 41, 149, 172
中央銀行 71, 112, 120

279

中央銀行発行デジタル通貨（CBDC:
　Central Bank Digital Currency）…… 112
デジタル通貨………………………… 71, 112
電子署名法………………………… 215, 216
匿名性………………………… 65, 71, 123
トークン…………… 38, 119, 188, 267
取引履歴………………… 50, 107, 149, 172

な　行

内外為替一元化コンソーシアム
　……………………………………… 86, 109
二重譲渡……………………………… 221
日本ブロックチェーン協会（JBA）…… 67
ノード………………… 26, 32, 44, 81, 90, 101

は　行

ハイパーレッジャーファブリック
　（Hyperledger fabric）………………… 161
ハッシュ関数………………………… 65
ハードフォーク………………… 47, 269
パブリック型ブロックチェーン
　……………………………………… 30, 68
ビザンチン将軍問題………………… 76
ビットコイン…… 27, 35, 63, 65, 74, 115
──2.0 ……………………………… 80
──価格 ……………………………… 116
──分裂／対立 ………… 45, 53, 79, 117
──利用者数 ………………………… 116
ビットコインキャッシュ……………… 79
ビットコイン・コア…………………… 79
ビットネーション……………………… 83
秘匿性……………… 45, 92, 171, 253
標準化………………………………… 46
費用対効果………………… 94, 105
ファイナリティ（決済完了性）
　…………………… 33, 45, 92, 170
ファンダービーム社……………… 40

フィンテック（FinTech）
　………………… 54, 122, 129, 136
不完備契約……………………… 197
プライバシー
　…………… 45, 71, 128, 152, 191, 234
プライベート型ブロックチェーン
　……………………………… 30, 68, 104
プログラマブル………………………… 211
ブロック………… 25, 33, 44, 76, 102, 104
ブロックサイズ………………………… 79
ブロックチェーン（技術）
　…… 25, 50, 67, 75, 116, 145, 239, 272
──1.0 ……………………………… 34
──2.0 ……………………… 34, 70, 80
──課題 ……………… 44, 106, 189
──共同研究 ………………… 128, 234
──定義 ……………………………… 67
──特徴 ……………… 25, 76, 146, 182
──分散型台帳（DLT）………… 29, 67
──分類 ……………………… 30, 68
──メリット ………………………… 32
──ユースケース／取り組み事例
　………………………………… 69, 188
──連携プラットフォーム（仮称）
　………………………… 52, 69, 96, 128
ブロックチェーン（技術）／ DLT
　……………………………… 86, 161
──課題 ……………………… 91, 94
──活用可能性 ……………………… 86
──活用の利点 ……………………… 90
分散型自動化会社（DAC）………… 81, 82
分散型自動化／自律組織（DAO）
　……………………… 47, 81, 197, 267
分散型台帳……………… 38, 76, 145, 230
分散型台帳技術（DLT）…………… 26, 175
分散型帳簿技術………………… 211, 223
分散管理………………………………… 27
並列処理………………………………… 170

280

ま　行

マイクログリッド ···························· 188
マイクロペイメント ························ 184
マイナー（採掘者） ························ 27
マイナンバー ································· 57
マイニング（採掘） ············ 27, 65, 66
摩擦のない（frictionless） ·············· 164

マネー・ロンダリング ······· 36, 123, 127
民主主義的 ·································· 28
ムーアの法則 ······························ 237

ら　行

レギュラトリー・サンドボックス
　　······································· 55, 137

【編著者・筆者紹介】

翁百合 (おきな・ゆり)
NIRA 総研理事。日本総合研究所副理事長。慶應義塾大学特別招聘教授。京都大学博士（経済学）。日本銀行、産業再生機構産業再生委員、日本総合研究所理事などを経て、2014 年より現職。金融審議会委員などの政府委員を多数務める。著書に『不安定化する国際金融システム』（NTT 出版、2014 年）ほか。

柳川範之 (やながわ・のりゆき)
NIRA 総研理事。東京大学大学院経済学研究科教授。東京大学博士（経済学）。専門は契約理論、金融契約。慶應義塾大学経済学部専任講師などを経て、2011 年より現職。金融審議会委員などの政府委員を多数歴任。著書に『法と企業行動の経済分析』（日本経済新聞出版社、2006 年）ほか。

岩下直行 (いわした・なおゆき)
京都大学公共政策大学院教授。慶應義塾大学経済学部卒業。日本銀行入行後、日銀金融研究所・情報技術研究センター長、日銀金融機構局・金融高度化センター長、日銀決済機構局・FinTech センター長などを経て、2017 年 4 月より現職。経済産業省 FinTech 研究会委員などの政府委員を多数歴任。

加納裕三 (かのう・ゆうぞう)
株式会社 bitFlyer 代表取締役。日本ブロックチェーン協会代表理事。東京大学大学院工学系研究科修了。ゴールドマン・サックス証券に入社後、2014 年に株式会社 bitFlyer を共同設立。経済産業省システム評価軸検討委員会委員などを歴任。

善見和浩 (よしみ・かずひろ)
三井住友銀行経営企画部全銀協会長行室推進役。早稲田大学大学院商学研究科卒業。2004 年入行、2016 年 4 月より現職。全国銀行協会委員会調査役として、『ブロックチェーン技術の活用可能性と課題に関する検討会報告書』のとりまとめを行う。※肩書きは 2017 年 3 月末当時のもの

吉本憲文 (よしもと・のりふみ)
住信 SBI ネット銀行株式会社 FinTech 事業企画部長。慶應義塾大学環境情報学部卒業。ヤフー株式会社、株式会社野村総合研究所を経て、2015 年 8 月より現職。全国銀行協会ブロックチェーン技術の活用可能性と課題に関する検討会メンバーなどを歴任。

神田潤一 (かんだ・じゅんいち)
金融庁企画官（執筆当時）。東京大学経済学部卒業。イェール大学修士号取得。日本銀行入行後、日本銀行考査運営課市場・流動性リスク考査グループ長などを経て、2017 年 7 月より日本銀行企画役（同年 8 月末で退職）。経済産業省 FinTech 検討会オブザーバー

などを歴任。

福本拓也 (ふくもと・たくや)
経済産業省経済産業政策局産業資金課長兼新規産業室長。通商産業省（現経済産業省）に入省後、在欧日系ビジネス協議会事務局長、経済産業省企業会計室長を経て、2015年7月より現職。

山藤敦史 (さんとう・あつし)
株式会社日本取引所グループ総合企画部新規事業推進室フィンテック・ラボ室長。神戸大学経済学部卒業。一橋大学大学院国際企業戦略研究科修士号取得（ファイナンス）。東京証券取引所入社後、2015年より現職。日本取引所グループにおけるDLTの技術的可能性に関する実証実験を主導。

Calogero Scibetta （カロジェロ・シベッタ）
英 Everledger Ltd, Business Development マネージャー。Università Cattolica del Sacro Cuore 卒業。米 Forrester Research, Inc. パリ支社グローバルアカウントマネージャーなどを経て、2016年2月より現職。

加藤善大 (かとう・よしひろ)
フューチャーアーキテクト株式会社 Technology Innovation Group シニアアーキテクト。静岡大学大学院理工学研究科卒業。株式会社サイボロニクス・ジャパン、米 Cyberonix, Inc. を経て、2007年フューチャーアーキテクト株式会社入社、2015年より現職。2017年8月まで NIRA 総研客員研究員を務め、ブロックチェーン研究プロジェクトに参画。

増島雅和 (ますじま・まさかず)
森・濱田松本法律事務所パートナー・弁護士。東京大学法学部、コロンビア大学法科大学院卒業。米 Wilson Sonsini Goodrich & Rosati 法律事務所、金融庁などを経て、現職。経済産業省ブロックチェーン検討会委員。著書に『FinTech の法律』（共著、日経 BP 社、2016年）ほか。

櫛田健児 (くしだ・けんじ)
スタンフォード大学アジア太平洋研究所リサーチスカラー。カリフォルニア大学バークレー博士（政治学）。専門は、IT の政治経済等。同研究所ポスドクフェロー修了後、2011年より現職。著書に『シリコンバレー発 アルゴリズム革命の衝撃』（朝日新聞出版、2016年）ほか。

林祐司 (はやし・ゆうじ)
NIRA 総研主任研究員。上智大学法学部卒業。あさひ銀行（現りそな銀行）に入社後、芝支店チーフマネージャー、東京営業部マネージャーなどを経て、2015年4月より NIRA 総研に出向。NIRA 総研での研究テーマは、FinTech、ブロックチェーン。

ブロックチェーンの未来

金融・産業・社会はどう変わるのか

2017 年 9 月 22 日　　1 版 1 刷

編著者　翁百合・柳川範之・岩下直行
©2017　NIRA総合研究開発機構

発行者　金子　豊

発行所　日本経済新聞出版社
http://www.nikkeibook.com/

東京都千代田区大手町 1-3-7　〒 100-8066
電　話　(03)3270-0251（代）

印刷・製本　中央精版印刷

ISBN978-4-532-35736-8

本書の内容の一部あるいは全部を無断で複写（コピー）することは、
法律で認められた場合を除き、著者および出版社の権利の侵害にな
りますので、その場合にはあらかじめ小社あて許諾を求めてください。

Printed in Japan